Claude M. Bristol/Harold Sherman

Die Kraft des Mentaltrainings

Verlag PETER ERD · München

TNT: THE POWER WITHIN YOU
by Claude M. Bristol und Harold Sherman
Original English language edition published by Prentice-Hall, Inc.,
Englewood Cliffs, New Jersey 07632

Umschlaggestaltung und -foto: Gabriele Feigl
Aus dem Amerikanischen übertragen und bearbeitet
von Manfred G. Schmidt
Neuausgabe des 1985 erschienenen Buches
„TNT – Eine Kraft in Dir wie Dynamit“ (ISBN 3-8138-0080-6)

Gesamtherstellung: Presse-Druck Augsburg
Printed in West Germany
ISBN 3-8138-0176-4

Inhalt

1. Kapitel

„Dieses Etwas“ im Innern, TNT genannt

Willst du lernen und vorwärtskommen? Wenn ja, dann möchte ich dir diese Botschaft behutsam in den Schoß legen. Und das tue ich in der bombensicheren Gewißheit, daß sie deine gesamte Welt auf den Kopf stellen wird – indem sie dir Gesundheit, Wohlstand, Erfolg und Glück beschert, sofern du sie begreifst und akzeptierst.

Bedenke, TNT ist ein höchst gefährlicher Sprengstoff – er ist hochexplosiv! Wenn du ihm also nahekommst, dann gehe vorsichtig mit ihm um. Seit Jahrhunderten hat diese Kraft jene vernichtet, die sie zu mißbrauchen trachteten. Daher ist alleräußerste Vorsicht geboten! Sie darf nur zum Guten angewendet werden!

Das Vorhandensein dieser Kraft ist nachweisbar durch die Lehren der Bibel und anderer heiliger Schriften, sie ist beweisbar aufgrund bestimmter wohletablierter Gesetze der Physik, und – last but not least – ganz einfach durch gesunden Menschenverstand. Lies und ergründe selbst, ob die von mir vorgelegten Beweise nicht für sich selbst sprechen. Einige mögen nur die spirituelle Seite sehen, andere erkennen die wissenschaftlichen Wahrheiten, und wiederum andere mögen sie nur als eine praktische Arbeitsanleitung betrachten, mittels derer sie auf die Straße des Erfolgs gelangen. Wie auch immer: Viele kennen die Wahrheit, und wer über ein aufgeschlossenes Gemüt verfügt, in den wird das Licht einströmen mit blendender Helligkeit.

Dank schulde ich einem alten Freund von mir, einem Röntgen- und Hochfrequenzfachmann, der mich bereits zu einer Zeit, da ich noch als Schuljunge mit Elektrizität experimentierte, auf das erste Stückchen kraftvollen Sprengstoffs TNT in meiner Tasche aufmerksam gemacht hatte. Damals wußte ich noch nicht, was es war, und begriff es nicht. Aber glücklicherweise war es dort all die vielen Jahre lang verblieben.

Wenn ich daran zurückdenke, dann begreife ich, weshalb er mir dieses Wissen nicht aufdrängte. Er glaubte an mich und wußte, daß ich es annehmen würde, sobald ich dazu bereit war. Es hatte jedoch fast dreißig Jahre gedauert – dreißig lange Jahre, in denen ich die Straßen des Lebens abgesucht und Ausschau gehalten hatte nach „diesem Etwas" – dem Geheimnis TNT.

Und dabei hatte sich die ganze Zeit über etwas davon direkt in meiner Hosentasche befunden, zum Greifen nahe. Nunmehr jedoch habe ich es fest im Griff und möchte es gern mit dir teilen, weil ich weiß, daß es – weise gehandhabt – alle Hindernisse hinwegsprengen und die Straße ebnen wird – die Straße, auf der du dein ganzes Leben lang reisen wolltest.

Warum bist du blockiert?

Viele Jahre lang war ich Zeitungsreporter, oftmals mit Einblick in Dinge, die sich hinter der Szenerie abspielten. Ich lernte dabei große Männer und Frauen kennen und interviewte viele berühmte Leute. Natürlich studierte ich sie und versuchte, mir darüber klarzuwerden, welche besonderen Qualifikationen sie aufwiesen, die sie über die anderen erhoben. Aber ihr Geheimnis schien sich mir immer wieder zu entziehen.

Dann kam der Erste Weltkrieg, und ich wunderte mich, weshalb andere vorwärts kamen, während ich von meinen eigenen Ambitionen blockiert zu sein schien. Immerhin lehrte mich dieser Krieg, daß ich im schlammigsten Morast schlafen, verschimmeltes Brot essen und weiterleben konnte, um darüber zu lachen. Das ist ein Teil meines TNT, also denke daran, was ich lernte. Es half mir nämlich, dem alten Schreckgespenst Furcht ein Solarplexusding zu verpassen, und ich bin überzeugt, daß es auch dir helfen wird.

In der Hoffnung, eine königliche Straße zum Glück zu finden, las ich Hunderte sogenannter „Erfolgsbücher", aber das brachte mich nicht weiter. Dann machte ich mich über philosophische Wälzer her, über psychologische Abhandlungen, aber noch immer war das große Geheimnis mir um einige Nasenlängen voraus. Dann probierte ich es mit der Mitgliedschaft in diversen Geheimorganisationen und Bruderschaften, in der Hoffnung, dort das zu finden, was ich suchte. Aber ebenso wie das Stückchen TNT in meiner Tasche, befand sich das Geheimnis in jedem Buch, in den großen Orden, überall – ja, tatsächlich direkt unter meiner Nase. Aber irgend etwas hielt mich fern davon. Du wirst für dich selbst festzustellen haben, was dich davon fernhält, wenn du es nicht von TNT bekommst. Es ist da. Wenn du es nicht im gedruckten Wort findest, dann lies zwischen den Zeilen – denn ich habe mein Bestes getan, um es dir zu präsentieren.

Bist du verängstigt?

Nach dem Ersten Weltkrieg wurde ich Mitarbeiter einer weitverzweigten Bank Investment Organisation, und während der folgenden Jahre hegte ich einen Wunschtraum – wie tausend andere in allen möglichen Berufen auch –, nur, um zu entdecken, daß meine Luftschlösser auf einem recht unsicheren Fundament errichtet waren.

Die verheerende Umwälzung, die die Welt finanziell auf den Kopf stellte, zerstörte alle meine Luftschlösser restlos, und ich bekam es mit der Angst. Ich verirrte mich im Nebel. Wie immer ich mich auch drehte und wendete, überall stürzte mir etwas zusammen.

Da ich eine leitende Stelle in der Organisation bekleidete, wuchsen mir meine Verantwortlichkeiten über den Kopf. Aufgrund der wirtschaftlichen Veränderungen, die sich weltweit vollzogen, befand unser Unternehmen sich in einer Krise. Viele Menschen, denen es am Verständnis der zugrunde liegenden Ursachen für die vielen Firmenzusammenbrüche mangelte, ließen herbe Kritik verlauten. Alles das brachte Sorgen und viele schlaflose Nächte. Nach und nach entwickelte ich einen ausgesprochenen Widerwillen, mich des Morgens zur Arbeit zu begeben, aus Furcht, daß jeder neue Tag nur zusätzlichen Verdruß bringen würde.

Die Wochen gingen vorüber, und die Zustände verschlimmerten sich zusehends. Ich stand vor einem Rätsel. Schon mehrmals hatte ich erwogen, das Unternehmen zu verlassen. Und eines Tages, Ende Juni 1931, entschloß ich mich zu gehen. Ich machte eine diesbezügliche

Bemerkung zu einer Dame, mit der ich über mehrere Jahre zusammengearbeitet hatte, und sah in ihren Augen nur grenzenloses Bedauern.

In dieser Nacht versuchte ich zu schlafen. Und wieder einmal war mir das nicht möglich. Stundenlang spazierte ich im Zimmer auf und ab – als ich bei Tagesanbruch gegen 3.30 Uhr plötzlich innehielt und mich hinsetzte. Jetzt gab es kein Ausweichen. Ich stand mir selbst gegenüber – von Angesicht zu Angesicht. Ich konnte dem Impuls nachgeben, fortzulaufen und die anderen sich selbst zu überlassen. Oder ich konnte bleiben und meinen Beitrag leisten, was – wie ich sehr wohl wußte – meine Pflicht und Schuldigkeit war.

Ich ertappte mich dabei, wie ich laut sagte: „Recht ist recht. Es war immer recht. Es kann nicht anders sein."

Und das war etwas, das mir von kleinauf beigebracht worden war. Plötzlich begann sich etwas zu entfalten!

Aus dem Nirgendwo hörte ich plötzlich eine Stimme sagen: „Wonach hast du in all den Jahren gesucht? Was hat man dich gelehrt? Was hast du gelernt? Wo bist du gewesen? Wohin gehst du?"

Ich sprang auf die Füße und schrie: „Ich weiß! Jetzt hab' ich es! Es ist das Geheimnis! Das ist es, was sie mir klarzumachen versucht hatten. Das ist das königliche Geheimnis!"

Irgend etwas sagte mir, daß ich genau die gleichen Worte in einem Buch finden würde, das man mir vor vielen Jahren einmal geschenkt hatte, das ich zu lesen versucht, jedoch nicht verstanden und beiseite gelegt hatte. Ein großer Mann hatte es geschrieben, Albert Pike, ein Mystiker, Poet und Gelehrter. Ich riß es förmlich vom Regal und durchblätterte fieberhaft die Seiten. Da standen sie, diese Worte, und ich begriff sie auf der Stelle.

Halte dein Gemüt offen und empfänglich

Nunmehr besaß ich den Schlüssel. Ich konnte eine breite, bequeme Straße sehen und an deren Ende ein herrlich strahlendes Flutlicht: „Da ist die Straße, die du jetzt beschreitest. Wie einfältig du doch warst! Sie versuchten, dich zu belehren. Sie versuchten, dir zu helfen.

Und du hattest dein Gemüt verschlossen gehalten – und dir eingebildet, die Straße selbst finden und auf ihr verbleiben zu können."

Ich war von der Freude schier überwältigt. Meine Ängste, meine Sorgen hatten sich in nichts aufgelöst. Ich lächelte. Ich wußte, daß ich recht hatte und daß von nun an alles Rechtens für mich sein würde. Ich schlief wie ein Baby.

Am nächsten Tag traf ich im Büro auf eine völlig veränderte Atmosphäre. Die schwarzen Wolken, die sich bedrohlich über uns zusammengezogen hatten, begannen sich aufzulösen. Ich berichtete der Dame – es war die mit dem bedauernden Blick in ihren Augen –, was geschehen war, und sie antwortete mit einem verstehenden Lächeln. Sie half mir, mich wieder aufzurappeln, das kann ich niemals wieder gutmachen.

Wie ein Gelehrter es einmal formulierte: „Wir alle wurden mit der Befähigung geboren, zwischen dem Falschen und dem Richtigen zu unterscheiden, und auch mit der Fähigkeit des Vollbringens, aber mancher von uns muß erst einmal mit dem Kopf gegen eine Mauer von Stein rennen und dabei in Stücke gehen, bevor wir endlich kapieren, was los ist."

Ich rannte gegen diese Mauer mit einem ungeheuren Knall, und das war das großartigste, das allerbeste, was mir je widerfahren ist. Viele bemerkten diese Veränderung und wollten eine Erklärung. Ein paar engeren Freunden gab ich sie auch. Da ich aber weiß, daß sie euch eine wirksame Hilfe bieten wird, gebe ich sie jetzt euch allen.

Tap-Tap-Tap!

Nimm es an. Nimm es nach und nach, Stück für Stück. Wie der kleine stetige Tropfen, Tap-Tap-Tap wird das TNT deine alten Ängste, Zweifel und Vorurteile hinwegspülen und Raum schaffen für neue Ideen, neue Konzepte, neue Wahrheiten.

Tap-Tap-Tap: Es sind Chancen und Gelegenheiten, die an die Pforte deines Bewußtseins klopfen. Halte dich empfänglich und gewähre diesem Wissen Einlaß.

Seit diesem Tag, da ich mich entschlossen hatte, diese gewaltige

Ladung TNT an andere weiterzureichen, ist sie von Tausenden angewandt worden – von einzelnen, von Firmen und von Organisationen. Darüber hinaus habe ich unterrichtet und Vorträge gehalten und im Radio zu vielen tausend weiteren gesprochen; und es macht mich sehr glücklich, feststellen zu können, daß hierbei ausnahmslos phänomenale Resultate erzielt worden sind von allen jenen, die die hier dargestellten Prinzipien und Mechanismen begriffen und angewendet haben.

Tap-Tap-Tap!

Möglicherweise bekommst du alles mit einem Mal, oder es wird etwas Zeit brauchen, dein Bewußtsein zu bereiten, damit die Kraft, die du schon immer zur Verfügung hattest, durch dich wirksam werden kann. Unternimm hierbei jedoch keine zu große Anstrengungen, versuche nichts zu erzwingen. Sei gewiß, daß die Kraft vorhanden ist und du lernen kannst, sie anzuwenden.

Zu der Zeit, da ich zur Wahrheit erwachte, hatte die Stimmung in unserer Organisation ihren absoluten Tiefstand erreicht. Jedermann war restlos entmutigt, verängstigt. So wie es aussah, war es dringend geboten, eine hundertachtziggradige Kehrtwendung zu vollziehen.

Recht ist recht

Meine Aufgabe ist es, alles in meinen Kräften Stehende zu tun, um meinen Mitmenschen zu helfen, weil ich wußte, daß es recht war. Zunächst war ich völlig unschlüssig, welche Methode ich anwenden sollte, um anderen zu helfen. Aber dann verfiel ich auf mein eigenes System, mich an mein Unterbewußtsein zu wenden, und meine innere Stimme sagte mir, daß ich mit ihnen reden sollte.

Einige waren skeptisch, aber ich sagte mir: „*Ich kann beweisen, daß ich recht habe!*" Während der folgenden Woche verbrachte ich jede wache Stunde damit, die Bücher zu durchforsten, die ich in all den

Jahren studiert hatte. Die Bibel kam natürlich zuerst; gefolgt von Studien in Yoga, die Lehren der alten Griechen und Römer sowie jene späteren Philosophen und Lehrer. Erneut sann ich über die Meditationen des Marcus Aurelius nach, las nochmals Thomson Jay Hudsons *Law of Psychic Phenomena (Das Gesetz der psychischen Phänomene)* und ein weiteres Buch, *The Gist of It (Das Wesentliche)*, von einem brillanten Arzt, Haydon Rochester, geschrieben. Noch einmal studierte ich meine Bücher über Physik, Elektrizität, über die Vibrationen des Lichts und konnte feststellen, daß ich nicht nur recht hatte – wie ich wußte –, sondern daß eigenartigerweise dieselben allgemeinen grundlegenden Prinzipien sich durch sie alle hindurchzogen. Wiederum las ich unzählige Bücher über Psychologie und fand überall die gleiche Story. Anschließend zitierte ich Auszüge, und siehe da – die Dinge gerieten in Bewegung!

Wo ist deine Nische?

Als ich mich umschaute, machte ich eine bemerkenswerte Beobachtung. Männer und Frauen nämlich, die diese Kraft anwenden, sind gewissermaßen *Showmenschen*, oder – um es im Jargon meiner Journalistenvergangenheit auszudrücken – *Schlagzeiler*, jene, die Schlagzeilen machen, die auf der ersten Seite stehen. Irgend etwas veranlaßte sie, den Scheffel wegzustoßen, unter den sie ihr Licht gestellt hatten, und sich über die Allgemeinheit zu erheben.

Nun wirst du vielleicht nicht unbedingt in diesem Sinn Schlagzeilen machen wollen, aber du wirst mir gewiß zustimmen, daß solche Menschen, die diese Kraft hochgradig entwickelt haben, ganz selbstverständlich Schlagzeilen machen, oder sie hätten niemals ihre Nische in der Ruhmeshalle beziehen können. Daraus folgt, daß sie nicht unbedingt auf Publizität aus sein müssen, denn einige von ihnen sind schon eher als sehr zurückhaltend zu bezeichnen, daß sie aber möglicherweise gerade durch ihr zurückhaltendes Wesen zu Showmenschen geworden sind. (Denken wir doch mal an Greta Garbo!) Andere nehmen gewisse Eigenheiten an oder verwenden bestimmte äußere Hilfsmittel, mit denen sie sich von ihren Mitmenschen unterscheiden. Einige tragen ein kennzeichnendes Lächeln zur Schau (Dwight D. Eisenhower), andere ein Stirnrunzeln (John L. Lewis), wieder andere erregen Aufmerksamkeit durch spitzzüngige Bemerkungen über die Bewohner dieser Welt und ihre Gepflogenheiten (George Bernard Shaw), und wiederum andere haben einen gewissen Charme entwickelt (Eleanor Roosevelt). Ob es sich jedoch um Frisuren oder Bärte handelt oder ob man ein Monokel trägt – alles spielt hierbei eine Rolle. So auch ganz bestimmte Kleidungsstücke (Mark Twain und seine berühmten weißen Anzüge). Ob einer bestimmte Hüte oder auffällige Krawatten trägt, ein affektiertes Gehabe an den Tag legt oder sogar durch die Zahl seiner Eheschließungen und Scheidungen von sich reden macht (Tommy Manville).

Die Welt nimmt immer Notiz von den Unorthodoxen, den Unkonventionellen, den ungezügelten Individuen, und die meisten *Headliner* fallen unter diese Kategorie. Sie unterscheiden sich von anderen durch eine oder mehrere Eigenheiten. Einige stellen sich absichtlich zur Schau und betonen ausdrücklich ihr Anderssein. Andere wiederum bekümmert es ganz und gar nicht, was die Leute von ihnen denken. Sie sind viel zu sehr damit beschäftigt, ganz sie selbst zu sein und das zu tun, was sie im Leben tun wollen. Ganz gleich, ob sie damit ihre TNT-Kraft richtig anwenden oder falsch.

Viele sind glänzende Rhetoriker, beherrschen die Kriegskunst, das Bankwesen, verfügen über staatsmännische Fähigkeiten, kennen sich in der Politik, den Künsten aus; sie alle stehen jedoch voll im Scheinwerferlicht der Öffentlichkeit – als *Headliner,* als Schlagzeilenmacher.

Ihre Zahl ist Legion. Ich erwähne einige Namen aus der Geschichte und aus dem heutigen Tagesgeschehen: Demosthenes, Nero, Julius Cäsar, Christopher Columbus, Galilei, Kleopatra, Balzac, de Maupassant, Sir Isaac Newton, Johanna von Orleans, Cromwell, Edgar Allan Poe, Benjamin Franklin, Alexander Hamilton, Bismarck, Alexander Graham Bell, General Grant, Abraham Lincoln, Cecil Rhodes, P. T. Barnum, Clemenceau, Lord Kitchener, Woodrow Wilson, Sir Thomas Lipton, Mussolini, Hitler, Winston Churchill, Joseph Stalin, Lenin, Franklin D. Roosevelt, Charles E. Hughes, Lloyd George, Mahatma Gandhi, Will Rogers, Douglas Fairbanks, Henry Ford,

Thomas A. Edison, John Burroughs, Charles Lindbergh, Alfred E. Smith, Jane Addams, George Washington Carver, Al Jolson, Eleanor Roosevelt, Marion Anderson, Ralph Bunche, Harry S. Truman, Jawaharlal Nehru, Dwight D. Eisenhower, Ezio Pinza, Bernard Baruch, James Stewart, Jane Froman, Cecil B. DeMille, Albert Einstein und Dr. Albert Schweitzer.

Und so könnte es weiter und weiter gehen. Jeder Name ruft eine Persönlichkeit in Erinnerung, eine lebende oder bereits verstorbene, die in ihrer Art einzigartig war – im Ausdruck und im Vollbringen. Solche Individuen wurden und werden in jedem Bereich des Lebens gefunden. Und das wird immer so sein, da ihre Anwendung der inneren Kraft sie immer an die Spitze trägt – in allen ihren Bestrebungen.

Du wirst in dieser Liste auch Namen wie Nero, Julius Cäsar, Mussolini, Hitler, Stalin und Lenin bemerkt haben. Sie alle waren auf ihre Weise brillant und haben ihre großen Machtpositionen durch Anwendung von „diesem Etwas" im Innern erreicht – hatten dabei jedoch die Menschlichkeit in den Staub getreten. Wenn die Geschichte sie bewertet, dann muß das von ihnen verursachte Böse gegen das Gute aufgewogen werden. Man kann Schlagzeilen machen sowohl durch falsche als auch durch richtige Anwendung dieser inneren Kraft. Das ist der Grund, weshalb sie so wunderbar und so gefährlich zugleich ist! Das ist auch der Grund, weshalb du lernen mußt, sie völlig zu beherrschen, auf eine Weise, die für dich und andere hilfreich ist – und (sofern du Schlagzeilen machst) auch für die Welt!

Gandhi wandte diese Kraft an, und ich finde, er war vielleicht der größte Headliner unserer Zeit. Viele Fotos zeigen ihn in normaler Straßenkleidung. In späteren Jahren jedoch hatte er sein Haar kurz geschoren, war nur mit einem Lendenschurz bekleidet und trug eine große Brille. Ich will damit nicht behaupten, daß Gandhi diesen Aufzug für ein bestimmtes Vorhaben wählte, aber ich glaube, daß er sich darüber im klaren war, daß sein Erscheinungsbild dazu beitrug, die Aufmerksamkeit der Welt auf die Sache Indiens zu lenken.

Ich mache hier nicht den Versuch zu erklären, weshalb jene, die diese Kraft anwenden, Showleute sind. Sobald du jedoch beginnst, diese Kraft in deinem eigenen Leben anzuwenden, wirst du bemerken, daß du damit im Kreis deiner Lieben und deiner Freunde eine Sonderstellung einnimmst. Sie werden die Veränderung bei dir sofort bemerken, in deinem Ausdruck, in deinem Verhalten. Das soll keineswegs heißen, daß du ein angeberisches Verhalten an den Tag legst oder mit allen Mitteln versuchst, Aufmerksamkeit zu erregen. Es bedeutet einfach, daß du zum ersten Mal beginnst, wirklich du selbst zu sein – die Gelegenheiten rings um dich herum zu ergreifen, dich von alten Ideen und Begrenzungen zu befreien und das, was dir rechtmäßig zusteht, auch zu beanspruchen – etwas, das längst erreicht wäre, wenn du gewußt hättest, wie die Macht des TNT in deinem Leben freizusetzen ist.

Bedenke: Als ein welkendes Veilchen kannst du weder Anerkennung noch Respekt in dieser Welt erwarten.

„Es kann die Stadt, die auf einem Berge liegt, nicht verborgen sein. Man zündet auch nicht ein Licht an und setzt es unter einen Scheffel...“

Nochmals: *„Die großen Wahrheiten des Lebens offenbaren sich nur denen, die bereit sind, sie zu akzeptieren...“*

Tausende, die diese innere Kraft zum Bösen anwandten, haben damit nur ihre eigene Vernichtung herbeigeführt. Ein Blick zurück in der Weltgeschichte reicht aus, wir können da getrost unsere eigene Wahl treffen. Das Leben gibt uns genau das zurück, was wir in es hineingeben – nicht mehr und nicht weniger. Das ist zwar eine alte Binsenweisheit, aber sie kann nicht dick genug unterstrichen werden. Wenn wir gute Gedanken eingeben, konstruktives Bemühen, und Gutes tun, dann erhalten wir gleiches zurück, denn:

„Was der Mensch sät, das wird er auch ernten.“

Was ist „dieses Etwas“ – das TNT, das die Erde erbeben läßt? Die Kraft im Innern eines jeden Menschen, die er anwenden *muß*, wenn er auch nur irgend etwas im Leben erreichen will!

Hast du das begriffen? Du bist es nämlich, dein wahres Selbst, die verborgene Macht deines eigenen *inneren Gemüts*, unter zweckbestimmter Kontrolle freigesetzt und zielgerichtet. Diese Kraft, die dir dazu dienen wird, jede Erfahrung, jeden Umstand, jede Situation zu meistern, jedes Hindernis zu beseitigen und jeden gegebenen Zustand zu überwinden – wirtschaftlich, gesundheitlich, mental oder spirituell.

Es ist die explosive Kraft eines mentalen Bildes dessen, was du im Leben haben und erreichen willst, von dir an dein Unterbewußtsein weitergereicht, untermauert durch den Glauben an dich selbst und den Glauben an Gott.

Alles, was du dir in vernünftigem Rahmen vorstellst, kann in deinem Leben Wirklichkeit werden, *wenn* du genügend Vertrauen in die innere Kraft hast!

Das ist dein TNT – ein mentales Vorstellungsbild des Erstrebten und das Vertrauen, daß du es bekommen kannst und bekommen wirst!

So einfach ist das. Es ist in der Tat derart einfach, daß Millionen Menschen es einfach *nicht glauben* wollen und sich nicht die Zeit nehmen, mehr über diese Kraft zu lernen. Lieber rennen sie weiterhin mit dem Kopf gegen Mauern – Mauern willentlicher Blindheit, Ignoranz und Starrsinns und ziehen sich damit weiterhin alle Arten von Verdruß, schlechter Gesundheit und Verlust zu. Und das allein durch falsches Denken!

Bedenke, ich bin dreißig Jahre lang durch die Gegend gestolpert mit so einem Stückchen TNT in meiner Tasche. Ich hätte nur danach zu greifen brauchen und hätte damit eine Kraft zu meiner Verfügung gehabt, die mir Welten von Kümmernissen erspart hätte. Aber ich wußte es natürlich wieder einmal besser als all die glücklichen, erfolgreichen Männer und Frauen in meiner Umgebung, die diese Kraft anwandten und sie auch mit mir teilen wollten. Ich war der Meinung, es alles selbst tun zu können, daß dieser ganze Erfolgskram mehr oder weniger auf Glückhaben beruhte, daß man sich auf keinen Glauben oder irgendeine Gotteskraft verlassen konnte. Wieder und wieder war ich der Wahrheit ausgesetzt, aber der Groschen fiel bei mir nicht. Ich hatte mich selbst dagegen geimpft, mich immunisiert durch meine skeptische, spöttische Einstellung.

Hoffen wir, daß du das Leben nicht so satt bekommst und nicht so verzweifelt wirst, wie ich es war, bevor du die Taschen deines Bewußtseins säuberst und das TNT findest, das dort auf dich wartet.

Wie war das? Du sagst, du hättest bereits eine *Zündkapsel* entdeckt? Gut! Stell sie ein. Stell die Warnsignale auf. Geh vorsichtig heran und bereite dich auf die erste *Explosion* in deinem Bewußtsein vor, die dein falsches Denken hinwegsprengen und dir einen neuen Pfad eröffnen wird, der den Kurs deines gesamten Lebens verändern wird – zum Besseren!

2. Kapitel

Was „dieses Etwas“ für andere getan hat

Nichts auf dieser Welt
ist so machtvoll
wie eine Idee, deren
Zeit gekommen ist.
Victor Hugo

Die Zeit ist gekommen, daß die größte Idee auf der Welt von deinem Bewußtsein Besitz ergreift. Es ist eine recht einfache Idee. Wenn du ihr jedoch dein Gemüt öffnest und sie einläßt, wirst du niemals mehr der gleiche Mensch sein wie vorher. Gleich dem TNT wird sie die Erde unter deinen Füßen und um dich herum erbeben lassen. Sie wird dich bis ins Mark deines Wesens erschüttern. Sie wird alte, falsche Konzepte zerstören und durch neue ersetzen. Sie wird schließlich jegliche Furcht und Sorge aus deinem Leben tilgen – sie restlos entfernen. Sie wird dich von chronischen nervösen Anspannungen befreien, die Schmetterlinge aus deinem Magen verjagen, dein Selbstbewußtsein wiederherstellen, dir eine positivere Einstellung geben und dich befähigen, den Dingen ins Gesicht zu sehen, vor denen du jahrelang davongelaufen bist!

Alle großen und erfolgreichen Männer und Frauen dieser Welt haben diese Idee angewandt. Sie war die dominierende Idee in ihrem Leben. Ohne sie hätte sie niemals auf ihre Art groß und erfolgreich sein können.

Was *ist* diese Idee?

Es ist ganz einfach die Erkenntnis, daß *alles, was du dir im Bewußtsein verbildlichst, sofern du es dir klar, vertrauensvoll und hartnäckig genug verbildlichst, sich in deinem Leben schließlich verwirklichen wird!*

Das ist es! Oh, selbstverständlich ist da noch ein bißchen mehr dran als nur das. Aber letztendlich läuft es darauf hinaus, daß die Weisen alles sagten mit ihrem Ausspruch: „Wie der Mensch in seinem Herzen denkt, so ist er!«

Kapiert? „Wie der Mensch in seinem Gemüt und in seinem Herzen denkt – so ist er!"

Als diese Wahrheit mich das erste Mal mit voller Wucht traf, schlug sie mich glatt zu Boden. Das war doch ein Hammer! Hatte ich doch bis dahin andere Menschen und Umstände, die außerhalb meiner Kontrolle lagen, für die Misere verantwortlich gemacht, in der ich mich befand. Ich wußte doch, daß ich für all die unerfreulichen Begebenheiten, die mir in so reichem Maß widerfuhren, nicht verantwortlich zu machen war. Aber immerhin konnte ich meine Wunden lecken und mir dabei einreden, daß ich nichts dafür konnte. Aber tief in meinem Innern begann ich doch einzusehen, daß die Art meines Denkens und Fühlens irgendwie mit dem in Verbindung stehen mußte, was mit mir geschah.

Wenn ich mich frühmorgens aus dem Bett erhob, deprimiert und der festen Überzeugung, einen denkbar schlechten Tag vor mir zu haben, dann erwies er sich auch nur zu oft als ein denkbar schlechter Tag. Zuerst glaubte ich, über eine „hellseherische Veranlagung" zu verfügen, daß ich imstande war, vorherzusehen, was sich ereignen würde. Es bedurfte einer langen Zeit und vieler unnötiger Bestrafung, bis es mir aufging, daß es ein universelles Gesetz im Mentalbereich gibt: „Gleiches zieht immer Gleiches an" und daß ich alles Geschehen durch mein falsches Denken selbst herbeigeführt hatte.

Wenn ich umherblickte, konnte ich glückliche Männer und Frauen sehen, denen Gutes widerfuhr. Sie standen frühmorgens auf, erwarteten Gutes – und bekamen es auch!

Manchmal hatten diese glücklichen Menschen auch durchaus unangenehme Erfahrungen, aber ich konnte bemerken, daß sie sich davon nicht unterkriegen ließen. Am nächsten Morgen standen sie wieder auf in der Erwartung von *mehr* Gutem und bekamen es selbstverständlich auch!

Bevor sich mein Erwachen vollzog, hatte mich das immer aufs höchste erstaunt. Ich hatte es sogar übelgenommen. Warum sollte einzig und allein eine veränderte mentale Einstellung solch einen Unterschied ausmachen?

Damals wußte ich noch nicht, daß es eine mächtige Kraft auf der Welt gibt, von den Wissenschaftlern Elektromagnetismus genannt. Ich wußte nicht, daß alles im Universum seiner Natur und seinem Wesen nach elektromagnetisch ist, daß das Gesetz der Anziehung und Abweisung elektromagnetisch wirkt; daß man bei einer positiven oder negativen Gemütshaltung auch ein positives oder negatives Resultat erzielt; daß es so etwas wie einen Zufall im Leben nicht gibt – daß sich alles in direkter Übereinstimmung mit dem Gesetz von Ursache und Wirkung vollzieht!

Lies den obigen Abschnitt wieder und wieder! Laß dich von diesen Fakten durchdringen, bis du sie nie wieder vergißt – denn sie besitzen die Macht, dein Leben zu verändern!

Ich verrate dir damit durchaus nichts Neues, abgesehen davon, daß es für dich vielleicht neu sein könnte. Die gleiche Botschaft ist Tausende von Malen geschrieben und verkündet worden. Sie zieht sich von Anfang bis Ende durch die Bibel; du findest sie in den Orden der großen Bruderschaften; sie geleitete die drei Weisen; die Kreuzritter kannten sie; jeder herausragende Mensch der Geschichte hatte sie angewandt. Moses, Alexander der Große, Napoleon, Shakespeare, Washington, Lincoln, Benjamin Franklin, Edison, Steinmetz, Barnum, F. D. Roosevelt und zahllose andere hatten „dieses Etwas" fest im Griff.

Die weisesten Menschen aller Zeitalter, die „Medizinmänner", die religiösen Führer, die großen Lehrmeister, die Maya-Priester, die Yogis, Heiler und Wundertäter – sie alle kannten dieses Geheimnis. Manche wirkten auf die eine Art mit ihm, manche auf die andere.

Sie verbildlichten sich in ihrem Gemüt und Herzen das, was sie erreichen wollten – und was sie sich verbildlichten, wurde schließlich wahr!

Moses *verbildlichte* sich, wie er sein Volk in das Gelobte Land führte; Alexander der Große und Napoleon verbildlichten sich große Siege; Shakespeare verbildlichte sich seine unsterblichen Werke; Washington die Unabhängigkeit für die dreizehn Kolonien; Lincoln die Sklavenbefreiung und Erhaltung der Union; Benjamin Franklin das Einfangen des Blitzes mittels eines Drachens zum Beweis, daß Elektrizität und Blitze die gleiche Kraft sind; Edison verbildlichte sich elektrisches Licht, den Kinematographen, den Phonographen, die elektrische Bahn und zahlreiche andere Erfindungen; Steinmetz sah neue Verwendungsmöglichkeiten für die elektrische Kraft; Barnum verbildlichte sich „die größte Show der Welt", einen Zirkus, der um die ganze Welt reisen würde; und Roosevelt führte sein Land aus seiner schlimmsten Depression heraus.

Das waren große Verbildlichungen durch große und inspirierte Männer. Und alle diese Gedankenbilder, resolut im Gemüt festgehalten und in Handlung umgesetzt, wurden Wirklichkeit – durch Glauben und Energie, durch Vision und Mut – und durch Standhaftigkeit.

Sie und viele gleich ihnen waren nur menschliche Wesen, so wie du. Wenn sie wußten und vollbringen konnten, kannst du es ebenso.

Halt! Denke nach! Erwäge!

Was hatte diese Menschen denn groß gemacht? Sie hatten sich ihr Vollbringen verbildlicht! Sie hatten es gewagt, sich große Leistungen zu verbildlichen. Und die innere Kraft – auf diese Gedankenbilder angesetzt – hatte sie schließlich ins Dasein gebracht.

Du mußt groß *denken*, um groß zu *sein*. Ein kleinkarierter Mensch besteht aus kleinkariertem Denken. Denkt er groß von sich, dann kann er nicht klein bleiben.

Denke einen Moment nach!

Woher kamen denn das Dampfschiff, die Lokomotive, das Automobil, das elektrische Licht, die Nähmaschine, das Radio, die Schreibmaschine und eine Million anderer Gegenstände und Gebrauchsgüter? Sie alle waren zunächst Gedanken oder Mentalbilder im menschlichen Bewußtsein, bevor sie zu Realitäten wurden. Alles auf dieser Erde, das von der Natur Erschaffene und Angebotene ausgenommen, ist das Resultat festgehaltener Gedanken.

Nimm alles allein durch das Denken auf dieser Welt Erschaffene fort, und es würde nichts übrigbleiben als der primitive Dschungel.

Das ist die schnellste und anschaulichste Weise, um dir einen Begriff von dem zu vermitteln, was das menschliche Gemüt erreicht hat.

Wenn die wirkliche Geschichte der Evolution des menschlichen Bewußtseins geschrieben sein wird, dann wird sie die großartigste, die fesselnste Story aller Zeiten sein, denn sie wird alle Zeitalter und jede Phase menschlicher Erfahrungen umfassen.

Diese Story wird davon berichten, wie der Mensch Tausende und Abertausende von Jahren benötigte, um sich aus den Tiefen seiner Unwissenheit, seines Aberglaubens, seiner Furcht, seiner Vorurteile, seiner Mythologien und seiner falschen Konzepte zu erheben.

Sie wird von großen Geistern berichten, wie Galilei, der wie Kopernikus glaubte, daß die Erde sich um die Sonne bewegt, und von der Inquisition gezwungen wurde, seine Erkenntnisse zu widerrufen und seine wissenschaftlichen Schriften nicht zu veröffentlichen. Mit welch einer Scham blicken wir zurück auf die Verfolgungen, die Männer, welche der Wahrheit nachzustreben trachteten – ungeachtet der existierenden Doktrinen und Lehrmeinungen –, durch die frühe Kirche zu erleiden hatten.

Die Historie des menschlichen Bewußtseins wird auch Charles Darwin den ihm gebührenden Platz zuweisen. Seine grundlegenden Studien des Pflanzen- und Tierreichs und die aus ihnen gewonnen Erkenntnisse führten zu seinem berühmten umwälzenden Werk *Der Ursprung des Menschen*, in dem er die Theorie der Evolution weitergeführt hatte. Heutzutage jedoch wird das Wirken Gottes in und durch die Evolution bereits von vielen religiösen Gruppierungen anerkannt.

Der majestätische Marsch der Zeit durch alle Epochen hindurch sah beim Menschen die Entfaltung von Kräften, von denen er in den frühen Tagen seines Verweilens auf dieser Erde noch nicht einmal geträumt hatte.

Der Mensch ist mehr als ein animalisches Geschöpf

Die Tatsache, daß das menschliche Geschöpf imstande war, Jahrtausende hindurch alle Widrigkeiten des Lebens und die Grausamkeiten seiner Mitmenschen zu überwinden, ist der Beweis für überragende

Kräfte in seinem Innern. Der Mensch ist ein wahrer Gott im Entstehen, obgleich er nur zu oft geradezu teuflische Neigungen an den Tag legt.

Es ist die innere Kraft, die der Mensch besitzt und die ihn über jedes andere lebende Geschöpf auf dieser Erde erhebt, die es für ihn möglich gemacht hat, sich zu seinem gegenwärtigen Entwicklungs- und Gewahrseinsstand emporzuarbeiten.

Die innere Kraft hat den Menschen über alle anderen Geschöpfe erhoben. Obgleich es wahrscheinlich höhere Intelligenzen auf anderen Planeten und in höheren Seinsbereichen geben mag, ist es nunmehr jedoch offenkundig, daß der Mensch über ein grenzenloses Potential zur weiteren Entwicklung verfügt. Er befindet sich derzeit erst im Kindergarten seiner eigentlichen Möglichkeiten der Entfaltung und des Vollbringens. Er muß jedoch erst einmal lernen, mit seinen Mitmenschen friedvoll und kooperativ zu leben. Er ist gerade im Begriff, diese schmerzliche Lektion zu lernen. Ich habe aber absolutes Vertrauen, daß er sie lernen wird. Ich habe Vertrauen in diese gewaltige innere Kraft, die größer als der Mensch ist und der sich der Mensch mehr und mehr bewußt wird – „dieses Etwas", das den Menschen letztendlich von seinen Ängsten, seinem Haß, seinen Vorurteilen befreien kann und befreien wird – und ihm zudem ein solches Verständnis seines eigenen Wesens vermitteln wird, daß er seinerseits imstande ist, andere zu verstehen.

Du wirst es jedesmal erkennen, wenn ein Mann oder eine Frau diese Kraft in seinem oder ihrem Leben anwendet. Solche Menschen leben im Bewußtsein dieser Macht, die in und hinter jedem ihrer Gedanken und Handlungen steht. Sie sind würdevoll, selbstsicher, mutig, frei von Hemmungen und magnetisch im Ausdruck. Sie wissen, wohin sie gehen und wie sie dorthin gelangen. Sie haben sich ihre Zukunft verbildlicht und bewegen sich resolut und überzeugt in diese Zukunft. Von ihnen strahlt eine Gemütshaltung aus, die hochgradig ansteckend ist. Sie scheinen uns mitzutragen und zu größeren Anstrengungen anzuspornen, zu unserem eigenen Nutzen. Diese Menschen sind die *Planer* und die *Vollbringer* auf dieser Welt. Die große Masse gedankenloser menschlicher Wesen folgt nur in ihrem Kielwasser.

Führst du die Meute an oder gehörst du zur Meute? Wenn du

nämlich ein „Anhänger" anderer bist, dann hast du „dieses Etwas" in dir noch nicht entdeckt. Um eine Führungspersönlichkeit zu sein, um fähig zu sein, sich der Meute voranzustellen, ob im Beruf oder in den zwischenmenschlichen Beziehungen, mußt du es verstehen, die innere Kraft zu mobilisieren. Das ist unerläßlich. Ohne sie kannst du nichts erreichen.

Das Gesetz der Anziehung bringt dir nur das, was du dir *verbildlichst, was du „bilderst"*. Die schöpferische Kraft im Innern muß magnetisiert werden durch das, was du für sie zu vollbringen visualisierst – was du „bilderst".

Bildern! Bildern! Bildern!

Das ist der einfache Befehl, der zum Vollbringen führt. Bildern! Bildern! Bildern! Stell aber sicher, daß du das „bilderst" – dir das verbildlichst –, was du auch wirklich haben willst, und auf gar keinen Fall irgendwelche Mentalbilder der Furcht und Sorge entwickelst, die deine innere Kraft veranlassen, das für dich zu erschaffen, was du nicht haben willst!

Hätte Edison beispielsweise bei seinen Versuchen, das elektrische Licht zu erfinden, sich Versagen anstelle des Erfolgs verbildlicht, dann würde er niemals zehntausend Experimente durchgeführt haben, bevor er den Glühfaden entwickeln konnte, der den elektrischen Strom leitet und Licht produziert. Bedenke, Edison versagte 9999mal, bevor er erfolgreich war! Aber aus jedem Fehlschlag lernte er, was *nicht* gehen würde. Und durch den mühsamen Prozeß der Eliminierung wurde er schließlich der Entdeckung dessen geführt, was gehen *würde!*

Wie lange könntest du wohl durchhalten, angesichts solch kolossaler Fehlschläge? Edison wird der Ausspruch zugeschrieben: „Erfolg ist zu 99 Prozent Perspiration und 1 Prozent Inspiration."

Wenn du weißt, daß du mit der inneren Kraft arbeitest, wie Edison es wußte, wird dein Vertrauen niemals nachlassen. Du wirst auch weiterhin gegen alle Behinderungen und scheinbaren Rückschläge ankämpfen, in der unerschütterlichen Überzeugung, daß du schließlich Erfolg haben wirst.

Manchmal hat das Unvermögen, ein bestimmtes Ziel zu erreichen, unerwarteterweise und sogar weitaus lohnender zu einem anderen geführt. Nehmen wir doch den berühmtesten Fall dieser Art: Christopher Columbus. Seine Studien hatten ihn bekanntlich überzeugt, daß die Welt rund sei, und er glaubte, daß er westwärts segelnd nach Indien gelangen würde. Es dauerte immerhin fünf Jahre, bevor er die geeigneten Schiffe für eine solche Reise bekommen konnte. Aber selbst dann wurden seine Ideen von seiner Mannschaft derart angezweifelt, daß sie meuterten und umkehren wollten. Dennoch verlor Columbus nie sein Vertrauen. Die Kraft in seinem Innern trieb ihn an, und als er schließlich Land sichtete, nannte er es die „Westindischen Inseln". Selbst nachdem er noch drei weitere Reisen nach Amerika unternommen hatte, war er sich nicht bewußt, eine neue Welt entdeckt zu haben! Die Geschichte verzeichnet Columbus jedoch nicht als einen Versager. Keine gute Anstrengung ist jemals verloren!

Was du bilderst, muß sich verwirklichen, wenn du es lange genug, klar genug und vertrauensvoll genug bilderst. Viele dieser Feststellungen werde ich recht häufig wiederholen, anders formuliert, weil ich möchte, daß sie sich deinem Unterbewußtsein unauslöschlich aufprägen. Die erfolgreichen Männer und Frauen der Welt verlieren ihre Verbildlichungen nie aus dem Auge. Sie erinnern ihre schöpferische Kraft immer wieder an ihre Wünsche im Leben, damit sie weiterhin alles Erforderliche zu ihnen heranzieht, um das zu materialisieren, was sie sich verbildlicht hatten.

Ein Beispiel für die Macht der Verbildlichung

Irma und Farley O'Brien sind ein junges Ehepaar, das jetzt in North Hollywood, Kalifornien, in seinem „Traumhaus" lebt. Es ist genau das Haus, das sie sich verbildlicht hatten und das, wie sie bekunden, ihnen als das direkte Resultat ihrer Visualisation zugefallen war.

Monatelang hatten sie versucht, das richtige Haus zu finden. Sie hatten sich in vielen Bezirken umgesehen und auch die Hilfe von Immobilienmaklern in Anspruch genommen. Sie hatten eine beträchtliche Anzahl attraktiver Häuser und Grundstücke besichtigt, aber keines besaß diesen unbeschreiblichen Reiz, das Flair, dieses ganz besondere herzerwärmende Etwas, das sie in einem eigenen Heim suchten.

Nachdem sie schließlich alle Hoffnungen aufgegeben hatten, das Begehrte durch die üblichen Methoden zu finden, entschlossen Irma und Farley sich, mit der Suche aufzuhören. Sie hatten von einem neuen Weg gehört, das Erwünschte zu sich heranzuziehen – einen magischen Weg.

Alles, was sie zu tun hatten war, sich still hinzusetzen und sich das gewünschte Haus in seiner genauen Beschaffenheit gedanklich auszumalen – es sich zu verbildlichen – in dem Vertrauen, daß dieses Haus irgendwo existierte und ihnen bereits gehörte.

Irma zeichnete einen Grundriß des Hauses. Sie verbildlichte sich die umgebende Landschaft, den Garten, die Blumen, die Terrasse – alles und jedes. Sie besprach diese Pläne mit Farley, sie stimmten ihre Ansichten aufeinander ab und begeisterten sich an ihnen. Sie verfügten über wenig Geldmittel als Investition für ein solches Objekt, aber sie hatten das feste Vertrauen, daß die erforderliche Summe ebenfalls verfügbar gemacht würde, wenn sie sich das Erwünschte stark und klar genug verbildlichten und jede Anstrengung in Richtung ihres Zieles unternehmen würden.

Irma sagte zu Farley: „Ich will nicht nur ein Haus. Ich will ein Heim, das sich ein Ehepaar bauen ließ, das es so liebte, wie wir es lieben werden, schon in dem Moment, da wir seiner ansichtig werden. Ich will ein Heim, das die Atmosphäre von Liebe in und um sich birgt. Diese Liebe möchte ich in jedem Raum spüren, im Garten, zwischen den Blumen. Glaubst du wohl, daß es ein solches Heim gibt?"

„Ich bin ganz sicher, daß es das gibt", meinte Farley. „Es muß es einfach geben, oder du könntest nicht ein solches Gefühl dafür entwickeln."

Jeden Abend, bevor sie sich zur Ruhe begaben, sahen Irma und Farley sich in Gedanken zu einem solchen Haus geführt, wo immer es sein mochte. Sie schliefen mit dem Gedanken an dieses Haus ein, in der festen Erwartung, zu ihm geführt zu werden – zur rechten Zeit und zu den rechten Bedingungen. Sie ließen alle vorangegangenen Anspannungen los, den Gedanken, das Ersehnte nicht finden zu können.

Irgendwie wußten sie, daß das von ihnen Verbildlichte sich für sie materialisieren würde.

Einige Wochen später waren Irma und Farley bei Freunden zu Besuch, und Irma fühlte sich gedrängt, diesen Freunden von ihrem „Traum“ zu erzählen. Der Ehemann hörte mit Interesse zu und meinte dann: „Ihr habt gerade das Haus eines Bekannten von mir beschrieben, Mr. Davies, dessen Frau vor ein paar Monaten verstorben ist, kurz nach Fertigstellung ihres Traumhauses. Mr. Davies bewohnt das Haus zur Zeit noch. Ihm wurde bereits die zweifache Summe dessen geboten, was das Haus ursprünglich gekostet hatte, aber er hatte gesagt, daß er nicht verkaufen würde, bis er ein Paar findet, das dieses Haus ebenso lieben wird, wie seine Frau und er es taten.“

„Bitte bring uns zu diesem Mann“, baten Irma und Farley.

Als sie dann vor dem Haus in North Hollywood standen, kannte ihr Erstaunen keine Grenzen. „Das ist es! Das ist unser Traumhaus“, riefen beide aus, noch bevor sie die Schwelle überschritten hatten... Das Haus, der Garten, die Blumen, die Terrasse... ihr Bild war lebendig geworden! Und als sie Mr. Davies an der Tür begegneten, konnte er ihnen die Liebe zu diesem Haus aus den Augen strahlen sehen. „Wie ich sehe, gefällt Ihnen dieses Haus bereits“, meinte er. „Fühlen Sie sich wie zu Hause. Ich werde nicht mit Ihnen gehen. Lassen Sie sich Zeit. Sehen Sie sich alles in Ruhe an. Wenn Sie fertig sind, werde ich auf Sie warten.“

Eine Stunde lang verloren Irma und Farley sich völlig in ihrer atemberaubenden Besichtigung der wunderschönen Wohnanlage. Es war ihnen, als seien sie bereits eingezogen... als ob sie in diesem „Haus ihrer Träume“ schon lange leben würden, was in einem höheren mentalen Sinn ja auch der Fall war.

Nunmehr war es jedoch an der Zeit, auf den Boden der Tatsachen zurückzukehren. Es war offensichtlich, daß dieses Haus weitaus mehr kosten würde, als sie bezahlen konnten – daß jede Anzahlung ihre gesamten Reserven bei weitem übersteigen würde. „Was sollen wir tun?“ So fragte Irma. „Wir haben das Haus, das wir uns verbildlicht hatten, gefunden – wie aber kann es unseres werden?“

„Unser Vertrauen hat uns soweit gebracht“, sagte Farley. „Laß uns jetzt nicht daran zweifeln, daß es uns auch noch den Rest des Weges eröffnen wird."

Vom Garten her gingen sie nun wieder auf das Haus zu. Mr. Davies stand bereits in der Tür. Er sah sie wortlos an.

„Oh, es ist wundervoll... wundervoll!" Sie wußten sich vor Begeisterung nicht zu lassen. „Es ist genau das, was wir immer wollten! Aber es scheint unsere finanziellen Möglichkeiten zu übersteigen."

„Vielleicht nicht", meinte Mr. Davies. „Eine hohe Anzahlung hatte ich nur von Leuten verlangt, denen ich das Haus nicht verkaufen mochte. Sie aber lieben dieses Haus so, wie meine Frau und ich es taten. Irgendwie habe ich das Gefühl, daß sie mir niemals verzeihen würde, wenn ich unser schönes Heim an ein Paar verkaufte, das unser tiefes Gefühl dafür nicht teilt. Sie wissen, was Sie zahlen können – machen Sie Ihre eigenen Bedingungen."

Der Handel wurde abgeschlossen, und die O'Briens verließen Mr. Davies mit dem freudigen Gefühl, daß ihr „Traumhaus" nunmehr Wirklichkeit werden würde.

Immerhin, die Anzahlung allein würde alle verfügbaren Finanzen aufzehren, mit keinerlei weiteren Geldmitteln in Sicht, um den Kauf zu vervollständigen.

„Haben wir uns vielleicht von unseren Gefühlen forttragen lassen?" Irma begann leicht zu zweifeln. „Durften wir diese große Verpflichtung überhaupt eingehen?"

„Alles hat sich bislang so vollkommen entwickelt", sagte Farley, „ich habe volles Vertrauen, daß es das auch weiterhin tun wird."

Und genauso kam es auch! Heute ist ihr wunderschönes Haus voll und ganz abgezahlt.

Ja, die innere Kraft ist immer wirksam, wenn du gelernt hast, sie anzuwenden. Sie wirkt auf Wegen und durch Verfahrensweisen, die du dir überhaupt nicht vorstellen kannst, wenn du dein Vertrauen in sie setzt und das tust, was du in jeder gegebenen Situation für richtig hältst.

Im Fall von Irma und Farley hatte Gleiches das Gleiche angezogen. Sie hatten sich ein Haus, wie Mr. Davies es besaß, verbildlicht – und Mr. Davies wiederum hatte sich verbildlicht, wie er sein Haus an ein

Ehepaar, wie sie es waren, verkaufte. Dieses Visualisieren hatte sie magnetisch zueinander hingezogen. Der Mittler dabei war ein Freund, dem gegenüber Irma sich veranlaßt sah, ihre Sehnsucht nach ihrem Traumhaus zu offenbaren.

Die Kanäle, mittels derer du dein Ziel erreichen wirst, werden immer auf etwa gleichartige Weise von der inneren Kraft bereitet, wenn du dir das Gewünschte klar, vertrauensvoll und hartnäckig genug verbildlicht hast, im vollen Vertrauen, daß das so Verbildlichte zu erreichen ist und erreicht wird.

Alles, was im Leben gut und recht für dich ist, kannst du dir durch rechtes Denken zuziehen. Was „dieses Etwas" für andere getan hat, das kann es ebenso leicht auch für dich tun.

Positive Gedanken ziehen an – negative Gedanken stoßen ab

Überprüfe dein Denken! Glaubst du das, was dir hier bislang vermittelt worden ist? Schlägt es eine Glocke bei dir an? Kannst du auf dein bisheriges Leben zurückblicken und einsehen, daß du dir Gutes durch positives Denken zugezogen hattest und Schlechtes durch negatives Denken? Wenn du das kannst, dann bist du bereit zu lernen, was diese schöpferische Kraft für dich tun kann!

3. Kapitel

Was „dieses Etwas" für dich tun kann

Tausende, ja Millionen Menschen suchen das Geheimnis – den Schlüssel, der ihnen Gesundheit, Reichtum, Glück, Zufriedenheit und Lösung ihrer Probleme garantiert.

Viele Männer und Frauen in allen Zeitaltern haben das Geheimnis besessen, diese Kraft angewandt; und ich bin sicher, daß du sie dir ebenfalls aneignen kannst, wenn du die hier dargelegten Ideen liest, durchdenkst, annimmst und *anwendest.*

Was willst du haben? Wohin gehst du? Beantworte diese zwei Fragen, und du gibst deinem Leben Sinn und Richtung. Wenn du nämlich nicht weißt, was du willst oder wohin du gehst, dann erhältst du so gut wie nichts und endest im Nirgendwo. Der unschlüssige Mensch ist auch von unschlüssigen Zuständen umgeben.

Vergiß niemals: *Gleiches zieht immer Gleiches an!*

Wie und was du heute denkst, bestimmt, *was* und *wo* du morgen sein wirst!

Hast du jemals ein durch und durch unschlüssiges Individuum beobachtet? Hinter dem Lenkrad ist er bald in der einen Spur, bald in der anderen; er verlangsamt seine Geschwindigkeit, weil er abbiegen will, dann überlegt er es sich wieder anders und tritt drauf; in der einen Minute ist er übervorsichtig und in der nächsten waghalsig; er weiß nicht, wo er sich befindet oder warum – und andere wissen es erst recht nicht.

Auf diese Weise gelangt man nirgendwohin und kann auch nichts Gescheites erreichen. Solltest du etwa unschlüssig, unsicher und etwas durcheinander sein in deinem ganzen Denken und Handeln, dann ist das ein sicheres Anzeichen dafür, daß du Gemüt und Emotionen nicht unter völliger Kontrolle hast. Es ist der untrügliche Beweis dafür, daß du mit der schöpferischen Kraft in deinem Innern noch nicht bekanntgemacht worden bist – jener Kraft, die dein Leben verändern kann.

Tagaus, tagein ist heute von Atomkraft die Rede. Dabei werden oftmals Vergleiche gezogen, über welche Sprengkraft eine Atom-, eine Wasserstoff- oder eine Kobaltbombe im Vergleich mit soundsoviel Tonnen TNT verfügt.

Als ich diese gewaltige Kraft zum ersten Mal in mir entdeckte, da war TNT für mich der beste Begriff, sie zu beschreiben. Wenn du eine mit TNT vergleichbare Kraft in dir hast, dann bedarf es keiner größeren als ihr, um Berge zu versetzen – Berge der Furcht und des Zweifels, der Sorge und Anspannung, des Minderwertigkeitsgefühls, der Frustration, des Hasses, der Gier und der Vorurteile, die dich zurückgehalten und niedergedrückt haben.

Setz die Zündschnur in Brand, indem du dir die richtigen Dinge vorstellst, die zu dir kommen sollen. Sodann tritt zurück und laß „dieses Etwas" – die magnetische schöpferische Kraft in dir – in Tätigkeit treten.

Was kann sie für dich tun? Sag's doch! Such's dir aus! Du sagst es, und sie kann es! *Benenne* es, *glaube* daran, *visualisiere* es, *beharre* darin, und diese Kraft wird alles zu dir heranziehen, was du benötigst, um das Erwünschte zu bekommen oder zu erreichen.

Überwindung von Handicaps

Ein Bekannter von mir stotterte als Kind sehr stark. Auch als Heranwachsender hatte diese Behinderung ihn nicht verlassen. Als er Freunden und Angehörigen seinen Wunsch, Prediger zu werden, offenbarte, erntete er nur Spott und Gelächter.

„Wähl dir lieber einen Beruf, bei dem du nicht in der Öffentlichkeit erscheinen mußt!" empfahlen sie. „Niemand wird dir jemals zuhören wollen. Du bringst doch nicht einmal einen zusammenhängenden Satz ohne Schwierigkeiten heraus! Dieses Gestammel ist doch nur eine einzige Blamage!"

„Das muß doch aber nicht mein ganzes Leben lang so bleiben", beharrte der Junge. „Eines Tages werde ich ebenso gut sprechen können wie jeder andere auch. Das kann ich bereits sehen, deshalb werde ich es auch tun!"

Heute hat dieser Mann eine große Kirche an der Westküste der USA. Er ist einer der eindrucksvollsten Redner, die ich je gehört habe, und man würde es einfach nicht glauben, daß es einmal eine Zeit gegeben hat, in der er sich mit einer so ernsthaften Sprachstörung herumschlagen mußte.

Wie hatte er diese Benachteiligung überwunden? Durch *Verbildlichung*! Indem er sich an die gottgegebene schöpferische Kraft um Hilfe wandte.

Wie er mir erzählte, fing er zunächst damit an, stundenlang zu den Hühnern auf dem Hof zu sprechen. Er stellte sich dabei vor, ein menschliches Publikum, ein ganzes Auditorium vor sich zu haben, zu dem er sprach. „Anfangs schien ich sie zu verängstigen, und wie ich glaube, machte ich auch ziemliche Verrenkungen bei dem Versuch, ohne Störungen zu sprechen. Manchmal sahen meine gefiederten Zuhörer mich neugierig an und hielten mit ihrer Körnerpickerei inne, und ich stellte mir sofort vor, daß ich mit meiner Ansprache ihre Aufmerksamkeit erregt hatte. Gelegentlich verhielten sie sich sogar, als seien sie mesmerisiert, wie es ja bei Hühnern keine Seltenheit ist, und ich gab vor, sie in meinen Bann gezogen zu haben. Nach und nach erlangte ich eine bessere Kontrolle über mich, zum Teil durch diese Praktiken, zum anderen durch mein wachsendes Verständnis dessen, was meinem Stottern als Ursache zugrunde lag.

Sehen Sie, mein Vater war eine dominierende Persönlichkeit. Er glaubte an das alte Sprichwort ‚Ein Kind soll man sehen, aber nicht hören'. Jedesmal wenn ich als Kind meinen Ideen und Gedanken Ausdruck geben wollte, wurde ich von ihm zurechtgewiesen. Das machte mich befangen und gehemmt. Ich fürchtete, mich der Lächerlichkeit auszusetzen, wenn ich nur den Mund aufmachte. Dadurch fing ich an zu stottern. Ich sprach nur widerwillig in der Gegenwart anderer. Und diese anderen wollten auch gar nicht, daß ich es versuchte, weil es ihnen Unbehagen bereitete, mit anzusehen, wie ich mich abmühte, ein Wort herauszubringen.

Als ich merkte, daß ich ohne zu stottern sprechen konnte – in Gegenwart der Hühner und anderer Haustiere, entwickelte ich das

Selbstvertrauen, ebensogut in Gegenwart von Menschen sprechen zu können. Dieses Selbstvertrauen war das Ergebnis eines recht komischen Gedankens, der mir in den Sinn gekommen war. Ich hatte nämlich die Idee, daß ich mir die Leute nur als Hühner, Kühe und Pferde vorzustellen brauchte – und damit die Furcht vor ihnen überwinden konnte.

Es war ein kindisches Konzept, aber es wirkte! Es half mir, mich selbst nicht allzu ernst zu nehmen und meine Minderwertigkeitsgefühle und Beklemmungen zu überwinden. Ich hatte auch begriffen, daß ich mich unfähig *gesehen* hatte, in Gegenwart anderer normal zu sprechen, weil ich mich vor den Zurechtweisungen meines Vaters fürchtete. Sobald ich dieses Mentalbild verändert und um die Kraft gebeten hatte, mich ohne Furcht ausdrücken zu können, hatte ‚dieses Etwas' von mir Besitz ergriffen. Damit zog ich die Erfahrungen und das Training zu mir heran, das mich zu dem Redner entwickelte, der ich heute bin – genauso, wie ich es mir viele Jahre zuvor verbildlicht hatte!"

Ganz gleich, wie dein scheinbares Handicap beschaffen sein mag, die schöpferische Macht ist bereit und wartet darauf, dir zu seiner Überwindung zu verhelfen!

Bereitest du dein Gemüt jetzt für die Manifestation dieser Kraft in dir und durch dich?

Kannst du glauben?

Zunächst mußt du davon überzeugt sein, daß es sich hier nicht etwa um eine launische Macht handelt, daß sie real und verläßlich ist und daß du imstande bist, sie zu erkennen, wenn du sie in deinem Innern entdeckst, und daß du wissen wirst, wie sie anzuwenden ist.

Das ist der Zweck dieses Buches – dir das Wesen dieser schöpferischen Kraft nahezubringen und dir das Know-how zu vermitteln, damit sie erfolgreich für dich wirksam werden kann, so wie sie es schon für Tausende anderer getan hat.

Aber du, der du diese Zeilen jetzt liest, kannst nicht einfach nur dasitzen und darauf warten, daß diese explosive Kraft in deinem

Bewußtsein zu einer konkreten Erfahrung wird. Du muß dein Inneres öffnen und es empfänglich machen, damit das TNT, das du durch falsches Denken und vielleicht durch Unkenntnis seiner Existenz dort versteckt hältst, zum Vorschein kommen und deine selbstfabrizierten Behinderungen, Rückschläge, Schwierigkeiten und Probleme hinwegsprengen kann.

Du besiegst alles, was dir im Leben entgegentritt... nicht von außen nach innen, sondern von innen nach außen!

Die Dinge geschehen zuerst im Bewußtsein, bevor sie im Äußeren geschehen können!

Das ist ein Hammer, wenn es dir zum ersten Mal bewußt wird. Du machst nämlich keine Bewegung, wenn du dich nicht zuvor dazu entschlossen hast. Du verfügst über den freien Willen dazu. Du kannst auch dieses Buch nicht niederlegen, wenn du nicht vorher den Entschluß dazu gefaßt hast. Und du kannst die Hilfe von „diesem Etwas“ nicht in Anspruch nehmen, wenn du nicht vorher die Begrenzungen forträumst, mit denen du es durch dein falsches Denken belegt hast.

Sei nicht entmutigt

Ein guter Bekannter von mir, namens Jones, war in seinem erwählten Beruf in der Werbebranche nicht so recht vorwärtsgekommen. Das Ganze war für ihn mehr oder weniger zur Tretmühle geworden. Eines Tages entschloß er sich, das alles zu ändern. Bis dahin hatte er nicht gewußt, was er eigentlich wollte oder welche Ziele er hatte. Deshalb sah er sich um. Gab es eine Position in der Werbung, für die er speziell qualifiziert war? Ja, die gab es durchaus. Das Werbemanagement einer nationalen Publikation, wie etwa des *National Geographic* – nennen wir sie mal *The World Traveller Monthly*.

Mein Bekannter war ein *World Traveller* – ein Weltreisender. Er hatte bereits mehrere Weltreisen unternommen. Er hatte ein „Feeling“ für diese Position entwickelt und begann, sich als Werbemanager handeln zu sehen. Er war imstande, seine Visualisation mit wirklicher Begeisterung aufzuladen. Als sein Interesse für diesen Job wuchs, richtete er eine Anfrage an den Herausgeber des Magazins.

„Bedaure, wir sind mit unserem langjährigen Werbemanager Mr. Haley sehr zufrieden. Er ist bereits seit vielen Jahren bei uns und leistet außergewöhnlich gute Arbeit. Was uns betrifft, so hat er eine Lebensstellung in unserem Unternehmen."

Ein derartiger Bescheid würde ganz gewiß neun von zehn anderen entmutigt haben – nicht jedoch Mr. Jones. Er fühlte sich gedrängt, zu erwidern: „Das ist ganz in Ordnung, aber mein Interesse, Mitarbeiter Ihres Blattes zu werden, ist so groß, daß es mir eine große Befriedigung wäre, auch inoffiziell mit ihm verbunden zu sein. Würde es Ihnen daher etwas ausmachen, wenn ich bei Ihren Redaktionskonferenzen zugegen wäre, wann immer es mir möglich ist, um Ihnen von Zeit zu Zeit meine Vorschläge zu unterbreiten, so als ob ich zu Ihrem Mitarbeiterstab gehören würde – selbstverständlich ohne Bezahlung?"

Dieses Angebot war derart ungewöhnlich, daß es das Interesse des Herausgebers erregte. „Ich hätte persönlich nichts dagegen einzuwenden, wenn Sie so sehr daran interessiert sind", meinte er. „Sie werden diese Idee aber erst noch Mr. Haley schmackhaft machen müssen. Vielleicht könnte es ihm nicht gefallen, einen Mann neben sich zu haben, der sich ganz unverblümt für seine Stellung interessiert. Wenn er jedoch damit einverstanden ist, daß Sie Ihre Freizeit bei uns verbringen, natürlich ohne irgendwelche Verpflichtungen von unserer Seite, dann sind Sie uns willkommen."

Mr. Jones ließ sich daraufhin bei Mr. Haley anmelden. Die beiden Männer mochten sich auf Anhieb. Daraus entstand eine Freundschaft, die acht Jahre lang anhielt. In dieser Zeit konnte Mr. Jones dem *World Traveller Monthly* sehr von Nutzen sein und mit jeder Phase seiner Herstellung vertraut werden. Daneben widmete er sich anderen Werbeaufträgen, die ihm den Lebensunterhalt sicherten.

Eines Tages schließlich wurde Mr. Haley eine Position in Kalifornien angeboten, und er entschloß sich, aus gesundheitlichen und persönlichen Gründen seine Position beim *World Traveller Monthly* aufzugeben und an die Westküste zu ziehen, zumal er sich schon immer vorgenommen hatte, sein späteres Leben in Kalifornien zu verbringen.

Heute ist Mr. Jones der Werbemanager des *World Traveller Monthly*. Er war ganz bewußt in Mr. Haleys Position hineingewachsen – in eine Position, die er sich acht Jahre lang intensiv, hartnäckig und ausdauernd verbildlicht hatte!

Glaubst du jetzt immer noch, daß die innere Kraft dir das, was du haben willst, nicht bringen kann?

Was Inspiration bewirken kann

Fühlst du dich niedergeschlagen, bedrückt, hoffnungslos oder gar geneigt, mit allem Schluß zu machen? So hatte H. C. Mattern sich vor einigen Jahren gefühlt. Seine Heimatstadt in Pennsylvania hatte er wegen familiärer und wirtschaftlicher Schwierigkeiten verlassen und war nach New York City gegangen. Dort hoffte er wieder auf die Beine zu kommen, aber wie es nur zu oft der Fall ist, bei mentaler und emotioneller Verstörtheit, hatten die Dinge sich vom Schlechten zum Schlimmeren entwickelt.

Nachdem er bereits sieben Wochenmieten für sein Zimmer schuldig war und mit nur noch zwei Dollar in der Tasche alle Möglichkeiten erschöpft hatte, sah Mattern nur noch einen Ausweg, nämlich sich das Leben zu nehmen.

Zuvor waren jedoch noch einige Dinge zu regeln. Und eine dieser Besorgungen führte ihn in die Buchabteilung von Macy's Department Store, dem berühmten New Yorker Kaufhaus. Im Vorbeigehen erregte ein bestimmter Buchtitel seine Aufmerksamkeit: „Dein Schlüssel zum Glück" von Harold Sherman.

Dieser Titel wirkte auf Matterns verstörten Gemütszustand wie das rote Tuch auf einen Stier. Er tobte innerlich. So etwas wie einen „Schlüssel zum Glück" gibt es nicht! Aber der Gedanke an diesen Buchtitel ließ ihn nicht los, er steckte wie der Speer eines Stierkämpfers in seiner Seite, auch als er längst wieder draußen war. Je weiter er sich von dem Kaufhaus entfernte, desto bohrender wurde der Gedanke daran. Einem plötzlichen Impuls folgend, machte er kehrt, eilte in das Kaufhaus zurück, nahm das Buch vom Tisch und erwarb es mit seinen letzten noch verbliebenen Dollars.

In sein Zimmer zurückgekehrt, mit dem Gift, das er sich gleichfalls beschafft hatte, durchblätterte Mattern hastig das Buch, in einer trotzigen, rebellischen Stimmung. Eine der ersten Passagen, an die er geriet, sprach zu ihm in diesem Ton:

„Ob du dir darüber im klaren bist oder nicht – du bist direkt oder indirekt für alles verantwortlich, das dir widerfährt!“

Mattern hätte das Buch fast in hohem Bogen aus dem Fenster geworfen. Bislang hatte er immer die anderen für sein Ungemach im Leben verantwortlich gemacht, sich eingeredet, daß es Umstände, die er nicht kontrollieren konnte, waren. Der allerletzte Mensch, dem er die Schuld dafür anlasten wollte, war er selbst. Es widerstrebte ihm ganz und gar, sich einzugestehen, daß er allein die Ursache seiner Unzulänglichkeiten oder Probleme sein sollte.

Nur um zu beweisen, daß der Autor von *Your Key To Happiness* keine Ahnung hatte, wovon er redete, las Mattern weiter. Aber je weiter er las, desto härter fühlte er sich geohrfeigt!

„Vielleicht suchst du gerade jetzt in diesem Moment nach einem Ausweg aus den dich umgebenden Schwierigkeiten. Du fragst dich, ob es wirklich einen Ausweg gibt. Meine Antwort darauf: ‚Gib die Hoffnung nicht auf! Es gibt einen Weg, deine Probleme zu lösen – den Zustand zu ändern, der dich jetzt bedrückt; einen Weg, der dich befähigt, die Dinge im Leben zu erreichen, die dir das meiste bedeuten …‘“

Mattern horchte auf. Seine Selbstmordgedanken begannen sich zu verflüchtigen. Was *war* das für ein Weg? Wie konnte er jemals aus dem Schlamassel herauskommen? Da stand es schwarz auf weiß:

Du mußt die Fähigkeit entwickeln, dir den angestrebten Erfolg klar und deutlich zu verbildlichen.

Denke dran, ich sagte ja schon, daß diese Botschaft durchaus nicht neu ist – sie ist bereits Tausende von Malen geschrieben und verkündet worden. Sie ist jedoch jedesmal neu für denjenigen, der sie zum ersten Mal erhält.

Harold Sherman hatte Mattern genau das gleiche gesagt, was ich dir über die innere Kraft sage. Sherman hatte diese Kraft auf *seine* Weise entdeckt, so wie ich sie auf *meine* Weise entdeckt hatte – und beide hatten wir das Bedürfnis, „der Welt davon zu berichten“.

Mattern wollte es jedoch ganz genau wissen. Er wollte wohlbegründete Tatsachen. Jeder Schritt mußte seiner Logik standhalten können. Er wollte sich nicht von schönen Redensarten und Versprechungen einwickeln lassen. Er war bereits zu desillusioniert, um den Rückweg antreten zu können, wenn man ihn nicht restlos überzeugte. Je mehr er sich jedoch in dieses kleine Buch vertiefte, desto mehr begannen ihm Dinge einzuleuchten, die vorher für ihn nicht den geringsten Sinn ergeben hatten.

Er überdachte sein ganzes bisheriges Leben im Licht des Verständnisses, das er nunmehr hinsichtlich der Wirkungsweise seines Gemüts und seiner Emotionen gewann. Mit einem Mal erkannte er, wie er sich durch sein falsches Denken unerwünschte Resultate zugezogen hatte. Und als er an die Stelle kam, wo Sherman feststellt, daß jeder Mensch es lernen kann, aus vergangenen Fehlschlägen Kapital zu schlagen, aus ihnen konstruktive Lektionen zu lernen, und daß jeder Mensch über einige verborgene Quellen und Talente verfügt, die kristallisiert und entwickelt werden können und durch deren praktischer Anwendung man sich aus einer wirtschaftlichen Krise befreien kann, fragte Mattern sich: „Was habe ich jemals getan – über welche besondere Fähigkeit verfüge ich, mittels derer ich jetzt Geld realisieren kann?"

Sein bisheriges Leben überdenkend, mußte er traurig feststellen, daß er immer ein Hansdampf in allen Gassen gewesen war, aber kein Handwerk richtig beherrschte. Es schien keine Kombination von Fähigkeiten und Talenten vorhanden zu sein, auf die er sich jetzt in seiner Notlage stützen konnte. Aber Moment mal! Da war doch mal was! Vor einigen Jahren hatte er doch mal versucht, eine Spezialrezeptur für die Reinigung und Pflege von ledernen Sitzmöbeln zu entwickeln. Damals hatte er verschiedene wirksame Ingredienzen miteinander vermischt und war einer zufriedenstellenden Lösung sehr nahe gekommen, hatte das ganze Projekt aber schließlich aufgegeben. Vielleicht... wenn er... seine Bemühungen in dieser Richtung erneuern würde...!

Und dann auf einmal – *päng* – passierte es. Plötzlich, aus dem Nichts heraus, direkt aus seinem Unterbewußtsein – gleichsam auf einem Tablett dargeboten –, erschien die Rezeptur, die er so sehr gesucht hatte! Im gleichen Moment *wußte* er, daß es das richtige Gemisch war, daß es funktionieren würde! Das war es!

Um zwei Uhr frühmorgens verwarf H. C. Mattern sein Vorhaben, diese Welt zu verlassen. Statt dessen begann er Pläne zu machen, wie er sich gleich nach Ladenöffnung die benötigten chemischen Substanzen beschaffen konnte, um das Mittel herstellen zu können und einen Interessenten für seine Dienstleistungen – das Reinigen und Konservieren von Ledersesseln – zu finden.

Alle Zweifel waren wie weggeblasen. Ein neues Selbstvertrauen und ein neuer Glaube an Gott waren geboren. Da war ja ein Schlüssel zum Glück, und er hatte ihn gefunden!

In diesem Augenblick war es Mattern klar, daß „dieses Etwas" in seinem Innern die Rezeptur für ihn bereitet hatte – die innere schöpferische Kraft. Das war die Antwort auf alle seine vorausgegangenen Wünsche und Bemühungen in dieser Richtung. Sein einziger Fehler war, daß er zu früh aufgegeben hatte. Diese Rezeptur jedoch – erst einmal zusammengestellt – hatte sein Unterbewußtsein für ihn bereitgehalten.

Etwas später am Morgen des gleichen Tages eilte ein neuer und vitalisierter Mattern in das nächste Fachgeschäft und überredete den Inhaber, ihm etwa acht Dollar Kredit einzuräumen für die benötigten Ingredienzen zur Herstellung der Rezeptur. Dann rannte er zurück in sein Zimmer, für das er sieben Wochen Miete schuldig war, und stellte die chemischen Substanzen zusammen. Dann setzte er sich still hin, um sich von der Kraft in seinem Innern sagen zu lassen, wohin er sich wenden sollte, um sein Produkt und seine Dienstleistungen an den Mann zu bringen.

Der Firmenname W. & J. Sloane kam ihm in den Sinn. Es handelte sich um ein großes elegantes Möbelgeschäft auf der Fifth Avenue. Dieses Unternehmen würde mit Sicherheit eine große Abteilung mit Ledergarnituren unterhalten. Mattern rief dort an und bekam den zuständigen Mann an die Strippe. Er stellte sich vor: „Mein Name ist H. C. Mattern. Ich habe eine chemische Lösung entwickelt, mit der Lederwaren, und hierbei besonders lederne Sitzmöbel, gereinigt und konserviert werden. Ich würde Ihnen das gern vorführen."

„Dann kommen Sie mal her", meinte der Abteilungsleiter. „Wenn Sie so etwas entwickelt haben, wir könnten das schon gebrauchen!"

Kurze Zeit später fand Mattern sich mit seinem Gemisch in einem Lagerraum mit einem ledernen Diwan konfrontiert, der sich in einem wahrhaft traurigen Zustand befand. Das Leder war vertrocknet, rissig und voller Flecken. Ein hoffnungsloser Fall, wie es schien, ohne Zweifel die schwerste Erprobung für diese Rezeptur. Aber Mattern nahm die Herausforderung an. Nach einer Stunde intensivster Bearbeitung rief er den Abteilungsleiter zur Begutachtung. Dieser traute seinen Augen nicht!

„Das sieht ja aus, als hätten Sie mir da einen neuen Diwan hingestellt! Das kann doch nicht der alte sein! Die Risse sind geglättet, das Leder ist geschmeidig und lebt wieder. Und auch die Flecken sind alle weg! Mr. Mattern, Sie haben soeben einen Vertrag erworben. Wir hätten gern, daß Sie unseren gesamten Bestand an Ledermöbeln reinigen und konservieren."

An diesem Morgen verließ H. C. Mattern die W. & J. Sloane Company mit einem Vorschuß von $ 400.– für zu leistende Arbeit. „Dieses Etwas", die schöpferische Kraft, deren Anwendung du lernen wirst, hatte das verursacht! Sie hätte Mattern diesen Dienst schon Jahre vorher leisten können, wenn er sich doch nur auf richtige Weise an sie gewandt hätte!

Und was tat Mattern seinerseits, um Gott für die Freisetzung dieser Kraft in seinem Innern zu danken? Er legte ein Gelübde ab, daß er niemals an einem menschlichen Wesen, das Hilfe brauchte, vorbeigehen würde – daß er sich immer Zeit nehmen würde zu helfen, ganz gleich, um wen es sich handelte.

Lies ein Buch nicht – studiere es!

Heute (1954, d. Übers.) sind H. C. und seine Frau Mary Mattern von Küste zu Küste bekannt als die Champion-Wohltäter der USA. Sie haben Tausende von Selbsthilfe-Büchern verschenkt, die sie Bankpräsidenten, führenden Industriellen, Geschäftsleuten, Kongreßabgeordneten, Senatoren, Gouverneuren, Kellnerinnen, Portiers, Arbeitern,

Hotelangestellten, Farmern, Zeitungsjungen, Hausfrauen, Menschen aller Rassen, Klassen, Berufe und Hautfarben in die Hand gegeben haben.

Auf die Titelseite eines jeden Buches schreiben sie: „Lies dieses Buch nicht nur – *studiere* es!" Dann markieren sie verschiedene Abschnitte in drei verschiedenen Farben, um wichtige Stellen hervorzuheben. Um sicherzustellen, daß der Inhalt auch gründlich studiert wird, heften sie ganze Seiten zusammen mit der Maßgabe: „Entferne diese Klammern nicht, bevor du ganz sicher bist, das Vorangegangene auch verstanden zu haben und praktizieren zu können." Oder: „Studiere diesen Teil nicht vor Ablauf eines Monats. Solange wirst du brauchen, um das zu verarbeiten, was du jetzt gerade studierst."

Sie benötigen durchschnittlich eine Stunde, um jedes Buch auf diese Weise herzurichten, aber „es lohnt sich vollauf – es kommt allein darauf an, welchen Nutzen der Empfänger aus dem Buch zieht. Die meisten Menschen haben es sich zur Gewohnheit gemacht, ein Buch nur zu lesen, es nicht zu studieren, und sie engagieren sich auch nicht. Deshalb kommen sie damit auch nicht weiter."

Was die Probleme der meisten Menschen betrifft, so sind sie, wie Mattern meint, fundamental alle gleichartig. Sie sind nur zu lösen durch Hinwenden an die schöpferische Kraft im Innern.

Was nun H. C. Mattern und seine ebenso dynamische Mary anbelangt, so strahlt ihre „Immer-lächeln-Begrüßung" ständig von ihnen aus, und ihr unerschütterlicher Elan findet seinen besten Ausdruck durch den Slogan auf ihrer Geschäftskarte:

WIR VOLLBRINGEN DAS UNMÖGLICHE – DENN WIR WISSEN WIE!

Na, was hältst du jetzt von der schöpferischen Macht? Machst du dich bereit, sie in deinem Leben wirksam werden zu lassen? Wenn ja, dann mach dir am besten Matterns Methode zu eigen, jedes Statement in diesem Buch, das dir besonders ins Auge fällt, zu markieren – alles, was für dich eine besondere Bedeutung hat –, so daß dir jeder Gedanke ins Bewußtsein gehämmert und Bestandteil deines Denkens wird.

Bevor du diese Kraft jedoch freisetzen kannst, wirst du dein Bewußtsein von vielen falschen Gedanken und Gefühlen zu befreien haben. Das mag eine mehr oder weniger schmerzliche Prozedur werden, sie wird dir jedoch gewaltige Dividenden bescheren! Machst du mit? Kannst du es vertragen, dich so zu sehen, wie du wirklich bist? Dann los – packen wir's an!

4. Kapitel

Stopp – denke – und analysiere dich!

Die wahre Größe des Menschen
liegt in dem Bewußtsein
eines ehrlichen Zwecks
im Leben, gegründet auf der
richtigen Einschätzung
seiner selbst und alles
anderen, auf immerwähren-
der Selbstbefragung und
ständigem Gehorsam der
Regel gegenüber, die er als
die richtige erachtet, ohne
einen Gedanken daran, was
andere denken oder sagen
mögen oder ob sie es ihm gleichtun.
Marcus Aurelius

Ich gehe davon aus, daß es keinen intelligenten Menschen gibt, der nicht wirklich vorwärtskommen möchte. Ich habe mich jedoch oftmals gefragt, ob es nicht eine negative Eigenschaft oder eine gewisse Trägheit in den meisten von uns ist, die uns davon abhält, in Gang zu kommen.

Ich möchte eine alte Story nacherzählen:

Zwei Neger saßen am Ufer des Mississippi und dösten. Der eine gähnte, räkelte sich und meinte: „Ah, ich wünschte, ich hätte eine Million Wassermelonen."

Darauf der andere: „Rastus, wenn du eine Million Wassermelonen hättest, würdest du mir dann die Hälfte davon abgeben?"

„Von wegen!"

„Würdest du mir denn ein Viertel abgeben?"

„Nein."

„Rastus, wenn du eine Million Wassermelonen hättest, würdest du mir dann wenigstens zehn davon abgeben?"

„Nein, ich würde dir auch keine zehn abgeben."

„Würdest du mir denn nicht einmal *eine* lausige Wassermelone abgeben?"

„Hör mal, Sam, ich würde dir nicht einmal einen Bissen abgeben, wenn ich eine Million Wassermelonen hätte!"

„Warum nicht, Rastus?"

„Weil du zu faul bist, dir selbst welche zu wünschen!"

Aus dieser Story können wir sehr viel entnehmen. Das wirst du verstehen, wenn du das folgende verarbeitest.

Ich bin mir vollauf im klaren, daß einige sich darüber lustig machen werden. Spötter hat es schon immer gegeben. Spötter werden jedoch niemals Erfolg haben. Erreichen werden sie nie etwas im Leben, sondern sind nur neidisch, während der Vollbringer – derjenige, der sich vorwärts bewegt – über ihn hinwegsteigen oder um ihn herumgehen muß. Sie haben nicht den geringsten Stellenwert im Leben und sind eigentlich nur lästig. Manch einer mag alles dies verwerfen, wie er es auch zuvor getan hat und immer tun wird. Derjenige jedoch, der jetzt aufhorcht und bereit ist zu lernen, der wird mit Sicherheit vorwärtskommen. Ich kann dir versprechen, daß du lernen und vorwärtskommen wirst. Es ist wesentlich leichter, sich von der Strömung tragen zu lassen, als gegen sie anzukämpfen. Du mußt daher mit anderen und mit allem um dich herum harmonieren.

Mit den Worten eines großen Philosophen:

„Laß deinen Atem nicht länger nur im Konzert mit der dich umgebenden Luft tätig sein, sondern laß deine Intelligenz nun auch in Harmonie sein mit der Intelligenz, die alle Dinge in sich einschließt."

Das Atmen erfordert wenig Mühe, das Denken dagegen bewirkt einen gewissen Energieverbrauch. Ich brauche wohl nicht weiter zu erklären, daß ich den Lebensstrom selbst meine, mit dem du dich unbedingt in Harmonie bringen mußt. Wer begreift, der wird einsehen, daß die Natur Mittel und Wege für das rechte Wachstum aller Dinge vorgesehen hat.

Überdenke dies für einen Moment, und du wirst erfassen, daß ich damit Wahrheiten meine, die viele von uns vergessen oder verdrängt haben. *Es gibt ein großes fundamentales Gesetz der Kompensation, das alle Dinge zurechtrückt.*

Festgelegte Regeln, die Dinge anzugehen, gibt es nirgendwo, denn jeder von uns tut das auf seine ureigenste Weise. Zwei Personen müssen ja auch nicht auf genau die gleiche Weise einen Fluß überqueren... einer wählt diese Brücke, jener eine andere... Beide erreichen jedoch letztendlich ihren Bestimmungsort. In anderen Worten: Nachdem alles gesagt und getan ist, sind es ausschließlich die *Resultate*, die zählen. Und wenn du dir erst mal darüber klargeworden bist, was du eigentlich willst, und dann den einfachen hier gegebenen Regeln folgst, wird alles, dem du nachstrebst, dir gehören.

Es ist nunmehr für dich an der Zeit: Stopp, denke nach, und analysiere dich!

Was glaubst du von dir – und *weshalb*? Bist du überzeugt, daß du aus deinem Leben das machst, was du aus ihm machen solltest? Meinst du auch, daß du das in dein Leben hineingibst, was du solltest? Das Leben ist nämlich keine Einbahnstraße, weißt du. Es ist ein Geschenk, das Gott, der große Schöpfer, dir macht. Immerhin, vom Augenblick deiner Geburt an bist du praktisch auf dich selbst gestellt. Du mußt deinen ersten Atemzug tun und damit fortfahren, wenn du weiterhin auf dieser Erde verbleiben willst. Deinem Körper mußt du eine vernünftige Pflege angedeihen lassen, sonst wirst du unter irgendeiner gesundheitlichen Störung zu leiden haben. Ebenso wirst du deinen Kopf gebrauchen müssen, schließlich dient er nicht nur als Hutablage. Sonst wirst du nämlich nicht allzu weit kommen, weder mit deinem Gemüt noch mit deinem Körper.

Dein gegenwärtiger Zustand, dein gegenwärtiges Befinden, ist letztendlich das Resultat deines Denkens und Handelns in deinem bisherigen Leben. Nichts ist dir nur durch Zufall widerfahren. Du bist die Totalsumme all der Ursachen und Wirkungen, die du in dir selbst errichtet hast, durch deine mentalen und emotionalen Einstellungen. Ihr *Endresultat* ist das du, das du jetzt, genau in diesem Moment, bist!

Betrachte einmal dein Spiegelbild. Studiere jedes Mienenspiel, jede Bewegung. Sie erzählen ganze Romane. Jeder Zug, den du machst, ist ein Zeichen deiner Persönlichkeit in ihrem äußeren Ausdruck.

Untersuche deinen Gesichtsausdruck: Er gibt dir einen untrüglichen Aufschluß über die Richtung deines Denkens. Deine Augen – wie erscheinen sie dir? Ist dein Blick klar, stetig und direkt? Der Mensch, den du da im Spiegel siehst, ist genau der Mensch, den auch die anderen sehen. Welchen Eindruck möchtest du denn auf andere machen? Das liegt ganz allein bei dir.

Du weißt selbst ganz gut, ob du über das Flair der Persönlichkeit verfügst oder nicht. Ist es abwesend oder unentwickelt, dann beschließe, es zu erwerben. Das kannst und wirst du, wenn du dich dazu entschließt und den hier gegebenen Empfehlungen folgst.

Was *ist* das Flair der Persönlichkeit? Was ist es denn, das dich erfaßt, sobald du in der Gegenwart einer wirklichen Persönlichkeit weilst? Was ist es denn, das dich ihre Gegenwart *spüren* läßt, das dich überschattet oder besser „überstrahlt"?

Es ist nichts anderes als eine dynamische Macht, gepaart mit Willenskraft, die eine Persönlichkeit aus dem großen Reservoir des Unterbewußten zieht. Es gibt Millionen Menschen, die über dieses Flair der Persönlichkeit verfügen. (Einige sehen das als etwas völlig Natürliches an, und vielleicht ist es das auch. Aber sie wenden diese Kraft unbewußt an.) Sie ist ihnen zugefallen, oder sie haben sie schon ziemlich früh im Leben entwickelt, ohne daß es ihnen bewußt war. Aber wenn das, was die Persönlichkeit ausmacht, von Willenskraft getragen wird, geraten die Dinge in Bewegung!

Die gewinnende Persönlichkeit ist Männern oder Frauen zu eigen, die über genügend Selbstvertrauen und Selbstsicherheit verfügen. Es sind Menschen, die ein Ziel vor Augen haben; sie wissen, wohin sie gehen und wie sie dorthin gelangen; und diese Intensität der Zielgerichtetheit ist in ihren Gesichtern ablesbar. Sie haben Haltung und Würde. Sie ziehen andere zu sich heran, so wie ein Magnet Eisenspäne anzieht. Alles schart sich gern um eine strahlende Persönlichkeit.

Wenn du dich selbst erst richtig kennst, dann kannst auch du diese Intensität der Zielgerichtetheit entwickeln, diese Entschlossenheit, vorwärtszukommen. Und bald schon wird diese Entschlossenheit in deinen Augen, deiner Sprache und deinem Handeln sichtbar werden.

Gewiß hast du schon von einem bestimmten Menschen sagen hören, er habe einen durchdringenden Blick, er sehe geradezu durch einen hindurch. Was hat das zu bedeuten? Nichts anderes als das innere Feuer – Intensität – oder wie auch immer du es nennen willst, was heißen soll, daß der Mensch, der diesen Blick hat, für gewöhnlich auch das bekommt, was er haben will. Er bezwingt, befiehlt, zieht an.

Bedenke, die Augen sind das Fenster der Seele. Sieh dir mal die Fotos erfolgreicher Menschen an. Studiere deren Augen, und du wirst finden, daß jeder einzelne von ihnen über diese Intensität verfügt. Deshalb laß es sich widerspiegeln in deinem Gang, in deinem Gehabe, und es wird nicht lange dauern, dann werden andere deine Gegenwart spüren, wenn du durch die Menge gehst, und jeder einzelne spürt sie, wenn du mit ihm sprichst.

Für mich macht es keinen Unterschied, ob einer Wertpapiere, Bücher, Kleidung, Versicherungen, Elektrogeräte, Waschmaschinen oder andere Artikel und Dienstleistungen... oder ob er sich selbst bzw. seine Ideen verkauft. Meine Erfahrungen bei dem Versuch, anderen eine Idee zu vermitteln, haben mir gezeigt, daß ich zunächst mal an mich selbst glauben muß, sodann an die Idee und an meine Fähigkeit, beides zu verkaufen – mich *und* die Idee! Ich habe auch erfahren, daß man schon wissen muß, wovon man redet. Und nur persönliches Engagement zusammen mit beharrlichem intelligentem Studium wird dich befähigen, das zu tun.

Was und wieviel weißt du von dir, von anderen und von der Welt, in der du lebst? Die Art der Persönlichkeit, der du Ausdruck gibst, hängt weitgehend von diesem Wissen ab. Selbstausdruck mit Leichtigkeit, Sicherheit und Autorität ist nicht möglich, sofern du nicht über Gewahrsein von dir selbst, der Welt und von anderen verfügst!

Wach auf! Du mußt Bescheid wissen!

Du kannst deine Persönlichkeit entwickeln und erweitern, indem du mit dem Weltgeschehen Schritt hältst. Halte dich informiert. Alles, was bei Menschen, die du kennst oder kennenlernen wirst, von Interesse ist, solltest du wissen, schon damit mehr Gemeinsamkeiten bestehen, über die man reden kann. Du weißt nie, wofür sich eine neue Bekanntschaft oder ein neuer Kunde interessiert. Und zuweilen ist es angezeigt, seine Aufmerksamkeit oder deinen „Durchbruch" durch völlig irrelevante Themen zu erhalten. Man kann schließlich nicht immer nur über das Wetter reden oder über irgendwelche Krankheiten. Lies die Presse, lies Zeitschriften, sieh und höre dir wichtige Nachrichtensendungen und Kommentare in Hörfunk und Fernsehen an. Halte Augen und Ohren offen! Sieh zu, daß du *up to date* bist! Damit meine ich selbstverständlich nicht jedes breitgewalzte Detail eines Verbrechens oder anderer Scheußlichkeiten. Es ist jedoch immer sinnvoll, sich einen Extrakt des täglichen Geschehens auf der Welt zu verschaffen. Es wird deinen Blickwinkel erheblich erweitern!

Vergiß nie: Wissen ist Macht! Das mag sich nach einem alten Hut anhören, aber, Freunde – es ist wahr!

Wer will schon einem uninformierten, ignoranten, selbstgefälligen Schwätzer zuhören?! Erweitere deinen Wissensstand, und der Bereich deiner Aktivitäten und Interessen wird sich beträchtlich erweitern, ebenso wie dein Verlangen nach höheren – nach größeren Dingen. Im gleichen Maß, wie dein Begehren sich ausdehnt, werden dir die Dinge, die du unbedingt haben zu müssen wähntest, recht trivial erscheinen und deshalb keine Beachtung mehr erfahren. Man könnte auch sagen, daß du nunmehr – wie Emerson es ausdrückte – „deinen Wagen an die Sterne spannst" und dich von da an mit Raketengeschwindigkeit vorwärts bewegst!

Studiere, lerne und arbeite. Schärfe deine Beobachtungsgabe. Tritt aufs Gas! Oder noch besser: Düse los! Werde lebendig, und du wirst diese Lebendigkeit auf andere übertragen. Du wirst sie „aufpeppen" – allein durch deine Gegenwart. Etwas von deinem Magnetismus wird auf sie überspringen, und dafür werden sie dich mögen! Gewiß hast du schon mal jemanden sagen hören: „Ich bin immer gern in der Gesellschaft von Soundso, er gibt mir jedesmal Auftrieb!"

Erwirb dir Selbstvertrauen, Enthusiasmus! Gib etwas von dem inneren Feuer frei – von „diesem Etwas" –, und du wirst überall um dich herum gleichartige Schwingungen erzeugen. Das ist die Theorie allen Lebens, so alt wie die Welt selbst. Gleiches zieht Gleiches an – tap, tap, tap! Ich wiederhole dieses Statement, und es ist mir völlig schnuppe, wie oft du es nun schon gehört hast! Wenn ich es nämlich oft genug wiederhole – tap, tap, tap! – dann wirst du es niemals mehr vergessen. Gleiches zieht Gleiches an! Lachen bewirkt Lachen, eine gute Tat ruft eine gute Tat hervor, Reichtum bringt Reichtum, Liebe, Liebe – du kannst selbst weitermachen! Es funktioniert! Es ist ansteckend! Das alte und immer wieder neue Gesetz der Anziehung versagt niemals!

Nun komm aber bloß nicht auf die Idee, ich würde dir hier einen überdimensionalen Zauberstab überreichen, und alles, was dir dabei zu tun bliebe sei, ruhig dazusitzen und zu dir zu sprechen. Du darfst nicht etwa glauben, allein durch die Anwendung von Repetitionen das Begehrte erhalten zu können. So einfach ist das nicht! Du brauchst auch noch Rückgrat dabei. Dein wachbewußter Verstand und dein Unterbewußtsein müssen koordiniert werden und synchron laufen, damit sie in völliger Übereinstimmung und vollkommener Harmonie zusammenwirken. Sobald sie miteinander übereinstimmen, wird sich die Persönlichkeit entfalten. Dann bringe *Action*, Energie in deine Absichten, und alles in deinem Umkreis wird in Bewegung geraten.

Wir alle haben doch schon den intensiven Persönlichkeitstyp bewundert. Damit meine ich jenen, der sich aufrecht hält – Schultern zurück, Brustkorb heraus, erhobenen Hauptes und mit wachen Augen. In jeder Organisation, jeder Ansammlung kann man mit Leichtigkeit diejenigen mit weichen Knien, hängenden Schultern, nach unten weisenden Mundwinkeln und leerem Blick ausmachen. Gammler, Faulenzer, „Aussteiger".

Nimm zunächst eine gründliche Selbsteinschätzung vor. Studiere sodann jene, mit denen du zu tun hast, und du kannst praktisch auf einen Blick sagen, wer hier vorwärtskommen und wer zum Versagen verurteilt sein wird.

Du solltest doch wohl nicht der letztgenannten Kategorie nahekommen? Wenn ja, dann sieh schleunigst zu, daß du da herauskommst!

Der Fehler, lieber Brutus, liegt nicht in unseren Sternen,
sondern in uns selbst, wenn wir Untertanen sind.

William Shakespeare schrieb das, wie du weißt. Und in seinen Werken wird uns offenbar, daß er um die innere Kraft in seinem Leben wußte und sie auch anwandte. Er ragte hoch über die Allgemeinheit hinaus und sicherte sich eine Nische der Unsterblichkeit in der Ruhmeshalle der Weltliteratur. Und das durch ein absolutes Sich-Verlassen auf die Kraft im Innern.

Jawohl, der Fehler liegt in dir, wenn du nicht das bist, was du sein willst, und nicht dort bist, wo du sein willst.

Wenn du zaghaft bist, zurückgesetzt, einem eintönigen Trott unterworfen, dann liegt es an dir selbst. Mach nicht die Sterne dafür verantwortlich, nicht die Gesellschaft, nicht das „Establishment", nicht die Welt. Erkenne den Fehler bei *dir selbst!* Noch einmal sage ich: Leg einen anderen Gang ein! Raus aus dem niedrigen und hinein in den höheren! Fang endlich an, dir das zu verbildlichen, was du wirklich sein willst, und du wirst dich in Bewegung setzen.

Sei hier aber gewarnt, daß die Gedankenkraft auch im Rückwärtsgang – auch entgegengesetzt – wirksam ist. Durch falsches Denken kannst du dich ebenso schnell zurückbewegen, wie du durch richtiges Denken vorwärtsgehen kannst.

Diese Art „rückwärtigen Denkens" hat schon weitverzweigte Depressionen hervorgerufen und kann das jederzeit wieder tun. Wenn das Gemüt des Menschen von Panik ergriffen wird, wenn eine genügende Anzahl einzelner von Furcht und Gier gepackt wird, wenn die Ideologie des Neid- und Mangeldenkens über das Land fegt, wenn eine große Zahl von Menschen immer nur Forderungen stellt oder sich zu sehr in einer bestimmten Richtung bewegt, dann kann es zu

Börsenkrächen und Firmenzusammenbrüchen kommen, von denen die gesamte Weltwirtschaft in Mitleidenschaft gezogen wird.

Du weißt doch: Wenn du deprimiert oder schlecht gelaunt bist, dann neigst du dazu, alle anderen in deinem Umkreis damit anzustekken. Wenn das Barometer fällt, dann ist Sturm angezeigt. Eine „Hängelippe" hat schon zu vielen „Hängelippen" geführt. Trag deinen Kummer und deine Sorgen nicht mit dir herum! Niemand will sie mit dir teilen! Die Leute haben genügend eigene Kümmernisse!

Hör auf, Trübsal zu blasen!

Verbildliche dir doch einfach, wie du deine ganzen Kümmernisse zu einem hübschen kleinen Bündel verschnürst und es dann am Wegesrand liegen läßt. Noch besser: Wirf es von einer Brücke in den Fluß, damit es von der Strömung auf Nimmerwiedersehen davongetragen wird.

Du sagst, du brächtest das nicht fertig? Dann antworte ich: Hilft es dir etwa, deine Probleme loszuwerden, wenn du dich die ganze Zeit über von deinem Kummer niederdrücken läßt?

Komm unter deiner Last hervor! Du kannst niemals du selbst sein, es ist unmöglich, auf andere den richtigen Eindruck zu machen und auch Gutes anzuziehen, wenn du unter einer Belastung von Dingen einherstolperst, die nun einmal geschehen sind und so nicht ausgelöscht werden können – die aber mit Sicherheit nicht geheilt oder geändert werden können, indem man sich pausenlos über sie grämt.

Wenn sich grämen und sorgen die Macht hätte, ein Problem zu lösen, dann würde ich mir 24 Stunden am Tag Sorgen machen und dich noch bitten, mir dabei zu helfen. Unglücklicherweise multiplizieren aber sorgenvolle Gedanken unsere Schwierigkeiten noch um ein Vielfaches! Würde man alle chronisch Sorgsüchtigen auf dieser Welt in einer Reihe hintereinander aufstellen, diese Reihe würde fast bis zum Mond und zurück reichen! Uns allen sind schon Menschen beiderlei Geschlechts begegnet, die den Eindruck vermitteln, als könnten sie sich jeden Augenblick bewölken und anfangen zu regnen. Sie gehören dem loyalen Orden der Trauerklöße und Mieslinge an. Alles, was ihnen widerfährt, ist schlimm oder wird sich als schlimm erweisen. Sie haben zeitweilig die Fähigkeit eingebüßt, das Gute auch nur irgendwo zu erkennen. Sie können sich der Gegenwart nicht erfreuen, weil sie die Vergangenheit beklagen und die Zukunft fürchten.

Einer der weisesten Männer, die mir je begegneten, mental und spirituell hochentwickelt, sagte mir einmal: „Vergiß niemals – auch nicht für einen Augenblick: *Das Leben ist eine individuelle Unternehmung.* Ganz gleich, wie sehr du dir zuweilen wünschen magst, die Schuld für die Auswirkungen deines Denkens und Handelns anderen zuweisen zu können oder den Konsequenzen zu entgehen, du lebst nun einmal in einer Welt der Ursachen und Wirkungen – in einer Welt, in der nichts durch Zufall geschieht –, und du selbst hast diese Ursachen gelegt, durch dein Denken – sei es gut oder schlecht – für alles, was dir widerfährt!"

Immer wieder habe ich das in meinem Leben beweisen können, und dir geht es genauso, wenn du es dir nur eingestehen willst. Wenn ich diese Feststellung jedoch anderen gegenüber ins Feld führte, bekam ich immer zur Antwort: „Das ist aber ein beängstigender Gedanke! Sie meinen, ich hätte mir das alles selbst zuzuschreiben, Fehlschläge, Versagen, finanzielle Engpässe, schlechte Gesundheit, Antipathien, verlorene Freundschaften, Unglücklichsein ...?" Und wenn ich solchen Leuten dann erwiderte: „Ganz recht, wenn ein solches Geschick über Sie gekommen ist, dann können Sie nur sich selbst dafür anklagen." Dann hieß es sofort: „Aber wir haben uns diese Dinge doch nicht *verbildlicht!*"

Nein, das haben sie ganz gewiß nicht – nicht direkt. Sie haben sich durchaus nicht als Versager, mit knappen Geldmitteln, einem Nervenzusammenbruch, bei anderen unbeliebt, von Freunden verlassen, und unglücklich *gesehen.* Aber ihre mentalen Einstellungen fanden ihren Ausdruck in etwa solchen Gedanken:

„Ich habe es doch gleich gewußt, daß mir das passieren würde!"

„Es hat keinen Sinn – ich kann es doch nicht!"

„Ich will ihn oder sie gar nicht erst kennenlernen ... ich weiß, daß sie mir nicht gefallen werden!"

„Es ist mal wieder mein Pech, daß mir das passiert. Ich ziehe ja immer den kürzeren!"

„Oh, ich fühle mich so schlecht, ich wünschte, ich könnte sterben!“

„Ich bin pleite – da gibt es keinen Ausweg!“

„Ja, ich fühle mich einigermaßen heute – aber das hat nichts zu sagen. Wahrscheinlich werde ich mich morgen schlechter fühlen!“

Sind das nicht umwerfende Suggestionen? Könntest du dir vorstellen – mit dem Wissen, über das du inzwischen verfügst –, wie auch nur *einer* dieser reizenden Gedanken Gutes anziehen sollte? Mach dir nichts vor, diese Denkweise kann nur ein Resultat hervorrufen. Und dennoch sind wir oft unachtsam genug, solchen Gedanken in Momenten emotionaler Depression Ausdruck zu geben. Und dann wundern wir uns auch noch, wenn so viele Dinge in unserem Leben schieflaufen.

Sei auf alles gefaßt!

Also: Nimm eine Selbstinventur vor! Wir leben, wie du weißt, in einem gewaltigen Zeitalter – einem ganz erstaunlichen Zeitalter! Vielen, mit einem unvorbereiteten Gemüt, ist dies ein verwirrendes, beängstigendes Zeitalter.

Unsere Zeit ist sehr schnellebig, Entwicklungen vollziehen sich in einem rapiden Tempo. Die Dinge entfalten sich schon fast zu schnell, als daß das menschliche Gemüt sie noch erfassen und verarbeiten könnte. Mehr und mehr welterschütternde Entwicklungen sind auf dem Weg. Vieles von dem, was vor einigen Jahren noch als undenkbar galt, ist inzwischen Wirklichkeit geworden. Von jetzt an ist alles drin! Alles kann jetzt passieren und wird es wahrscheinlich auch!

Du mußt dich darauf trainieren, mental wach zu sein. Halte dein Gemüt offen und empfänglich, sei auf Draht! So kannst du Kontakt mit deiner schöpferischen Kraft im Innern herstellen, um dich den kommenden Veränderungen anzupassen; dann hast du den Einblick, das Verständnis und den Mut, ihnen zu begegnen.

Du mußt lernen, die Wahrheit zu erkennen – zu akzeptieren, was deinen vergangenen Erfahrungen, deiner Vernunft und deiner Intuition zusagt – und in der Bewertung aller dir nicht vertrauten Dinge

Zurückhaltung zu üben, bis du sie beweisen oder in deinem eigenen Leben erproben kannst.

Es reicht nicht aus, die Mentalgesetze lediglich zu erlernen. Du mußt lernen, sie anzuwenden. Du mußt lernen, dein Gemüt in Übereinstimmung mit diesen Gesetzen zu *gebrauchen.*

Du kennst doch das alte Bibelwort: „Glaube ohne Werke ist tot." Du mußt *wirken,* du mußt an dir arbeiten, um die schöpferische Kraft in deinem Innern zu entwickeln, damit sie auch für dich das tun kann, was sie für andere getan hat und noch immer tut.

Die vom Glück begünstigten Männer und Frauen der Welt sind jene, die zu visualisieren und zugleich ihre Sorgen und Ängste zu eliminieren verstehen, die innerlich ruhig und gelassen bleiben, ungeachtet der gegebenen Umstände. Jene, die eine positive Gemütshaltung und emotionale Stabilität auch unter Druck aufrechterhalten.

Das sollte dein großes Ziel im Leben sein: In jeder gegebenen Situation gleichmütig und *cool* zu bleiben und das vorgegebene Ziel unerschütterlich als *bereits erreicht* zu visualisieren. Das wird deine Führung und dein einziger Schutz in dieser sich so rasant bewegenden Welt von heute sein.

Von jetzt an: Begrenztes Denken, nein, danke!

Bring dein Bewußtsein in Ordnung! Bereite dein Gemüt jetzt, indem du alles engstirnige, kleinkarierte, begrenzte und einengende Denken beiseite schiebst. Behaupte nie, nie wieder, daß auch nur *irgend etwas* unmöglich sei, ganz gleich, wie unmöglich es im Moment auch erscheinen mag. Du darfst dein Bewußtsein nicht begrenzen, nicht einengen, nicht anketten durch kleinkariertes, mit Vorurteilen behaftetes Denken. Befreie dein Bewußtsein von Gefühlen des Grolls, der Abneigung, des Hasses und ähnlicher emotionaler Reaktionen anderen gegenüber. Derartige Gedanken halten dich vom gradlinigen Denken ab. So bekommst du nicht die richtige Perspektive zu anderen und zu dir selbst. Sie halten deinen Fortschritt auf und hindern deine kreative Macht daran, durch dich tätig zu werden.

Du kannst die Auswirkungen deines falschen Denkens in deinem

Leben überwinden! Um das zu bewerkstelligen, mußt du jedoch emotionale Kontrolle erzielen; du mußt lernen, deinen physischen Körper zu entspannen, deinen wachbewußten Verstand passiv und aufnahmebereit zu machen und die richtigen Gedankenbilder des erstrebten Zustands im Gemüt festzuhalten. Wenn Fehler der Vergangenheit, die du noch im Bewußtsein hältst, dich fest im Griff haben, dann mußt du lernen, diesen Griff zu lösen – dich aus ihm zu befreien.

Da Gleiches immer Gleiches anzieht (Tap, tap, tap – ich wiederhole das erneut!), zieht Gutes das Gute an und Schlechtes das Schlechte. So einfach ist das. Du kannst jedoch dein Denken nicht in Ordnung bringen und deine Angelegenheiten nicht zurechtrücken, ohne deiner Vergangenheit ins Auge zu sehen.

Darauf entgegnet man mir häufig: „Aber gerade meine Vergangenheit versuche ich zu *vergessen!*"

Sehr schön! Aber so funktioniert das Gemüt nun einmal nicht! Was es ins Bewußtsein hineinnimmt oder hineingenommen hat, daran klammert es sich so lange, bis du durch einen Akt der Anerkennung, durch einen Beschluß und durch deinen Willen das Gedankenbild *änderst* oder losläßt!

Wie oft läßt du es zu, daß du dich erregst – über eine Situation, eine Nachricht, über etwas, das ein anderer tut oder sagt? Jedes Bild einer solchen Begebenheit oder eines solchen Gefühls bewahrst du im Bewußtsein auf, es wird dort wie in einem Computer gespeichert.

Wenn du dann an die Begebenheit oder diesen Menschen denkst, dann rufst du die damit verbundenen negativen Gefühle ab, und zwar so lange, bis du sie überwunden hast. Und wenn du sie nicht änderst, dann existieren sie weiter als Irritationen in deinem Bewußtsein. Und diese Irritationen finden schließlich ihre Widerspiegelung in einer gesundheitlichen Störung oder einem unerfreulichen Erlebnis.

Willst du diesen vergangenen Irritationen wirklich gestatten, ähnliche Störungen für die Zukunft zu bringen? Wenn nicht, dann mach dich schnellstens daran, sie aus deinem Bewußtsein zu löschen!

Deine Selbstanalyse wirst du auch selbst vornehmen müssen. Schließlich kennst du dich selbst besser, als irgendein enger Freund oder Angehöriger dich je kennen wird. Du magst es vielleicht fertiggebracht haben, deine wahren Gefühle und Gedanken vor anderen zu verbergen; aber du selbst weißt natürlich tief in deinem Innern, was du wirklich denkst und fühlst, ganz gleich, über was und wen. Sollten diese Gedanken und Gefühle keine guten sein, dann mach dich daran und *mach* sie gut!

Vergib anderen das, was sie dir möglicherweise angetan haben. Übernimm deinen Anteil der Schuld. Unterhalte keine Grollgefühle, keine Abneigungen, keinen Haß. Solche Emotionen vergiften dein Gemüt und deinen Körper. Sie bringen den Chemiehaushalt in deinem Organismus durcheinander und machen dich empfänglich für alle möglichen Krankheiten und Beschwerden. Mediziner haben bereits den Nachweis erbracht, daß Leiden wie Arthritis, Rheuma, Gürtelrose, einige Formen der Epilepsie sowie viele andere Krankheiten auf nervöse und emotionale Störungen zurückzuführen sind. Es wurde sogar festgestellt, das der Ausbreitung von Krebsmetastasen Einhalt geboten werden kann durch Beherrschung der Emotionen und Aufrechterhalten einer optimistischen, furchtlosen Einstellung diesem Leiden gegenüber.

„Dieses Etwas" im Gemüt verfügt über unbegrenzte Macht – zu überwinden, zu heilen, zu erschaffen, heranzuziehen –, nachdem du seine Anwendung erst einmal erlernt hast.

Die Entwicklung dieser Kraft liegt ganz bei dir. Bist du gewillt, dich wirklich darum zu bemühen? Wenn ja, dann geh mit mir – von Kapitel zu Kapitel, studierend und anwendend... studierend und anwendend... Und wenn wir schließlich am Ziel dieser Reise angelangt sein werden, dann wirst du die Antwort auf deine Probleme besitzen und auf deinem erfolgreichen, glücklichen Weg sein – *allein.*

5. Kapitel

Wie man Gedankenbilder erstellt

Grabe innen. Innen ist die Quelle des Guten. Und sie kann immer aufsprudeln, wenn du immer gräbst.

Marcus Aurelius

Bevor du „dieses Etwas" wirklich erreichen, beherrschen und leiten kannst, mußt du wissen, wie dein Bewußtsein funktioniert. Diese schöpferische Kraft ist der wichtigste Teil deines Gemüts. Sie ist jedoch unbestimmbar und ungreifbar, und es ist schwierig, bewußten Kontakt mit ihr herzustellen, bis du ein ausreichendes Verständnis deines inneren Bewußtseins erlangt hast.

Hast du zum Beispiel gewußt, daß du nicht in Worten denkst?... Du denkst in Bildern! Und weil du in Bildern und *nicht* in Worten denkst, arbeitet dein Gemüt in seiner „mechanischen" Funktion nicht anders als das des primitiven Menschen vor Tausenden von Jahren. Auch er dachte in Bildern, bevor die Sprache sich entwickelt hatte. Wenn er von der Jagd zu seinem Stamm zurückkehrte, dann gab es für ihn nur eine Möglichkeit, von seinen Erlebnissen zu berichten: Er zeichnete mit Kohle einfache Bilder oder meißelte sie in die Steinwände seiner Höhle.

Nachdem der primitive Mensch Bilder ähnlicher Erfahrungen wieder und wieder aufgezeichnet und dazu Töne mit bestimmten Objekten und Begebenheiten assoziiert hatte, brauchte er jetzt nur noch ein vertrautes Bild zu zeichnen, und die Betrachter wußten sofort, was er zum Ausdruck bringen wollte. Diese frühen Bilder reduzierten sich schließlich zu Symbolen, die zusammengefaßten Symbole wiederum wurden zu Buchstaben, dann zu Wortgebilden und schließlich zu ganzen Sätzen... und damit war die erste Sprache geboren.

Aber mit all unserer vielgepriesenen Zivilisation von heute, mit allen aufgekommenen Sprachen, mit dem enormen Vokabular der Worte, über das der moderne Mensch verfügt, um seine Gefühle, seine Ideen, seine Welt zu beschreiben, denkt er dennoch im Grunde in mentalen Bildern. Das kann ich dir mit Leichtigkeit beweisen.

Nimm dir mal die Zeit und denke an ein kleines ungewöhnliches Erlebnis, das du heute hattest. Wenn du es dir ins Gedächtnis zurückrufst, dann siehst du im Auge deines Bewußtseins Bilder von dir, wie du etwas tust, irgendwo bist, jemanden triffst – was es auch immer gewesen sein mag. Du bist jedoch nicht imstande, mir dieses Geschehen zu vermitteln, wenn du es nicht in Worte formst, die Symbole dieses Geschehens, mittels derer du mir davon berichtest. Ich wiederum muß, während ich dir zuhöre, diese Worte in meinem Auge des Bewußtseins in Bildern umsetzen, damit ich das von dir Erlebte sehen und erfassen kann.

Somit dürfte offensichtlich sein, daß du, wie ich schon sagte, im Grunde in Bildern denkst. Das ist eine der wichtigsten Fakten, die du über dein Gemüt lernen kannst. Und die nächstwichtige Tatsache ist diese: Was du dir im Gemüt vorstellst, das kann, sofern es sich mit der schöpferischen Kraft im Innern vereinigt, alles, was du befürchtest oder wünschst, zu dir heranziehen.

Die schöpferische Kraft ist wie ein Magnet

Das ist wahr, weil die schöpferische Kraft wie ein Magnet arbeitet. Gib ihr ein starkes, klares Gedankenbild des von dir begehrten, und sie macht sich ans Werk, die Zustände um dich herum zu magnetisieren – und alles zu dir heranzuziehen, Dinge, Mittel, Gelegenheiten, Umstände und sogar die benötigten Menschen, um das in dein äußeres Leben zu bringen, was du dir verbildlicht hast!

Du glaubst das nicht? Dann denke doch mal über dein bisheriges Leben nach. Ruf dir die Zeiten und Gelegenheiten ins Gedächtnis zurück, da du irgendein Ereignis befürchtet hattest, das dann schließlich auch zur Tatsache wurde. Wahrscheinlich warst du dir dessen nicht bewußt – aber diese Furchtbilder haben „dieses Etwas" in deinem Innern so beeindruckt, daß du es veranlaßt hattest, die falschen, die unerwünschten Zustände zu dir heranzuziehen und dich für genau das anfällig zu machen, was du so sehr befürchtet hattest.

Diese schöpferische Kraft im Innern erwägt nämlich nicht. Sie produziert für dich nur das, was du bestellst – was du in Form eines Gedankenbildes bestellst, mit starken Gefühlen der Furcht oder des Begehrens dahinter. Das ist der Grund, weshalb diese innere Kraft TNT ist, entweder für oder gegen dich, je nachdem, ob dein Denken konstruktiv oder destruktiv ist.

Nun kannst du auch verstehen, inwieweit sich bestimmte gute wie auch schlechte Dinge in deinem Leben ereignet haben. „Dieses Etwas" war dir absolut zu Diensten, und die Art der erzielten Resultate hing von der Beschaffenheit der mentalen Bilder ab, die du ihm präsentiert hattest.

Wie summiert sich dein Leben aufgrund dieser Erkenntnis? War es soweit angefüllt mit ebenso vielen unglücklichen Erfahrungen wie glücklichen? Wenn ja, dann wirst du das doch wohl schnellstens ändern wollen, oder? Und du kannst es auch auf der Stelle ändern, durch eine grundlegende Veränderung deiner mentalen Einstellung, durch Überwindung deiner Ängste und Sorgen, und an deren Stelle positives, zuversichtliches, mutiges Denken.

Es besteht nicht länger der geringste Zweifel darüber (und der hat für jene, die sich über die Wirkungsweise des Bewußtsein im klaren sind, nie bestanden), daß du so bist, „wie du es dir in deinem Gemüt und Herzen *verbildlichst*"!

Behalte diese große Tatsache immer im Sinn! Laß sie dein alltägliches Denken beherrschen! Überprüfe dich jedesmal, wenn du dazu neigst, mental und emotionell verstört zu sein und unglückliche, destruktive Mentalbilder in deinem Gemüt beherbergst. Willst du solche Bilder an deine schöpferische Kraft zur Verarbeitung weiterreichen? Möchtest du solche Befürchtungen oder Wünsche magnetisiert wissen, damit sie ähnliche Erfahrungen zu dir heranziehen? Wenn nicht, dann solltest du diese Art Bilder auf der Stelle loslassen! Verändere sie zum Besseren! Laß alle Gefühle der Furcht, des Grolls, des Hasses, der

Eifersucht – oder was auch sonst – fallen und ersetze sie durch die richtige Art von Gefühlen und Haltungen. In dem Augenblick, wo du das tust, zerstörst du die Macht, die diese falschen Bilder im Endeffekt über dich haben könnten.

Nimm dich in acht vor falschem Gebrauch von TNT!

TNT ist wundervoll, wenn du es auf rechte Weise gebrauchst – aber es kann dich „umhauen“, wenn du die falsche Sprengladung in dir entzündest.

Nachdem du dein Gemüt von falschen Mentalbildern und emotionalen Reaktionen gereinigt hast, bist du bereit, dir vertrauensvoll gute Dinge, gutes Vollbringen vorzustellen.

Unerschütterliches Vertrauen ist der erforderliche Energieschub für die schöpferische Macht – für „dieses Etwas“ im Innern. Ich werde später noch mehr darüber zu sagen haben, du mußt jedoch glauben, daß das, was du dir vertrauensvoll verbildlichst – was du „bilderst“ –, sich mit absoluter Sicherheit verwirklichen wird. Der leiseste Zweifel hierbei wird dein Bild zerstören und die schöpferische Kraft demagnetisieren, so daß du nur ein halbes, ein verwischtes oder gar ein falsches Resultat erhältst.

Verbildliche dir das Erwünschte in deinem Gemüt, als sei es bereits vorhanden. Sieh dich etwas *haben,* etwas *sein* oder etwas *tun* als bereits vollendete Tatsache. Versuche nicht, dir die einzelnen Schritte auszumalen, die du deiner Meinung nach tätigen solltest, um an dein Ziel zu gelangen. Dein wachbewußter Verstand ist in seiner Wirkungsweise und in seinem Aktionsradius durch deine fünf Sinne derart eingeengt, daß er die beste Möglichkeit – den zu tätigenden Schritt oder die einzuschlagende Richtung – nicht kennen kann. Dein Unterbewußtsein jedoch – „dieses Etwas“ im Innern – ist in keiner Weise begrenzt durch Zeit oder Raum. Es kann auf allen Ebenen zugleich wirksam und dabei in allen Richtungen tätig sein. Es kann dich mit allen nur denkbaren Gelegenheiten und Menschen in Verbindung bringen – Menschen, von deren Existenz du im Augenblick noch gar nichts weißt.

Alles Erforderliche, das sich dem von dir geformten Denkmuster einfügt, wird von der Macht im Innern zu dir herangezogen werden, wenn du in deinem Visualisieren Tag für Tag beharrst und jede Anstrengung unternimmst, um deinen Herzenswunsch zu fördern.

Das ist die einfache zu befolgende Technik. Sie wird dir mit unfehlbarer Sicherheit Resultate bringen, wenn du die Kunst der *Verbildlichung* beherrschst.

Ich möchte jedoch klar herausstellen, daß es bei der Verbildlichung zwei typische Verhaltensweisen gibt. Es gibt hier den *visualisierenden* oder den *fühlenden Typ*. In anderen Worten: Bei dem einen steht das *Sehen* und beim anderen das *Fühlen* im Vordergrund. Falls es dir schwerfallen sollte, im Auge deines Gemüts ein Bild des von dir Begehrten zu erstellen, dann überanstrenge dich nicht bei diesem Versuch. Du bist dann wahrscheinlich der *fühlende* Typ. Du brauchst dich dann nur auf einen imaginären Brennpunkt in der Dunkelkammer deines Gemüts zu konzentrieren und das *Gefühl* zu entwickeln, daß dein Wunsch bereits seine Erfüllung gefunden hat – daß er jetzt nur noch von der magnetischen schöpferischen Kraft in deiner äußeren Welt materialisiert werden muß. Du wirst dann die gleichen Resultate erzielen wie jene, denen das Visualisieren leicht fällt.

Du mußt dich entspannen können!

Es bedarf wohl keiner weiteren Erörterung, daß du deinen physischen Körper völlig entspannen und deinen wachbewußten Verstand passiv machen mußt, bevor du dich auf das Erwünschte konzentrieren kannst.

Kannst du richtig „relaxen"? Kannst du deinen Körper so entspannen, daß er jedwede Verkrampfung und Anspannung verliert, daß du dir seiner überhaupt nicht mehr bewußt bist, während du meditierst oder visualisierst?

Erschreckend viele Männer und Frauen hatten mir zu verstehen gegeben, außergewöhnliche Schwierigkeiten beim „Stillwerden" zu haben. Sie spüren sofort eine Verspannung im Nacken, in den Augen, im Solarplexus – mitunter an allen genannten Stellen zugleich. Sie waren sich, wie sie freimütig bekannten, nicht darüber im klaren, wie verkrampft, wie angespannt und nervös sie in Wirklichkeit waren, bis sie einmal versucht hatten, tatsächlich still zu werden, physisch und mental. Einige meinten, ihr wachbewußter Verstand sei so sehr mit allen Arten fragmentarischer Ängste und Sorgen angefüllt, mit einem völligen Durcheinander sich jagender Gedanken, daß sie es einfach nicht fertigbrächten, sich leerzumachen und das zu visualisieren, was sie wirklich haben wollten.

Und das ist wahrhaftig kein Wunder! Nur zu viele von uns führen ein von Hast und Hetze bestimmtes Alltagsleben. Wir haben uns ausgesprochen schlechte Denkgewohnheiten angeeignet. Nur wenige von uns verfügen über eine verläßliche Kontrolle ihrer Emotionen. Alle möglichen Belanglosigkeiten können uns verstimmen, und diese Verstimmungen tragen wir dann den ganzen Tag mit uns herum. Dieser Ärger verläßt uns aber auch des Nachts nicht, wenn wir um Entspannung bemüht sind und zur Abwechslung einmal konstruktiv denken möchten. Die Folge davon ist, daß wir, sobald wir ruhiger geworden sind, uns der Störungen des vergangenen Tages um so deutlicher bewußt werden, weil sie sich in unserem Gemüt an die vorderste Stelle drängen und entsprechend dramatisieren.

Wie also können wir sie loswerden? Das ist die Preisfrage des Jahres! Und dir wird sie mehr als nur einen Preis wert sein, wenn du die Antwort findest. Du *mußt* die Antwort finden, wenn du dir jemals deine Zielsetzungen klar und vertrauensvoll verbildlichen willst.

Sicherlich hast du schon davon gehört, daß es unmöglich ist, mehr als einen Gedanken zugleich im Bewußtsein zu halten. Das stimmt! In jedem gegebenen Moment kannst du dir nur *eines einzigen* Gedankens bewußt sein. Das Geheimnis der Konzentration besteht darin, die Aufmerksamkeit des wachbewußten Verstandes – das Denken – auf einen imaginären Brennpunkt im Bewußtsein zu richten, wie auf einen mentalen Bildschirm. Stell dir diesen Bildschirm oder diese Kinoleinwand in der Dunkelkammer deines Innern vor, und solange du deine Aufmerksamkeit darauf gerichtet hältst, können streunende Gedanken, Ängste, Sorgen und Befürchtungen nicht darüberjagen.

Projiziere dein eigenes Bild!

Nimm dir Zeit, um ruhig und entspannt dein eigenes Mentalbild auf diesen Bildschirm oder diese Leinwand zu werfen. Versuche dabei nicht, es zu lange festzuhalten. Wenn du fühlst, daß die schöpferische Kraft im Innern dieses Bild empfangen hat, dann sage dir: „Es ist vollbracht"... „Es ist geschafft" – oder was du sinngemäß sagen möchtest, um deiner Visualisation oder deinem Gefühl Überzeugung hinzugeben. Dann laß es gehen.

Wenn du ein Foto aufgenommen hast, dann würdest du doch auch nicht gleich die Kamera öffnen, um nachzusehen, ob sich auf dem Negativ schon etwas tut, nicht wahr? Also hab' Vertrauen, daß die schöpferische Kraft – „dieses Etwas" im Innern – das Entwickeln für dich besorgen wird. Gehe deinen Aktivitäten nach in der freudigen Erwartung und Gewißheit, daß sich das von dir Verbildlichte im Prozeß der Materialisation befindet. Wiederhole die Verbildlichung jedoch täglich mehrmals und auch am Abend vor dem Schlafengehen, bis das von dir Verbildlichte bzw. im Gemüt angenommene zu einer realen Tatsache in deinem Leben geworden ist.

Nunmehr erhebt sich die Frage, was darüber hinaus zu tun ist, um das von dir Verbildlichte Wirklichkeit werden zu lassen. Schließlich kannst du nicht nur dasitzen und erwarten, daß die schöpferische Kraft die ganze Arbeit allein besorgt. Du kannst der schöpferischen Kraft am besten beweisen, daß es dir ernst ist, wenn du dich ans Werk machst und alles nur mögliche unternimmst, um dein Ziel zu erreichen. Manchmal wird es nicht das Ziel sein, dem du nachzustreben meintest, sondern etwas viel, viel Besseres!

Bill McDaniel war einer der tüchtigsten Versicherungsagenten von New York City. Er glaubte an die höheren Kräfte des Gemüts und schrieb seine außergewöhnlichen Erfolge seiner zur Perfektion entwickelten Anwendung von ihnen zu. Er verfuhr in der absoluten Gewißheit, daß er einen Abschluß, den er sich als vollendete Tatsache verbildlichte, so gut wie in der Tasche hatte. Er ließ sich dabei jedoch nicht auf vages Wunschdenken oder flüchtige Bejahungen ein, sondern war viel unterwegs, um persönliche Kontakte zu pflegen und jedes Angebot auf das Sorgfältigste vorzubereiten. Zuweilen gebot seine

Intuition ihm, nicht nachzufassen, sondern stillzuhalten und auf die Eingebung zu warten, die ihm den rechten Moment für das „Killing" – den Abschluß einer Versicherung – signalisierte.

Einmal hatte er einem bekannten Börsenmakler der Wallstreet einen Plan für eine $ 50000-Altersversicherung unterbreitet. Dieser Mann war eine ziemlich harte Nuß zu knacken. Er hatte eine besondere Eigenart, die in seinen Kreisen wohlbekannt war: Er war ein ausgesprochener Pünktlichkeitsfanatiker. Wenn er mit jemandem einen Termin vereinbart hatte und der Betreffende sich dabei auch nur um fünf Minuten verspätete, lehnte er es ab, ihn zu empfangen. Er war sich seiner eigenen Wichtigkeit und des Wertes seiner Zeit sehr wohl bewußt. Und da er sich sehr oft auswärts befand, war es äußerst schwierig, überhaupt einen Termin bei ihm zu bekommen.

An diesem Morgen nun hatte Bill McDaniel Glück. Er hatte den Mann angerufen und bei ihm einen Termin für Punkt 11 Uhr bekommen. Bill nahm die Untergrundbahn und plante ausreichend Zeit ein, um zu seiner Verabredung ja pünktlich zu sein. Am Times Square mußte er in den Zug zur Wallstreet umsteigen, und als er sich durch das Menschengewühl hindurchkämpfte, passierte er eine kleine alte Frau fremdländischer Herkunft, die sich an eine alte verschlissene Handtasche klammerte und vor Angst und Verwirrung weinte. Niemand beachtete sie. Es war nur eine der vielen kleinen Alltagstragödien, wie sie sich in einer Großstadt wie New York rund um die Uhr fast unbemerkt ereignen. Aber das Bild dieser verzweifelten alten Frau ließ Bill nicht los, als er die Treppe hinunterstürmte, um den gerade einfahrenden Zug zu erreichen. Er warf einen raschen Blick auf seine Armbanduhr. Es war zwanzig Minuten vor elf. In wenigen Minuten würde der nächste Zug kommen. Es war noch immer zu schaffen. Bill kehrte um, rannte die Stufen wieder hinauf und sprach die kleine alte Frau an.

„Hallo, Mutter", begrüßte er sie. „Was ist denn passiert? Haben Sie sich verirrt?"

Sie sah ihn mit einem Schimmer von Hoffnung an. „Ja", sagte sie.

„Wie ist denn Ihr Name, Mutter – wo wohnen Sie?" fragte Bill.

Sie schüttelte den Kopf. „Ich weiß nicht."

„Haben Sie denn Angehörige – einen Sohn oder eine Tochter?"

„Ich weiß nicht!" sagte sie völlig verängstigt.

Die arme Frau war derart verstört, daß sie nicht klar denken konnte.

„Mutter", sagte Bill, „haben Sie etwas dagegen, wenn ich mal in Ihrer Handtasche nachsehe?"

Sie reichte sie ihm, und Bill öffnete die alte Tasche und durchwühlte ihren Inhalt. Er fand einen Zettel, auf den eine Adresse gekritzelt war. Da stand der Name einer Frau und eine Straße in Brooklyn. Bill las das der kleinen alten Frau vor und fragte sie, ob das vielleicht ihre Tochter sei.

„Ja, ja! Meine Tochter!"

„Und dorthin wollen Sie?"

„Ja, ja!"

Bill nahm sie beim Arm. „Kommen Sie mit mir, Mutter. Keine Sorge. Alles wird jetzt gut werden. Ich werde Sie in die richtige Bahn setzen."

Er geleitete sie die Treppe hinunter. Ein Zug nach Brooklyn war gerade im Begriff, abzufahren. Bill winkte den Zugbegleiter zu sich. „Warten Sie! schrie er. „Diese Frau hat sich verirrt. Hier ist eine Adresse. Sie will zu ihrer Tochter nach Brooklyn. Würden Sie bitte zusehen, daß sie an der richtigen Station aussteigt, und veranlassen, daß die dortige Aufsicht sie in ein Taxi setzt oder ihre Tochter anruft, damit sie abgeholt werden kann?"

„Klare Sache, Mister!" meinte der Zugbegleiter und nahm den Zettel entgegen. „Dann steigen Sie mal ein, Mutter. Wir werden schon auf Sie aufpassen!"

Bill hatte die kleine alte Frau sicher in den Zug gesetzt. Als das Abfahrtssignal gegeben wurde, wandte sie sich nach Bill um und sagte mit bewegter Stimme: „Gott segne Sie!"

Wie sich unerwartete Möglichkeiten ergeben!

Bill blickte wieder auf seine Armbanduhr. Sieben Minuten vor elf. Seinen Termin hatte er verpaßt. Jetzt hatte es keinen Sinn mehr, ins Börsenviertel zu fahren. Sein Kunde würde ihn nicht empfangen wollen. Jeder andere als Bill McDaniel würde sich in dieser Situation gesagt haben: „Das hat man nun davon, wenn man den guten Samariter spielt!... Die Chance für einen $ 50000-Abschluß in den Sand gesetzt!" Einen winzigen Moment verspürte er – wie er später eingestand – ein Gefühl von Enttäuschung in sich aufsteigen. Diesen Kontakt hatte er seit Wochen auf das Sorgfältigste geplant. Ganz gewiß würde sich schließlich ein anderer um die kleine alte Frau gekümmert haben, jemand der es nicht so eilig gehabt hätte. Aber aus einem ihm unerfindlichen Grund war er einfach nicht imstande gewesen, weiterzugehen, ohne dieser alten Frau geholfen zu haben. Vielleicht war ihm der Gedanke gekommen: „Das ist jemandes Mutter. Wenn es meine Mutter wäre, würde ich dann nicht auch dankbar sein, wenn ihr jemand geholfen hätte?"

Nun war ja ohnehin alles vorbei – und Bill war froh über das, was er getan hatte. Der verzweifelte, bittende Blick dieser kleinen alten Frau würde ihn immer verfolgt haben. Nichtsdestoweniger – einen so dicken Brocken wie diesen Kunden, hat man nicht jeden Tag...

Gerade wollte er den U-Bahn-Zug zurück in sein Büro nehmen, als ihm plötzlich der Gedanke kam, daß er sich in der Nähe der Fifth Avenue und der 42. Straße befand, der Geschäftsadresse eines anderen Interessenten, dem er sechs Wochen zuvor die Berechnungen für einen $ 100000-Rentenversicherungsplan unterbreitet hatte. Dieser Mann war geschäftlich in Europa gewesen und soeben von dort zurückgekehrt, wie Bill aus der Presse erfahren hatte. Da er sich gerade in unmittelbarer Nähe befand, könnte es nicht schaden, mal vorbeizuschauen, um „hallo" zu sagen.

Der Warteraum des Kunden war bis zum letzten Platz besetzt, und Bill kehrte wieder um. Er hatte keinen Termin, und zu warten würde unter solchen Umständen wohl kaum Zweck gehabt haben. Als er auf den Lift zusteuerte, bemerkte er, daß die Tür vom Chefzimmer zum Korridor weit offen stand. Es war ein heißer Augusttag, offenbar brauchte er etwas Zugluft.

Einem plötzlichen Impuls folgend, lugte Bill hinein. Zu seinem Erstaunen sah er den Mann allein am Schreibtisch sitzen, einige Schriftstücke studierend. Er blickte auf, und beide Männer sahen sich im gleichen Augenblick an.

„Bill McDaniel!" rief der Mann aus. „Kommen Sie doch herein!...

Das ist aber ein Zufall! Ich war gerade im Begriff, Sie anzurufen! Ich habe Ihren Plan studiert. Gestern abend war ich in einen Autounfall verwickelt. Ich finde, ich sollte mehr Versicherungsschutz haben."

„Aber Sie haben ein proppenvolles Wartezimmer!" meinte Bill.

„Die können warten! Das hier ist wichtiger."

Vierzig Minuten später hatte Bill McDaniel einen $ 100000-Abschluß in der Tasche. Wenn die kleine alte Frau nicht gewesen wäre... Ja, du hast es schon kapiert...

„Das war die größte Lektion meines Lebens!" Das sagte Bill, als er mir dieses Erlebnis berichtete. „Laß dein Brot über das Wasser fahren, und es kommt zurück als *Kuchen*!"

Darin liegt auch eine Lektion für dich. Visualisiere das Begehrte, so gut du kannst. Tue dein Äußerstes, um das von dir Verbildlichte Wirklichkeit werden zu lassen. Und wenn etwas fehlzuschlagen scheint, dann hab' Vertrauen, daß es dich zu etwas gleich Gutem oder Besserem führen wird – und das wird oftmals der Fall sein!

Der *Gedanke*, in Kontakt mit „diesem Etwas", bringt alles – die Naturgesetze ausgenommen – in die Manifestation. Ein einziger Gedanke, nicht aufgegriffen – ein Gedankenblitz, fallengelassen oder verloren –, ist wie ein auf dem Wasser schaukelnder Kork, ziellos, ohne Sinn und Zweck. Der *gleiche* Gedanke jedoch, das konstant gehaltene Gedankenbild dessen, was du haben oder sein willst, wird sein Objekt zu dir heranziehen, so wie ein Magnet anzieht. Je größer und stärker der Magnet, desto größer ist seine Anziehungskraft. Und genauso ist es mit dem festgehaltenen Gedanken. Je kraftvoller er wird, desto mehr zieht er an.

So wie ein Brennglas die Sonnenstrahlen bündelt und mittels dieser gebündelten Strahlen ein Loch in Stoff oder Papier brennen kann, so wird ein kraftvoller ausdauernder Gedanke (das lebhafte Mentalbild) sich zu dem Zielobjekt in Beziehung setzen. Dieses Mentalbild deines Objekts oder Ideals mußt du jedoch als bereits vorhandene Realität sehen und empfinden... jede Einzelheit als existent empfinden. So, wie du das Objekt oder Ideal tatsächlich haben willst... Dann wird die Kette sich wie von Zauberhand geführt zusammenfügen.

So, und jetzt lies das Ganze noch mal, bis es sich dir für immer unauslöschlich eingeprägt hat.

6. Kapitel

Wie „Wunschträume“ Wirklichkeit werden können

Es gibt eine oft wiederholte Phrase, mit der du vertraut sein solltest. Sie lautet: „Man kann doch träumen, oder?“ Dieser Ausdruck birgt jedoch zumeist einen Unterton von Sinnlosigkeit in sich, so als ob der Betreffende nicht daran glaubt, daß seine Träume wahr werden könnten.

In Wahrheit jedoch ist derjenige, der zu träumen wagt und an die Erfüllung seiner Träume glaubt, in großem Maße der Schöpfer seiner Zukunft.

Du würdest kein normales durchschnittliches menschliches Wesen sein, wenn du keine heimlichen Wünsche oder sogenannte „Wunschträume“ hättest. Auch wenn du es niemandem eingestehen würdest, baust du gelegentlich Luftschlösser. Du siehst dich etwas tun, etwas haben, etwas sein. Du siehst dich irgendwohin gehen – und es bereitet dir eine gewisse Freude, dir auch nur für einen Moment diese Luftschlösser als real vorhanden vorzustellen. Es ist jedoch recht selten, daß du solche Träume mit der Macht deiner Gefühle und Überzeugungen ausstattest. Du hattest niemals geglaubt, daß sie sich in tatsächliche Geschehnisse verwandeln ließen, wenn du sie ernst genommen hättest statt phantasievoll. „Oh, ich hatte doch niemals wirklich erwartet, so etwas tun zu können“, sagte mir einmal eine Dame, die von einer Europareise geträumt hatte. „Aber es macht schon Spaß, sich so etwas vorzustellen.“

Auf meine Versicherung, daß sie sehr wohl nach Europa fahren könnte, wenn sie es wirklich wollte, lachte sie und sagte: „Ich wüßte nicht wie. Dafür werde ich wohl nie genug Geld haben!“

„Das werden Sie allerdings nicht, wenn Sie weiterhin so negativ denken“, machte ich ihr klar. „Jede zweite Feststellung, die Sie von sich treffen, lautet: ‚Ich werde niemals dies, das oder jenes haben, tun oder sein...‘ und so weiter und so fort! Damit geben Sie der schöpferischen Kraft in Ihrem Innern die Anweisung, nichts für Sie zu bewirken – Sie davon abzuhalten, über genügend Geld zu verfügen, um das zu tun, was Sie eigentlich tun wollen – und Sie bekommen genau das, was Sie sich verbildlichen.“

Sie brauchte eine kleine Weile, um zu begreifen, was sie sich da antat. Dann sagte sie: „Na gut. Von jetzt an werde ich positive Gedanken denken. Aber ich kann noch immer nicht sehen, wie ich jemals nach Europa kommen werde.“

„Überlassen Sie das nur Ihrem Unterbewußtsein – der Kraft in Ihrem Innern“, riet ich ihr. „Sehen Sie sich nur auf Ihrer Europareise, und überlassen Sie es Ihrer schöpferischen Kraft, den Weg dazu auszuarbeiten – und die Möglichkeiten!“

„Das erscheint mir alles recht eigenartig“, meinte sie, „aber ich werde es mal versuchen.“

„Sie müssen festes Vertrauen haben“, warnte ich sie. „Sie können sich nicht nur einfach vorstellen, in Europa zu sein, ohne festes Vertrauen, und dann erwarten, dorthin zu kommen.“

„Okay, ich werde alles hineinlegen, was ich habe!“ meinte sie. „Und wir werden sehen, was passiert.“

„Halt mal – Sie drücken Zweifel aus“, sagte ich. „Sie werden nicht sehen, *was* passiert – Sie werden *es* passieren sehen!“

„An diese Denkweise werde ich mich nie gewöhnen“, lachte sie.

Acht Monate später erhielt ich einen Brief von dieser Dame – aus Europa. „Ich bin hier! Es hat genauso funktioniert, wie Sie sagten. Allerdings mußte ich mich dazu erst einmal verheiraten!“

Wie wundervoll, dachte ich. „Dieses Etwas“ im Innern hatte ihr nicht nur die ersehnte Europareise, sondern auch einen Ehemann gebracht. Wenn du dir vorstellst, daß dir Gutes widerfährt, dann bekommst du oftmals mehr als erwartet!

Clarence Saunders, jetzt 67, ist dabei, sein drittes Vermögen zu machen. Noch vor seinem 35. Lebensjahr hatte er sein erstes Vermögen erworben. Sein kollossaler Wunschtraum – die berühmte Piggly-Wiggly-Supermarktkette – hatte sich bezahlt gemacht. Saunders behauptete, daß es ganz leicht sei, „Million-Dollar-Ideas" – „Millionen-Dollar-Ideen" – zu denken, wenn man sein Gemüt erst einmal auf sie eingestellt hat. „Mein Gemüt, diese wunderbare Förderpumpe, ist unentwegt in Betrieb", erklärte er mir. „Und ich kann nie vorhersagen, was diese Pumpe ans Tageslicht fördert! Ich lasse der schöpferischen Kraft freien Lauf, und immer wieder fördert sie etwas Wertvolles zutage." Im Augenblick nimmt Saunders sein neuestes Vorhaben in Angriff, eine Ladenkette, die er „Foodelectric" nennt. Alle Vorgänge dort laufen vollautomatisch ab. Die Kunden suchen ihre Lebensmittel aus, packen sie selbst ein und fungieren als ihre eigenen Kassierer. „Es eliminiert den Stau an der Kasse, senkt die Kosten und versetzt einen kleinen Mitarbeiterstab in die Lage, ein umfangreicheres Umsatzvolumen zu bewältigen", sagt Saunders. „Ich kann ein $ 2000000-Volumen jährlich mit sage und schreibe acht Mitarbeitern bewältigen, während jeder andere Supermarkt der gleichen Größenordnung dazu mindestens 40, vielleicht sogar 65 Angestellte benötigen würde. Ich habe in meinem Leben Millionen verdient und auch verloren – aber jetzt bin ich schon wieder auf dem Weg zu meiner nächsten Million!"

Wie kann man einen solchen Mann bremsen? Läuft dein Gemüt volle Kraft voraus, mit 67? Oder wird es? Es wird es nicht, wenn du es nicht darauf getrimmt hast. Du trägst ein potentielles Vermögen mit dir herum – in deinem Kopf! Und das zu jeder Zeit! „Setz die Pumpe in Gang!" So lautet Clarence Saunders' Vorschlag. „Setz die Pumpe in Gang – du könntest auf Öl stoßen!"

„Wunschträume", wirst du sagen. „Etwas Derartiges wird mir niemals widerfahren." Sei auf der Hut vor diesem negativen Denken. Du kannst die in dir verborgenen Möglichkeiten überhaupt nicht ermessen, wenn du der schöpferischen Kraft in deinem Innern erst einmal Gelegenheit gegeben hast, dir zu dienen.

War es etwa nur ein „Wunschtraum" der Gebrüder Wright, als sie sich das erste Flugzeug bauen und fliegen sahen? Viele „Uneinsichtige" – Menschen ohne den entsprechenden Einblick – dachten so und überhäuften sie mit Hohn und Spott. Aber das konnte die Wrights nicht aufhalten. Angesichts von Hohn, Spott und Skeptizismus hatten sie den Mut und das unerschütterliche Vertrauen, weiter zu träumen und zu arbeiten, und bescherten so der Welt eine völlig neue Art des Reisens.

So wenige von uns haben Visionen. Wir vermögen nicht, über den gegenwärtigen Moment hinauszublicken. Wir lassen uns dermaßen in unsere gegenwärtigen Schwierigkeiten und Probleme verstricken, daß wir keinen Ausweg visualisieren können.

„Wunschträumen" ist eine Flucht in die Zukunft – ein Weg, dich von gegenwärtig unerwünschten Zuständen zu befreien und neue Gelegenheiten und Entwicklungen zu schaffen. Damit meine ich keineswegs, daß du gegenwärtigen Verantwortungen und Problemen ausweichen kannst... Aber die Heilung für viele von ihnen liegt in deiner Zukunft, so wie deine Hoffnung auf Selbst-Verbesserung.

„Schaue vorwärts, niemals zurück!" So lautete die Mahnung der Weisen. Sie wußten, daß die Vergangenheit nichts für dich tun kann, die Zukunft jedoch alle Verheißungen in sich birgt, wenn du – wie Peter Ibbetson es ausdrückte – „wahr träumst".

Wie groß ist dein Vertrauen?

Wie lange könntest du einen Traum durchhalten, einen Traum von etwas von ganzem Herzen begehrten, auch wenn seine Verwirklichung Jahre erfordern würde? Wäre dein Vertrauen erschüttert? Würde deine Begeisterung schwinden? Würdest du zu dem Schluß kommen, daß der offenkundigen Hindernisse einfach zu viele wären, daß sie nie überwunden werden könnten? Würdest du dann einen Kompromiß mit dir eingehen und dich mit etwas geringerem als dem ursprünglich Visualisierten zufriedengeben?

Diese Fragen solltest du dir stellen, wenn ich jetzt Zora Adler aus Glendale, Kalifornien, von ihrem Wunschtraum erzählen lasse – einem Wunschtraum, den sie 22 Jahre lang mit sich herumgetragen hatte und der sich für sie und ihren Ehemann Dan soeben erfüllt hat. Es ist eine der bemerkenswertesten und inspirierendsten Demonstrationen von Visualisation, Glauben und Vertrauen, dem unerschütterlichen Willen, niemals aufzugeben, von Harmonie und Kooperation und dem perfekten Wirken der inneren Kraft, die mir jemals zur Kenntnis kam.

Hier ist Mrs. Adlers erregende Story in ihren eigenen Worten:

„Ich glaube, mein Traum hatte vor 22 Jahren begonnen, als ich auf die Berge oberhalb unseres Hauses in Glendale blickte und zu Dan, meinem Mann, sagte: ‚Eines Tages werden wir da oben ein Haus bauen.' Neun Jahre später *hatten* wir ein Haus gebaut, allerdings auf halbem Weg zwischen unserem alten Haus und meinem wirklichen Ziel. Aber ich hatte mein Herz noch immer an ein Haus gehängt, das ganz oben auf dem Gipfel stehen sollte. Eines Tages würden wir unser Haus dort haben, wo ich es ursprünglich gesehen hatte. Und weil ich bemerkte, daß die meisten Menschen mit sorgenvollen Mienen einhergingen und mit hängenden Köpfen nur zu Boden blickten, beschloß ich, es anders zu machen. Meine Antwort bestand darin, zusammen mit meinen beiden kleinen Töchtern Ausflüge in die Berge zu unternehmen, dort wo Bäume und Wolken waren, zu denen man aufschauen konnte. Es gibt soviel zu sehen, wenn das Kinn erhoben ist und die Augen nach oben gerichtet sind.

Bei einer solchen Bergwanderung kamen wir auf ein Plateau, von wo aus wir einen herrlichen Ausblick auf das ganze San-Fernando-Tal hatten, bis hinein nach Los Angeles, Long Beach und sogar bis hin zur Steilküste von Santa Monica – und ich verspürte eine sofortige Bindung an diesen Ort.

Impulsiv und ekstatisch sagte ich zu den Mädchen: ‚Hier werden wir ein Haus bauen!' Das war vielleicht eine Aufregung! Denn so klein wie sie waren, ihnen gefiel es auch! Es gehörte jedoch schon einiges dazu, so etwas zu behaupten – sich solch eine Idee in den Kopf zu setzen –, wenn man ein neues Haus gerade erst fertiggestellt hat, kaum drei Jahre zuvor!

Wir eilten nach Hause, fast schon befürchtend, daß das Plateau verschwunden wäre, bevor wir mit unserem Daddy zurückkommen konnten, um ihm diesen neuen Standort für ein Haus zu zeigen. Ich machte mir nicht im geringsten Gedanken darüber, daß ein solches

Interesse für ein anderes Baugrundstück ihn vielleicht verärgern und er auf den Gedanken kommen könnte, daß seine Frau zu der Sorte Ehefrauen gehörte, die nie zufrieden sein kann. Zu meiner Überraschung jedoch und meinem Entzücken fuhr er sofort mit uns dort hinauf. Und sobald er das Plateau mit diesem hinreißenden Ausblick gesehen hatte, sagte er: ‚Finde heraus, wem das Grundstück gehört.' Das war vor 13 Jahren!

Am nächsten Morgen begab ich mich in das Rathaus von Glendale und erfuhr dort, daß das Grundstück Mr. und Mrs. Jennings gehörte, die in San Diego lebten. Ich schickte die übliche Anfrage ab, wobei ich den Gedanken festhielt, daß das Grundstück zum Verkauf stand und wir es haben konnten! Irgendwie, von allem Anfang an, hatte ich nicht den leisesten Zweifel daran, daß wir dieses Grundstück bekommen würden.

Ich war nicht im geringsten überrascht, als Mr. Jennings zurückschrieb, daß wir das Grundstück haben könnten – aber das Wunder sollte noch kommen. Der Kaufpreis überstieg unsere Möglichkeiten, da wir noch unser gegenwärtiges Haus abzuzahlen hatten, und mit der Aussicht auf weiteren Familienzuwachs hatten wir das Gefühl, daß wir diesen großen Schritt nicht tun sollten. Dennoch gingen wir an jedem Sonntagnachmittag zu „unserem Grundstück" und zeichneten Grundrisse in den Boden.

An einem solchen Sonntag war ich vor Freude überwältigt und hüpfte mit meinem Mann und den Kindern herum, denn jetzt hatte ich einen perfekten Plan für das Haus und konnte es direkt vor mir fertiggestellt *sehen!*

Inzwischen war ein älteres Ehepaar dazugekommen, und ich hatte das bestimmte Gefühl, von ihnen schon seit längerem beobachtet worden zu sein. Nach einer Weile gesellten sie sich zu uns, die wir mit unseren Grundrissen in der Erde beschäftigt waren, und es entwickelte sich der folgende Dialog:

Der ältere Herr: ‚Wie ich sehe, zeichnen Sie Grundrisse.'

Mrs. Adler: ‚O ja, wir werden hier ein Haus bauen!'

Der ältere Herr: ‚Interessieren Sie sich für dieses Grundstück?'

Mrs. Adler: ‚Allerdings! Das ist unser Grundstück und der Bauplatz für unser neues Haus!'

Der ältere Herr: ‚Wie interessant! Ich bin nämlich Mr. Jennings. Meine Frau und ich sind die Eigentümer dieses Grundstücks!'

Mrs. Adler: (etwas verlegen) ‚Nun, Mr. Jennings, es freut mich, Sie kennenzulernen. Trotzdem werde ich nicht ein Wort zurücknehmen. Wir werden zwar nicht sofort bauen, aber ich glaube, ich sollte Sie wissen lassen, daß es genau das ist, was wir tun werden. Da Sie hier noch drei weitere Grundstücke besitzen – wollen Sie nicht unsere Nachbarn werden?'

Mr. Jennings lächelte und erwiderte, daß sie entzückt wären und dann die Front etwa 20 m unterhalb unseres Grundstücks bebauen würden.

Während der nächsten 11 Jahre hatte Mr. Jennings uns dreimal angeschrieben und jedesmal angekündigt, daß er die Grundstücke jetzt verkaufen würde und wir ihn umgehend wissen lassen sollten, ob wir noch interessiert seien. Ich antwortete jedes Mal, daß wir selbstverständlich interessiert seien, aber noch warten müßten. Die Zeit war noch nicht reif für uns – aber schließlich teilte ich ihm doch mit, daß ich ihn nicht davon abhalten könne, sein Grundstück zum Verkauf anzubieten. Ich wies ihn aber auch darauf hin, daß ich es nur als fair erachte, ihn zu warnen, damit er seine Zeit nicht nutzlos verschwende, da nämlich die *Adlers* diejenigen sein würden, die es bebauten. Und auch wenn er es verkaufen würde, wäre das ein völlig unnützes Kaufen und Verkaufen, weil das nämlich nur eine Zwischenlösung wäre. Wir lachten darüber – ich glaube, er war sich überhaupt nicht im klaren darüber, wie ernst es mir war!

Fast sieben Jahre vergingen – dann setzte ich mich wieder mit Mr. Jennings in Verbindung. Ich sagte ihm, daß wir nunmehr bereit seien, das Grundstück zu erwerben. Er kam sofort nach Glendale, und wir unterzeichneten die Papiere. Was für ein herrliches Gefühl war das doch! Und eine solche Erfüllung! Als wir uns anschickten, das Büro zu verlassen, nahm Mr. Jennings mich bei der Hand und meinte: ‚Mrs. Adler, ich glaube, Sie haben mich verhext!'

‚O nein, Mr. Jennings – so etwas würde ich niemandem antun!'

‚Na, dann sollte ich Ihnen wohl sagen, daß wir genau dreimal ebenso wie heute hier an diesem Schreibtisch gesessen haben, um dieses Grundstück jemand anderem zu verkaufen – aber jedesmal geschah irgend etwas, und das Geschäft platzte! ... Sie haben mich ganz schön verhext! Alle anderen Grundstücke sind verkauft, aber dieses – das beste von allen – war ganz offensichtlich für *Sie* reserviert!‘

Ich hätte ihm sagen können, daß ich alles in Gottes Hände gelegt hatte, dreizehn, wenn nicht gar zweiundzwanzig Jahre vorher, und schon damals unser Traumhaus als bereits verwirklichte Tatsache gesehen hatte!

Du mußt unerschütterlich glauben!

Aber das war noch nicht das Ende! Nachdem wir nun tatsächlich Eigentümer des Baugrunds geworden waren, wandten wir uns an einen Bauunternehmer. Der sah sich unsere Pläne an und eröffnete uns dann, daß wir ein solches Haus unmöglich bauen könnten, es sei denn, wir verfügten über $ 36 000 in der Tasche. Ich lachte und fragte ihn, ob er wohl jemanden mit so viel Geld kenne. Er antwortete, das Schlimme mit Leuten wie uns sei, daß wir große Rosinen im Kopf hätten ... daß wir lieber zu einem Architekt gehen und ihm sagen sollen, wieviel Kapital uns zur Verfügung stünde, damit er dann ein dementsprechendes Haus bauen könne. Wir sagten ihm, daß so etwas nicht das Haus sei, das wir wollten, und gingen. Sehen Sie, ich hatte ja auch alle Pläne selbst entworfen und wollte mich auf gar keinen Fall mit weniger zufriedengeben als mit dem, was ich visualisiert hatte!

Immerhin, mein Tatendrang war nun doch ein wenig gedämpft. Ich wandte mich fragend an meinem Mann, doch der meinte: ‚Wo ist dein Vertrauen? Wir werden dieses Haus bauen! Es gibt auch noch andere Bauunternehmer. Dieser hier ist nicht derjenige, der es für uns bauen soll! Besuchen wir doch mal Mr. Brown. Er hat eine Menge Informationen über solche Dinge.‘

Genau das taten wir, und Mr. Brown führte uns eine mögliche Lösung vor Augen. Das alles brachte uns zu einem Bauunternehmer, dessen Firma für unseren Zweck die idealte Struktur hatte. Unser Haus ist genau wie geplant errichtet worden – jede Tür, jeder Nagel –, und die Kosten lagen weit, weit unter den von dem anderen Unternehmer veranschlagten $ 36 000. Wahrhaftig, bei Gott sind alle Dinge möglich!

Nun ist unser Traumhaus fertiggestellt, und wir sind im Begriff, einzuziehen. Und jeder, der das Grundstück betritt und das Haus sieht, das Gott zum Baupartner hat, stellt sogleich fest, daß seine Atmosphäre eine ganz eigene ist. Es ist nicht nur irgendein Haus- und Grundbesitz. Alle Handwerker, die mit ihm befaßt waren, waren die angenehmsten und glücklichsten Menschen. Aus jedem Winkel strahlt eine Atmosphäre des Friedens. Glück, Harmonie und Zufriedenheit ist allenthalben spürbar.

Im nachhinein ist es noch interessant, anzumerken, daß auch der Zeitpunkt des Grunderwerbs genau der richtige war. Es hatte sich gelohnt, auf ihn zu warten. Hätten wir das Grundstück nämlich vorher gekauft, dann hätten wir unter anderem noch ohne Kanalisation auskommen müssen. Außerdem war der Kaufpreis unseres Grundstücks um $ 3000 niedriger als das Nachbargrundstück. Und nachdem Sie unser Grundstück gesehen haben, können Sie sich ja denken, wieviel wünschenenswerter unser Platz hier oben auf dem Berg ist, als irgendein anderer in der Umgebung!

Niemand wird unserer Familie jemals einreden können, daß Gott und die innere Gotteskraft etwa nicht der beste Partner sei, den man haben kann!“

Wie denkst du jetzt über „Wunschträume?“ Ebenso wie die O'Briens haben auch die Adlers ihr „Traumhaus“ bekommen. Nur hatte es hier viel länger gedauert. Sie brauchten viele Jahre. Sie hatten es auch nicht bezugsfertig vorgefunden. Sie fanden zuerst das Grundstück, bauten sodann im Geist das Haus und zeichneten Grundrisse von ihm. Sie hielten den Gedanken unerschütterlich fest, daß sie imstande sein würden, genau das Grundstück, das sie haben wollten, zu erwerben, daß sie das erforderliche Kapital aufbringen und eines Tages dieses Haus bauen würden. Es erforderte einen unerschütterlichen Glauben und bedurfte zähester Beharrlichkeit. Es kam darauf an, niemals das Ziel aus dem Auge zu verlieren, sich niemals beirren zu lassen oder die ursprünglichen Gedankenbilder und Wünsche zu verändern. Es erforderte viel Stehvermögen, um am Erwünschten festzuhalten – ganz gleich, was geschah!

War es das wert? Hatte es sich gelohnt? Na, und ob! Und das wirst auch du sagen können, wenn du dir ein Lebensziel gesetzt hast – was es auch ist – und dich an die schöpferische Kraft im Innern wendest, damit sie dir zu Diensten ist, so wie sie es bei den O'Briens und den Adlers dieser Welt war und ist. Diese Kraft läßt dich niemals im Stich... wenn du sie nicht im Stich läßt!

Die Adlers haben ihre Töchter in ihrer Denkweise erzogen, sich Glück, Erfolg und Gesundheit zu verbildlichen, sich von jedweden Furcht- und Sorgegedanken freizuhalten und die Kraft ihrer eigenen Visualisation den mentalen Verbildlichungen ihrer Eltern hinzuzufügen. So wird eine gewaltige Kraft erzeugt in einem Familienkreis, dessen Mitglieder miteinander harmonieren. „Wo ihrer zwei (oder mehr) von euch sich einig sind" – da geschieht etwas!

Hauch deinen „Wunschträumen" Leben ein, indem du an ihre Verwirklichung glaubst und sie in unerschütterlichem Vertrauen aufrechterhältst und nicht wankst, ganz gleich, was auch kommt. Und schließlich, wenn du durchhältst, wird das, was einmal nur ein Traum war, zu einer herrlichen Wirklichkeit!

7. Kapitel

Tap-Tap-Tap!

Bereiten wir uns jetzt auf etwas Wesentliches vor. Ich möchte deine Aufmerksamkeit jetzt auf die kraftvolle Wirkung der Repetition oder Wiederholung richten.

Nehmen wir beispielsweise einen Preßluftbohrer. Sicher hast du schon einmal gesehen, wie er soliden Asphalt aufbricht oder Löcher durch härtesten Stahl bohrt. Es ist das *Tap, Tap, Tap, Tap* dieses Meißels, mit einer ungeheuren Kraft dahinter, das dieses Auseinanderbröckeln der Teile bewirkt und eine Kerbe oder ein Loch in das Objekt bohrt, auf das er angesetzt ist.

Wir alle haben schon von dem altertümlichen Foltersystem, unentwegt Wasser auf die Stirn tropfen zu lassen, gehört. Vielleicht ist dir auch Kiplings Erzählung „Boots" vertraut. Es ist dieses rhythmische Trampeln, das rhythmische Dröhnen der Stiefel, das die Männer in den Wahnsinn trieb. Es ist die konstante, nie endende Repetition, die alles durchdringt.

Während du begreifen kannst, wie die Repetition auf materielle Dinge einwirkt, könnte dir die gewaltige Impression, die Repetition auch auf das menschliche Gemüt bewirkt, nicht in vollem Ausmaß klar sein.

Du hast jedoch seit langem erkannt, daß die erstaunliche Wirkung einprägsamer Funk- oder Fernsehwerbung auf der Repetition der Slogans beruht. Erst ihre ständige Wiederholung macht sie so einprägsam: „Es gibt viel zu tun, packen wir's an!" – „Mühe allein genügt nicht..." – „Auf diese Steine können Sie bauen..." – „Mit dem grünen Band der Sympathie..." – „Wir wollen, daß Sie Ihr Recht bekommen..." – „Wir bieten mehr als Geld und Zinsen..." – „Nie war er so wertvoll wie heute..." und so weiter und so fort, wieder und wieder.

Diese Slogans schreit man dir entgegen, man singt sie, spielt sie, verbildlicht sie – es gibt kein Entkommen, man kann sich ihnen nicht entziehen. Durch konstante Repetition werden dir die solcherart angespriesenen Vorzüge des betreffenden Produkts ins Bewußtsein gehämmert, bis du diese Sprüche fast schon im Schlaf wiederholen kannst. Tap-Tap-Tap – sie hämmern auf dich ein, jedesmal, wenn du dein Radio oder Fernsehgerät einschaltest, wenn du eine Zeitungs- oder Magazinseite umblätterst, wenn du durch die Stadt oder über Land fährst, vorbei an Anzeigentafeln, die mit der Landschaft konkurrieren und dich anschreien: „Sieh mich an! Nimm meine Botschaft auf!" In der U-Bahn, der Straßenbahn, in Bussen, wo auch immer, wirst du irgendwelcher Schilder oder Plakate ansichtig, die irgend etwas anpreisen. Die machtvolle, die gewaltige Kraft der Repetition – Repetition – *Repetition*! Du kannst möglicherweise ein schwaches Gedächtnis haben, aber man gestattet dir niemals, die Werbung für ein Produkt zu vergessen. Nicht einmal für einen Tag!

Denk mal zurück. Durch ständige Repetition hattest du das Alphabet erlernt, das Multiplizieren. A-b-c... Zwei mal zwei ist vier.... Tap, Tap, Tap! So lange, bis du es hattest – oder es *dich* hatte!

Alles, was du jemals auswendig gelernt hast, wurde deinem Bewußtsein durch Repetition aufgeprägt. Unentwegt wirst du (Tap, Tap, Tap) daran erinnert, zum Beispiel deinen religiösen Glauben zu bejahen. Unentwegt dasselbe, wieder und wieder! Repetition, Wiederholung! Tap, Tap, Tap!

Arthur Schopenhauer sagte: „Keine Absurdität kann so offenkundig sein, als daß sie nicht dennoch fest in den menschlichen Kopf gepflanzt werden könnte, wenn es vor dem fünften Lebensjahr geschieht, mit konstanter Repetition und feierlichem Gehabe."

Die Verbindung zwischen dem Wachbewußten und dem Unterbewußten oder subjektiven Bewußtsein ist eng. Jeder Wahrheitssucher weiß, was erreicht werden kann, durch einen definitiven Kontakt mit dem Unterbewußtsein. Wenn du in deinem Wachbewußtsein ein spezifisches, detailliertes Bild erstellst, das sich durch ständige Wiederholungen in seiner Form festigt, bis das Unterbewußtsein „geklickt" hat, hast du eine Macht zu deiner Verfügung, die dich in Erstaunen setzen wird!

Versierte Ankläger, clevere Strafverteidiger appellieren immer an die Emotionen der Geschworenen, niemals an deren bewußte Vernunft. Und wie bewerkstelligen sie das? Ganz einfach, indem sie die Punkte, die sie hervorgehoben sehen wollen, wiederholen und immer wieder betonen – wieder und wieder. Sie tun das mit Worten, mit Gesten und mit einer Vielfalt von Argumenten und zuweilen in einer von Emotion triefenden Tonart. Hinter alldem steht dieses Tap, Tap, Tap – dieses Imprägnieren des Unterbewußtseins –, das die Geschworenen schließlich überzeugt. Sie hatten es wieder und wieder zu hören bekommen ... also muß es so sein!

Es ist wichtig, daß du an deiner Idee festhältst, wenn du sie einmal gefaßt und das Gefühl hast, daß sie die richtige ist. Repetiere sie, wieder und wieder. Veranlasse deinen Ehepartner oder einen engen Freund, mit dir zu visualisieren, wenn er oder sie mit deinem angestrebten Ziel einig geht. Auf diese Weise wird Kraft erzeugt.

Wende das Tap, Tap-System an!

Wenn das Gedankenbild sich gefestigt hat, dann beginne das Tap, Tap-System anzuwenden, so wie ich es dargelegt habe. Es ist die konstante Repetition, die konstante Wiederholung dieses Bildes, durch die das Unterbewußtsein beeindruckt wird, was wiederum die schöpferische Kraft im Innern veranlaßt, Resultate für dich zu produzieren.

Die erfolgreichsten Männer und Frauen der Welt leben Tag für Tag mit ihren Ideen! Sie haben ihr Ziel ständig vor Augen! Für sie ist es nicht irgend etwas, das sie sich einmal verbildlichen und dann vergessen. Für sie ist das keine Wischi-waschi-Angelegenheit! Sie wollen es wissen! Sie wollen ihre Ziele erreichen und sind bereit, erforderlichenfalls Tag und Nacht daran zu arbeiten. Und sie haben das Vertrauen, daß diese Kraft im Innern mit ihnen wirkt, ihnen Führung zuteil werden läßt, in der Form eines Verlangens, sich in der rechten Richtung zu bewegen und sodann Zustände und Bedingungen um sie herum magnetisiert und Resourcen und Gelegenheiten auftut, die ihren Bedürfnissen entsprechen!

Vergleichsweise kannst auch du die Intensität deiner eigenen Wünsche bemessen. Welchen Preis bist du bereit zu entrichten. Welche Anstrengungen zu unternehmen, welche Opfer zu bringen? Bist du bereit, es wieder und wieder zu versuchen, bis durch Repetition aus dem scheinbaren Versagen heraus dir die Erfahrung und Befähigung des Vollbringens erwächst? Wenn ja, dann mußt du letztendlich erfolgreich sein. Nichts kann dich aufhalten! Alle Hindernisse müssen sich deinem Willen unterwerfen, deinem Drive, deinem Vertrauen, deiner gottgegebenen, schöpferischen Kraft, wenn du beharrlich bist. Du mußt dir jedoch von allem Anfang an darüber klar sein, daß du nicht etwas für nichts bekommen kannst. So funktioniert das Universum nun einmal nicht. Du mußt zuerst geben – eigenes Bemühen und Vertrauen, wenn du empfangen willst.

Tap, Tap, Tap – visualisiere das, was du haben willst, wieder und wieder – wie kleine Wassertropfen, wie das endlose Branden des Meeres an den Strand, wie das rhythmische Stampfen der Füße auf Stein – Ursache und Wirkung... Ursache und Wirkung... Aktion bewirkt immer Reaktion... Zunächst wirst du es nicht bemerken, aber die Kräfte der Natur und des Geistes, auf ein Hindernis angesetzt, können dieses Hindernis mit der Zeit fortbewegen, es abtragen oder verändern.

Mach dir deine Kraft vertrauensvoll nutzbar

Glaube kann Berge versetzen. Berge der Furcht, des Zweifels, der Sorge. Glaube, immer wieder repetiert – der Glaube an dich, an die Gotteskraft im Innern. Es ist eine einfache, stille, unspektakuläre Handlung in einer jeden Sekunde. Über einen längeren Zeitraum hinweg wird dich das Erreichte jedoch in Erstaunen versetzen.

Du bist nämlich die Totalsumme all deiner Überzeugungen – gut oder schlecht, die Totalsumme des im Gemüt akzeptierten, dessen, was dein Denken und Handeln motiviert, als Resultat deiner Überzeugungen. So wie sich deine Überzeugungen ändern, wird dein Leben sich mit ihnen verändern, denn dein Leben basiert wirklich auf Glauben und Vertrauen.

Tagtäglich hast du Vertrauen, daß du weiterhin atmen wirst, daß dein Herz weiterhin schlägt, daß du lebst und gesund bist. Ist dieses Vertrauen erschüttert, dann ist auch deine Gesundheit erschüttert. Du hast Vertrauen in alles, was dich umgibt... deine Arbeit, deine Freunde, deine Fähigkeiten, deinen Wagen, deine Zukunft. Alles das hast du als Teil deines Lebens akzeptiert. Du visualisierst eine Fortsetzung von alldem, so wie du es in der Vergangenheit getan hast. Jeden Tag fügst du ganz allgemein die Repetition einer ähnlichen Erfahrung hinzu. So gerätst du mehr und mehr in die Furche dessen, was du gewohnheitsmäßig tust. Und das könnte schlecht sein, wenn du wenig Sinnvolles tust. Es kann gut sein, wenn du dich so ins Zeug legst, wie du es tun solltest.

Nimm eine Inventur vor und stell dabei sicher, daß alles, was du Tag für Tag repetierst, deinem Wachstum zuträglich ist – daß deine Erfahrungen, deine Fähigkeiten, dein Vollbringen, deine persönliche Zufriedenheit und dein Glück wachsen. Sollte das nicht der Fall sein, dann solltest du deine Gewohnheiten unter die Lupe nehmen. Du würdest sie doch nicht fortsetzen wollen, oder? Du wirst sie loswerden und einen neuen Zyklus der Entwicklungen für dich starten wollen.

Bedenke: Was der Mensch einmal getan hat, das wird er wieder tun, denn er ist ein „Gewohnheitstier". Schlechte Gedanken sind nur zu leicht wiederholt, weil Gleiches immer Gleiches anzieht. Welche Gedanken du auch immer in dein Bewußtsein hineinnimmst – sie werden sich dort nicht heimisch fühlen, solange sie nicht ihnen ähnliche Gedanken vorfinden, die ihnen Gesellschaft leisten. Welche Art Gedanken unterhältst du? Sind sie von der Art, die dich zu Dingen führen, die du nicht tun, zu Erfahrungen, die du nicht haben willst? Wenn ja, dann wirf sie *jetzt* hinaus, bevor sie sich durch Repetition zu tief festgesetzt haben.

Ein exzessiver Trinker findet es schwierig, mit dem Trinken aufzuhören, weil die Gewohnheit des Trinkens sich zu lange dem Körper und Gemüt aufgeprägt hat. Er „sieht" sich so lebhaft einen Drink zu sich nehmen, daß es zu einer gigantischen Aufgabe wird, sich selbst als nichttrinkend zu sehen.

Die Bilder, die du heute von dir im Gemüt festhältst, haben nur etwas mit deiner Vergangenheit zu tun. Wenn du nicht das Kommando übernimmst und neue Bilder von dir schaffst, dann wirst du morgen nur das wiederholen, was du heute und gestern getan hast.

Die meisten menschlichen Wesen bewegen sich unglücklicherweise in einer selbstgeschaffenen Tretmühle. Sie enden jeden Tag genau dort, wo sie auch gestern waren, obgleich sie scheinbar Fortschritt gemacht hatten, da sie sich ja vorwärts bewegt hatten. Aber ein Karussell bringt uns immer wieder an den gleichen Platz, sofern wir uns nicht darüber klarwerden, wohin wir gehen, und von der rotierenden Plattform abspringen, indem wir eine neue Richtung und einen neuen Zweck im Leben anpeilen und uns auf die Straße zu größerem und größerem Glück und Erfolg begeben – eine Straße, die niemals auf einem Karussell zu erreichen ist.

Tap, Tap, Tap! Ist es dieses Tap-tappen in deinem Bewußtsein, das lediglich mehr vom Gehabten für dich produziert... oder ist es das Tap-tappen – die Repetition von Gedankenbildern –, die deinem Unterbewußtsein richtiges Denken und Handeln aufprägt?

Du bist der einzige Mensch, der das weiß. Und du bist der einzige Mensch, der dafür etwas tun kann! Lerne die gewaltige Macht der Repetition in rechter Weise anzuwenden, und „alle Dinge werden dir hinzugegeben werden"!

8. Kapitel

Lauschen auf die Innere Stimme

Bei seiner Ankunft in England, wohin er gereist war, um eine Lösung der Probleme Indiens zu suchen, sagte Mahatma Gandhi: „Ich tue das, weil eine innere Stimme zu mir spricht."

Gandhi bezog sich damit auf „etwas", das aus seinem Innern kam. Nenne es eine Kraft, nenne es etwas Übernatürliches, nenne es, wie du willst. Die einen bezeichnen dieses „Etwas" als subjektives Bewußtsein. Andere als Unterbewußtsein. Manche als universelle Gedanken. Wieder andere nennen die Impulse, die aus dem Inneren kommen als Ahnungen. Als göttliche Botschaften. Spiritisten sprechen von Stimmen aus dem Jenseits. Ganz gleich, was es ist, es bringt Resultate. Deshalb solltest du lernen, es dir nutzbar zu machen.

Ich meine damit natürlich keine Stimme, die du rein extern hörst. Ich bin sicher, daß auch Gandhi es so nicht gemeint hatte. Aber „etwas" in ihm sprach zu ihm, unmißverständlich, erkennbar, positiv; und als „es" sprach, folgte Gandhi den so erhaltenen Weisungen. Er folgte ihnen nach England und würde ihnen sonstwohin gefolgt sein. Er wußte, daß diese „innere Stimme" eine verläßliche Führung war, daß er – sofern er sein Gemüt richtig bereitet hatte, um diese Stimme zu „hören" – erwartungs- und vertrauensvoll mit einer definitiven Botschaft rechnen konnte.

Gandhi machte dabei keineswegs den Versuch, das „Hören dieser Stimme" zu forcieren, etwa daß sie zu einer bestimmten Zeit zu ihm sprechen sollte, oder sie durch reines Wunschdenken zu beeinflussen. Gandhi war ein großer spiritueller Führer, den tiefe Demut und absolute Selbstverleugnung auszeichnete. Er setzte immer Zweck und Prinzip über seine persönlichen Bedürfnisse oder Wünsche. Darin lag seine große Macht über Regierungen und Menschen. Sie hatten nichts, das sie ihm offerieren konnten, außer – Gerechtigkeit. Sie wußten, daß sie ihm nichts abhandeln konnten; daß sie in der Gegenwart dieses Mannes, der einem Heiligen gleichkam, nur eines tun konnten... der Wahrheit ins Auge zu blicken. Wieviel Druck sie auch auf Gandhi auszuüben versuchten, er wurde niemals tätig, bevor die „innere Stimme" zu ihm gesprochen hatte.

Auch du wirst gut daran tun, diese „Stimme" zu kultivieren. Alle großen Männer und Frauen hören auf sie. Sie mögen diese inneren Weisungen nicht in gleicher Weise beschreiben, und auch die „Stimme" kann sich für sie als ein undefinierbares Gefühl oder als eine Überzeugung äußern, die ihnen immer dann zuteil werden, wenn wichtige Entscheidungen zu treffen sind, *wenn* sie innerlich und äußerlich ruhig werden und nur *lauschen*.

Und dieses Lauschen oder Zuhören, das hat schon seine Schwierigkeiten! Als Kind wirst du wohl oftmals das Gefühl gehabt haben, erst schreien und Krach schlagen zu müssen, bevor man dich überhaupt beachtet hatte. Als Erwachsener könntest du ein gewisses Maß an Erfolg erzielt haben, durch Ellenbogenpraktiken – durch Überschatten und Dominieren. Sollte das der Fall sein, dann wird die Kunst des Lauschens mit dem inneren Ohr auf Rat aus dem tieferen Selbst, dem göttlichen Teil von dir, einer höheren Intelligenz oder wie du es auch nennen willst, nicht gerade leicht sein.

Thomas A. Edison hatte das Lauschen auf „diese innere Stimme" zur Perfektion entwickelt. Jedesmal, wenn er an einer Erfindung arbeitete und auf die zugrunde liegende Idee, die die Erfindung funktionsfähig machen würde, aus war, sammelte er zunächst mit seinem wachbewußten Verstand alle ihm bekannten Fakten. Dann legte er sich nieder, auf eine Bank oder Couch in seinem Laboratorium, und wartete auf die zündende Idee – diesen „Blitz aus heiterem Himmel".

Inzwischen schlugen sich Edisons Assistenten weiter mit dem Problem herum, während der „Alte" ein „Nickerchen" hielt. Aber jedesmal, wenn Edison sich von seinem Lager erhob, hatte er die Lösung. Zuweilen war eine beträchtliche Anzahl von „Nickerchen" erforderlich, bevor sich die Lösung zeigte; aber sie kam immer auf diese Weise zustande, wenn Edison entsprechend vorbereitet war, durch einschlägige Forschungen und seine schöpferische Kraft ausreichend stimuliert hatte, damit sie ihn mit der Lösung versorgen konnte.

Wie Edison es machte

In einem Zeitungsartikel vom 21. Oktober 1931 wird berichtet, wie Edison zusammen mit seinen beiden langjährigen Mitarbeitern Fred Ott und Charles Dally das Problem der Herstellung von synthetischem Gummi gelöst hatte.

Dem Bericht zufolge versank Edison am Montag in einen Dämmerzustand. (Er gab der „inneren Stimme“ Gelegenheit, zu ihm zu sprechen.) Dally und Ott setzten unterdessen ihre Experimente fort. Am Dienstagabend blitzte die Lösung des Problems „aus dem mysteriösen Nichts heraus auf“. (Eine ganz reizende Art, sich auf Edisons inneres Gemüt oder das seiner Mitarbeiter zu beziehen!)

Geschehen war ganz einfach dies: Die schöpferische Kraft des Gemüts dieser drei Wissenschaftler hatte schließlich die gesuchte Antwort produziert. Diese Antwort kam „wie aus heiterem Himmel“ und war nicht das Ergebnis bewußten Nachsinnens oder Grübelns. *Päng* – da war sie! Die innere Stimme hatte gesprochen... und dabei all ihre im Bewußtsein gespeicherte vergangene Arbeit kristallisiert und destilliert und ihnen blitzartig die Lösung ihres Problems präsentiert: die Herstellung synthetischen Gummis!

Die kleine Stimme wird immer zu dir sprechen, wenn du dir über dein Begehren klargeworden bist und ihm nachstrebst. Wenn du allerdings unentschlossen, verstört, verwirrt, besorgt, ängstlich oder von Zweifeln geplagt bist, wirst du die „innere Stimme“ nicht vernehmen können. Das schließt du durch deine eigene Statik oder Einmischung aus.

Wenn deine innere Stimme dich anweist, um etwas zu bitten, dann zögere auch nicht, dies zu tun. Du hast nichts zu befürchten. Der andere wird dir niemals helfen können, wenn er deine Wünsche nicht kennt. Deshalb mußt du ihn schon bitten. Oder wenn du das Gefühl hast, mit jemandem über etwas Bestimmtes reden zu müssen, dann zögere auch hier nicht. Tue es!

Wenn die „innere Stimme“ wirklich zu dir spricht, ist es ein Zeichen, daß du bereit bist zu *handeln.* Dann laß alles stehen und liegen und tue das, wozu du dich gedrängt fühlst. Sei aber sicher, daß du gelernt hast, die „innere Stimme“ richtig zu erkennen, und daß dir da nicht etwa dein Wunschdenken oder deine Ängste einen Streich spielen und dir als „innere Stimme“ vorkommen.

Johanna von Orleans war ein einfaches französisches Bauernmädchen, aber sie hörte die „Stimme“ zu sich sprechen. Ihrer Weisung folgend, inspirierte sie die Franzosen, die Engländer aus Orleans hinauszutreiben, und ermöglichte es Charles, in Reims zum König proklamiert zu werden.

Jesus hörte „die Stimme Gottes zu ihm sprechen“ und handelte dieser inneren Führung gemäß, um die ganze Menschheit zu höherem spirituellem Vollbringen zu führen.

Abraham Lincoln lauschte während der kurzen Nachtstunden in den kritischen Tagen des Bürgerkriegs auf die „innere Stimme“ und traf aufgrund der erhaltenen Botschaften schwerwiegende Entscheidungen, die zur Rettung der Union führten.

Mark Twains Charaktere seiner Geschichten pflegten zu ihm zu sprechen. Er hörte im Geist ihren Dialog und schrieb ihn einfach nieder. Mark Twain maß seinen intuitiven Kräften allergrößten Wert bei. Er glaubte an Eingebungen und hörte immer auf „die Stimme“.

Um Ideen aus dem Unbewußten zu schöpfen, mußt du imstande sein, deinen wachbewußten Verstand zur Ruhe zu bringen und empfänglich zu machen. Wir alle wissen selbstverständlich, daß es der wachbewußte Verstand ist, der argumentiert, der abwägt und kalkuliert. Das Unterbewußtsein tut nichts von alldem. Es reicht nur Ideen an den wachbewußten Verstand weiter.

Wahrscheinlich hast du schon einmal die Aufforderung gehört: „Folge deinen Eingebungen.“ Was für Eingebungen sind das? Woher kommen sie? Sie kommen aus dem Unterbewußtsein. Wie uns die Psychologen sagen, muß man entspannt sein, um den menschlichen Geist in einen rezeptiven Zustand versetzen zu können. Wenn du schon einmal auf einer Massagebank gelegen hast und der Masseur dich aufgefordert hatte, dich ganz zu entspannen, dann weißt du, was ich meine.

Laß den Körper ganz schlaff werden. Wenn dir das Schwierigkeiten bereiten sollte, dann versuche es zunächst mit einem Arm, dann mit beiden Armen, beiden Beinen, bis du schließlich den ganzen Körper entspannt hast. Das Gemüt wird sich dann automatisch mitentspannen. Wenn das erreicht ist, dann konzentriere dich auf das, was du haben willst; dann kommen die Eingebungen. Ergreife sie und führe sie aus, so wie die kleine Stimme es dir gebietet. Mache keine Einwände und argumentiere nicht, sondern tue, was dir gesagt wird, und tue es unverzüglich.

Jetzt wirst du auch verstehen, was Psychologen, Mystiker und Wahrheitssucher meinen, wenn sie dich auffordern, innezuhalten, dich zu entspannen – *an nichts zu denken* –, wenn du das Unterbewußtsein anzapfen und die kleine innere Stimme hören willst. Mit weiterem Fortschritt wirst du auch begreifen, was die Seher des Ostens meinten, als sie sagten:

„Werde still, meditiere, gehe in die große Stille, meditiere weiter, und deine Probleme werden sich in nichts auflösen."

Der vor dir liegende Weg wird sich erhellen, und deine Lasten werden von dir abfallen, eine wie die andere. Kann etwas klarer sein als *Des Pilgers Fortschritt?* Meine Botschaft unterscheidet sich in keiner Weise von dem, was Bunyan dort dargelegt hatte. Wie schon gesagt, unterbreite ich es dir nur in anderen Worten.

Die „innere Stimme" kann dich führen, im Wachen oder Schlafen, wenn du dich darauf trainierst, auf sie zu hören. Eine junge Hausfrau in Fort Worth, Texas, wurde einmal mitten in der Nacht aus dem Schlaf aufgeschreckt mit dem Gefühl allergrößter Beunruhigung. Die „innere Stimme" wies sie an, aufzustehen und sich in der Wohnung umzusehen. Ihr Ehemann und das Baby schliefen fest. Alles schien in Ordnung zu sein, aber sie konnte dieses unbehagliche Gefühl einfach nicht loswerden. Um ihre Nerven zu beruhigen, stand sie auf und fand sich ins Bad geführt. Aber auch hier schien alles in Ordnung zu sein. Sie verspürte jedoch einen unwiderstehlichen Drang, die Toilettenspülung zu betätigen. Im gleichen Augenblick rauschte kochendheißes Wasser heraus, gefolgt von heißen Dampfwolken, die das ganze Bad einhüllten. Die Rohre begannen zu klopfen und drohten sich aus ihren Verankerungen zu lösen. Voller Schrecken weckte sie ihren Mann, und dieser forderte telefonisch Hilfe an, gerade noch rechtzeitig. Mit der Thermostatkontrolle im Keller war irgend etwas nicht in Ordnung, und wäre das nicht rechtzeitig entdeckt worden, so wäre Minuten später der Heizkessel explodiert und hätte das ganze Wohnhaus zerstört!

Folge dem Drängen deiner Stimme

Beachte deine Eingebungen, wenn sie kommen – wann immer das auch geschieht. Stell dich der „inneren Stimme" gegenüber nicht taub! Dein inneres Bewußtsein ist sich Zuständen und Dingen gewahr, von der dein wachbewußter Verstand nichts weiß.

Du hast gewiß schon Feststellungen gehört wie: „Etwas sagte mir, daß ich mich vor diesem Menschen in acht nehmen sollte ... oder daß ich dies, das oder jenes getan oder nicht getan haben sollte ... aber ich hatte nichts darauf gegeben, bis es zu spät war. Heute wünschte ich, damals diesen Eingebungen und Gefühlen gefolgt zu sein."

Es ist da – „dieses Etwas" –, das dir auf vielfältigste Weise dienlich sein will, wenn du es geschehen läßt. Eine Witwe, die sich gern wieder verheiraten wollte und auf der Suche nach dem richtigen Ehepartner war, fühlte sich gedrängt, New York City zu verlassen und nach Kalifornien zu reisen, um dort ein Haus zu kaufen. Zu diesem Zweck besuchte sie Bekannte in Long Beach, die sie zu einem Grundstück führten, das zum Verkauf stand. Sie verliebte sich in ein Haus, das einem Witwer gehörte, der sich wiederum in sie verliebte. Statt das Haus zu kaufen, heiratete sie den Witwer und bekam das Haus ohnehin. Heute sind die beiden eines der glücklichsten Ehepaare, die ich kenne. In diesem Fall führte die „innere Stimme" sie runde fünftausend Kilometer, um ihr die Erfüllung ihres Begehrens zu bringen.

Nun unternimm aber *du* deshalb nicht gleich eine Reise von fünftausend Kilometern in der Erwartung, dort eine Romanze zu finden, sofern du dazu nicht die gleiche unmißverständliche Weisung erhalten hast, wie sie dieser Frau zuteil wurde. *Deine* Romanze könnte sich nämlich durchaus in deiner Nähe befinden, gerade um die Ecke, in einem Bus, in einem Laden, beim Zahnarzt, in einem Park, einer Leihbücherei, auf einer Party oder sonstwo. Wenn du dir den richtigen Partner jedoch stark und ausdauernd genug verbildlichst, dann wirst du dich gedrängt fühlen, zur rechten Zeit am rechten Ort zu sein, damit ihr zwei zusammengeführt werden könnt. Bedenke, Gleiches zieht immer Gleiches an! Deshalb hält jemand ebenso sehnsüchtig Ausschau nach dir wie du nach ihm oder ihr. Da unser Unterbewußtsein nicht durch Zeit oder Raum begrenzt ist, wird es früher oder später zu einem Kontakt kommen und die „innere Stimme“ wird jedem von euch sagen: „Er oder sie ist der oder die Richtige für mich!“

Du „hörst“ die innere Stimme nicht tatsächlich

Gelegentlich treffe ich Menschen, die mir allen Ernstes weismachen wollen, daß sie „Stimmen hörten“. Dies unterscheidet sich ganz erheblich von der „Stimme der Führung“ und ist oftmals das Anzeichen eines halluzinatorischen Zustands, den sie aufgrund einer emotionellen oder nervösen Störung entwickelt haben. Ein solcher Zustand ist ganz und gar nicht wünschenswert und sollte daher unter allen Umständen vermieden werden.

Diese Stimmen erscheinen jenen, die sie zu hören meinen, als so „wirklich“, daß sie in der Tat überzeugt sind, von einer jenseitigen Wesenheit besessen oder von einem lebenden Individuum verhext zu sein. Wenn ein derartiger Zustand existiert, wird der Betreffende völlig von ihm terrorisiert.

Vor Jahren befand ich mich einmal im Büro des Chicagoer Rundfunkkommentators Johnny Neblett, als eine attraktive junge Dame unangemeldet hereinschneite und verkündete: „Also da bin ich. Sie haben mich gerufen, und ich bin gekommen. Was wollen Sie mit mir machen?“

Mr. Neblett starrte die junge Frau erstaunt an und brach dann in schallendes Gelächter aus. Er hielt das Ganze für eine Art Gag.

„Das ist durchaus nicht zum Lachen", sagte die junge Frau aufs höchste erregt. „Ich kann des Nachts nicht mehr schlafen ... Immer sprechen Sie zu mir. Pausenlos höre ich Ihre Stimme. Sie müssen endlich damit aufhören! Sie treiben mich zum Wahnsinn!"

Das ernüchterte Johnny auf der Stelle. Nervös wandte er sich an mich um Hilfe. „Dieser Herr ist Psychologe", stellte er mich vor. „Ich habe Sie weder gerufen noch zu Ihnen gesprochen. Ich habe Sie noch nie in meinem Leben gesehen. Ich bin sicher, daß alles das nur in Ihrer Phantasie existiert. Er wird es Ihnen erklären können."

Einfach so! Da hatte ich vielleicht eine Aufgabe am Hals! Diese junge Frau war ganz offensichtlich emotionell unausgeglichen und hatte eine Fixation auf den Kommentator entwickelt, nachdem sie ihn regelmäßig im Radio hörte. Etwas in seiner Stimme wirkte anziehend auf sie, erregte sie emotionell. Und so hatte sie sich in den Gedanken hineinmesmerisiert, seine Stimme – wie sie sagte – „im Inneren ihres Kopfes" zu hören.

„Wenn ich schon die ganze Zeit an ihn denken muß, dann kann ich auch ebensogut bei ihm sein", beharrte sie. „Er lügt. In Wirklichkeit hat er Verlangen nach mir! Er hat mich telepathisch angezogen. Er muß mich dazu nicht vorher gesehen haben. Sein Geist ist so machtvoll, daß er mich erreichen und dazu bringen kann, alles zu tun, was er von mir will!"

Es bedurfte einiger Stunden, um diese Dame zu überzeugen, daß diese Stimme, die sie zu hören meinte, eine Schöpfung ihres eigenen emotionell gestörten Bewußtseins war. Während dieser Zeit hatte sie den Kommentator beschuldigt, Ansprüche auf sie geltend zu machen, und verlangt, daß er sie freigebe.

Schließlich konnte sie doch noch überzeugt werden. Sichtlich verlegen bat sie um Entschuldigung für die Ungelegenheiten, die sie uns bereitet hatte, und bedankte sich bei mir für die Befreiung von dieser Illusion. Johnny stand kurz vor einem Nervenzusammenbruch. „Noch so einen Fall, und ich werde das Radio aufgeben!"

Dieses Beispiel habe ich angeführt, um in aller Eindringlichkeit klarzumachen, daß die „innere Stimme" in keiner Weise etwas mit einer solchen Stimme zu tun hat. Es handelt sich also nicht um eine eigentliche Stimme in einem rein äußerlichen Sinn dieses Wortes. Es ist eine Intelligenz, eine plötzliche Idee oder ein plötzliches Wissen, ein intuitiver Gedankenblitz, der aus deinem Unterbewußtsein kommt und dich drängt, dir ein definitives Gefühl gibt, etwas zu tun oder zu unterlassen oder etwas zu sagen oder in bezug auf ein Problem oder eine Situation eine bestimmte Richtung einzuschlagen.

Mit etwas Praxis und Training kannst auch du jedesmal unterscheiden, ob du eine Eingebung hast, ob die „innere Stimme" zu dir spricht, oder lediglich deine Imagination oder dein Wunschdenken am Werk ist und irgend etwas für dich kochen will. Dieser Unterschied im Gefühl läßt sich nicht in Worte fassen. Du wirst ihn jedoch ausmachen können. Du wirst ihn erkennen. Du wirst dich nicht von falschen Eindrücken davontragen lassen. Tief in deinem Innern wirst du es wissen, wenn dein wahres Du zu dir spricht aus der Mitte deines Seins heraus ... dem schöpferischen Zentrum.

Dann wirst du, wie auch Gandhi es tat, jeder Lebenserfahrung vertrauensvoll begegnen, so wie ihr begegnet werden sollte. Dann wirst auch du sagen: „Ich tue das, weil eine Stimme in mir spricht."

9. Kapitel

Was willst du haben – entscheide dich!

Es gibt kein elenderes menschliches
Wesen als jenes,
in dem nichts habituell ist
als Unentschlossenheit.
William James

Wenn man sich einmal entschlossen hat, etwas zu tun, dann wird es auch getan, das kann nicht bestritten werden. Aber das Dumme ist, daß wir oftmals Ausflüchte machen, innehalten, zurückfallen, Umwege machen, und uns nur selten bereitfinden, das zu tun, was wir wollen, oder die Straße, die wir beschreiten wollen, genau zu bestimmen.

Alle Tagträume und Wünsche könnten Wirklichkeit werden, wenn wir sie uns ständig vor Augen hielten, die Furcht hinter uns ließen und alle Einwände beiseite schöben – jedes Wenn und Aber. Manch einer meint, er wüßte genau was er wolle. In Wirklichkeit weiß er es keineswegs. Das klingt paradox, wenn wir jedoch alle wüßten, was wir wollten, dann würden wir es bekommen, vorausgesetzt, wir verfügen über die Willenskraft, das Durchstehvermögen und die dynamische Kraft, uns dahinterzuklemmen.

Die Welt teilt sich in zwei Klassen von Menschen: Die „Ich werd'ers" und die „Soll-ich-oder-soll-ich-nicht'ers"; und die letztgenannte Klasse schließt die große Mehrheit in sich ein.

Wie oft hast du dir schon gesagt: „Soll ich oder soll ich nicht?" Mehr menschliche Leben haben schon durch die Sandbank der Unentschlossenheit Schiffbruch erlitten, als durch irgendeine andere Ursache.

„Dieses Etwas" – die schöpferische Kraft im Innern – kann nicht etwas magnetisch zu dir heranziehen, wenn es nicht durch deinen

Entschluß magnetisiert worden ist. Ein Magnet kann nicht in zwei Richtungen zugleich wirken. Seine magnetische Kraft muß auf ein definitives Objekt zentriert sein. Das läßt sich leicht demonstrieren, wenn man einen Magnet über ein Häuflein Eisenspäne gleiten läßt. Wenn man das magnetisierte Ende auf eine bestimmte Stelle dieser Ansammlung richtet, werden die Eisenspäne unmittelbar angezogen. Bewegt man den Magneten von dieser Stelle fort, dann läßt seine Anziehungskraft nach im Verhältnis zu Abstand und Richtung.

Wenn du mental und emotionell gegen dich arbeitest, dann verwirrst und behinderst du deine magnetischen Kräfte der Anziehung und zerstörst sie sogar zuweilen.

Ein unschlüssiger Gemütszustand kann nur eine entsprechende Bedingung hervorbringen. Er hat keine Kraft, etwas anderes anzuziehen. Das große Lamento Tausender und Abertausender menschlicher Wesen ist: „Ich kann mich nicht entschließen!" Das ist eines der traurigsten Klagelieder, das je aus einem menschlichen Herzen aufgestiegen ist, weil es die Totenglocke für jede Hoffnung, Ambition, Selbstvertrauen, Initiative und damit für jedes Vollbringen ist.

Solange du dich nicht entschließen kannst, bist du vergleichsweise hilflos, unfähig, dich mit einem Gefühl der Sicherheit in irgendeine Richtung zu bewegen. „Mein Verstand ist wie ein ungemachtes Bett", sagte einmal eine Frau zu mir, „alles ist ein großes Durcheinander. Ich habe Angst vor einem Entschluß – ich will nicht daran rühren –, weil ich befürchte, es damit nur noch schlimmer zu machen. Ich glaube, ich werde alles so lassen, wie es ist!"

Wünschst du, dort stehenzubleiben, wo du jetzt bist? Wenn ja, dann komm um Himmels willen zu keinem Entschluß! Solange du dein Denken nicht änderst, wirst du in jeder Position verbleiben, in der du dich befindest. Entweder das, oder du wirst in eine niedrigere Position zurückfallen, denn es gibt keinen Stillstand im Leben. Es bewegt sich entweder auf oder ab. Metall rostet, wenn nichts getan wird, um es glänzend zu erhalten und frei von zersetzenden Kräften.

Du kannst nicht zurückfallen in der Parade des Lebens. In jedem Alter mußt du in Bewegung bleiben, im eigenen Interesse. Die Natur verabscheut alles, was seine Nützlichkeit preisgibt. Auf alle Lebensformen, die aufgegeben haben, warten die Geier, um aufzuräumen.

Klingt das etwa grimmig? So ist es nicht geplant. Etwas ist vorgesehen, das sich um alles kümmert. Auf all den verschiedenen Ebenen der Lebensaktivitäten und dem, was als Tod bezeichnet wird. In deinem Körper sterben unentwegt Millionen alter Zellen während neue Zellen geboren werden. Unentwegt. Du bist dir dieses Vorgangs nur nicht bewußt.

Dasselbe trifft für Ideen zu. So wie du an Erfahrung wächst, läßt du alte Ideen in deinem Gemüt sterben und gebierst neue. Tust du das nicht, dann verkleben die alten ausrangierten Ideen dein Gemüt, bremsen dein Denken, lassen dein Gehirn einrosten, hemmen deinen Fortschritt und werden dich schließlich niederdrücken.

Wenn du feststellst, daß du außerstande bist, wie gewohnt Entschlüsse zu fassen, dann geschieht das wahrscheinlich, weil du mit alten Ideen ringst, alten Denkmustern, Gewohnheiten und Wünschen, die du nicht loszulassen vermagst, sogar wenn deine „innere Stimme“ dich anweist, sie über Bord zu werfen, aus dem Trott auszubrechen und das zu tun, was du innerlich als richtig erkannt hast.

„Bist du an das rote Meer deines Lebens gelangt,
wo ungeachtet allen Tuns,
kein Weg herausführt, kein Weg zurück,
es keinen anderen Weg gibt als hindurch?“

Annie Johnson Flint

Wenn das dein Gemütszustand ist und deine gegenwärtige Situation, dann ist das gut! Wenn du mit dem Rücken zur Wand stehst, wenn du durch Unentschlossenheit und selbstverschuldete Umstände – bewußt oder unbewußt – dorthingekommen bist, dann gibt es „keinen anderen Weg als hindurch“.

Sieh also der Realität ins Auge! Reorientiere dich, reorganisiere deine versprengten Kräfte, *entschließe* dich und gehe vorwärts!

Viele Menschen haben die scheinbare Grenze des Erträglichen erreicht, nur um festzustellen, daß neue Kraft sie erwartete, in ihren Stunden verzweifelter Not, nachdem sie einmal zu einer positiven Entscheidung gekommen waren – nachdem sie sich ernsthaft gesagt hatten: „Ich werde der Sache ins Auge sehen. Ich werde hindurchkommen!"

Es ist niemals zu spät, niemals fünf Minuten vor zwölf, als daß „dieses Etwas", die schöpferische Kraft im Innern nicht durch rechtes Denken und rechte Entscheidungen magnetisiert werden und dir die Kraft und die Weisheit verleihen könnte, dich da herauszuziehen.

„Gott sprach zu mir im Augenblick größter Not", haben viele dankbare Menschen bekannt. Sie wollen damit sagen, daß sie schließlich gezwungen waren, sich an ihre gottgegebenen inneren Ressourcen zu wenden, nachdem sie alles andere versucht und damit Schiffbruch erlitten hatten ... und die innere Kraft, die sie schon die ganze Zeit über hätten anwenden können, beantwortete ihr Verlangen!

Mache niemals den Fehler, zu denken, daß du durch deinen wachbewußten Verstand allein erfolgreich sein kannst. Der im Ego verhaftete Mensch gefällt sich in der Annahme, alles selbst bewerkstelligt zu haben, mit der Macht des Willens und rein physischer Kraft. Er klopft sich selbst auf die Schulter und ruft: „Sieh mich an! Ich bin ein Selfmademan!" Aber laß diesen gleichen Menschen einmal einen Rückschlag erfahren – geschäftlich oder privat, und sieh wie sein Ego zusammenschrumpft. Dann schlurft er durch die Gegend mit tief ins Gesicht gezogenem Hut, dem Kinn im Mantelkragen versteckt, die Augen auf den Boden gerichtet und murmelt: „Ich begreife nicht, wie mir das passieren konnte!"

O ja, selbstverständlich kannst du durch eigenen physischen Antrieb vorwärtskommen, durch Ellenbogentaktik, durch Manipulation, durch cleveres Taktieren, durch Übervorteilen anderer, und einer „Es-kommt-darauf-an-,wen-du-kennst"-Philosophie. Was du allerdings durch rein äußerliches Bemühen gewinnst, das wirst du schließlich ebenso wieder verlieren. Du hast kein Durchstehvermögen. Ein anderer, mit der gleichen „Friß-oder-stirb"-Taktik wird dich überrollen. Durch Mißbrauch deiner inneren Kräfte – sofern du sie überhaupt angewandt hattest – bist du verloren! Zum ersten Mal in deinem Leben vielleicht hast du Angst. Du hast kein Vertrauen mehr in die Methoden, die du bislang angewandt hattest ... und du hast nur wenig oder gar kein Vertrauen zu deinen Mitmenschen oder zu Gott. Die Welt erscheint dir als sehr karger Ort, und du bist das verlassenste Geschöpf auf ihr. Schlimmer noch: Dein Selbstvertrauen und dein Vertrauen in alles andere hat einen solchen Knacks bekommen, daß du dich nicht entschließen kannst, etwas zu unternehmen. Du weißt auch gar nicht, was du unternehmen solltest.

Hör auf, dein Geschick zu bejammern – nimm Vernunft an!

Du hast nur zwei Möglichkeiten: Du kannst entweder höhersteigen oder absinken. Du kannst dich dann dem Trunk ergeben oder dir zu einem erstklassigen Nervenzusammenbruch verhelfen. Oder du kannst für den Rest deines Lebens durch die Gegend schleichen und bejammern, was gewesen sein könnte, wenn du dein Leben nur anders eingerichtet hättest – aber dann zu dem Schluß kommst, daß es nunmehr wohl zu spät sei.

Wenn du jedoch zu dem weitaus kleineren Prozentsatz von Menschen gehören solltest, die „zur Vernunft gekommen sind“, wirst du feststellen, daß es niemals zu spät ist, auf den richtigen Weg zu kommen. Du entdeckst, daß du die großartigste Kraft in deinem Leben nicht genutzt hast, die schöpferische Kraft im Innern, die zu jeder Zeit bereit und willens war, dir zu dienen.

Ein tiefes Gefühl der Demut überkommt dich, und alle angenommenen falschen Einstellungen wie Egoismus und Selbstgerechtigkeit fallen für immer von dir ab. Nachdem du einmal unten bist, findest du, daß du jetzt ein Fundament hast, auf dem du aufbauen kannst, daß du dein Leben wieder in den Griff bekommen und etwas aus ihm machen kannst, etwas Besseres als je zuvor. Vielleicht nicht etwas so Knalliges oder Auffälliges, aber etwas um so Lohnenderes und Befriedigenderes. Etwas Gesünderes und Angenehmeres. Endlich kannst du entscheiden, was das Beste für dich ist, ohne die Sorge, was andere dir antun könnten, wenn du es ihnen nicht zuvor antust. Du hast jetzt die innere Sicherheit, daß du mit allem, was du wirklich brauchst, versorgt wirst – durch deine schöpferische Kraft, wenn du dich auf sie eingestimmt hältst und ihr Richtung gibst durch richtige mentale Verbildlichung. Und nicht nur das, sondern es wird dir auch klar werden, daß dir viele Dinge im Leben entgangen sind, von weitaus größerem Wert als viele der Dinge, die du noch vor kurzem unbedingt haben zu müssen meintest.

In einem radikalen Sinn paßt du vielleicht nicht in die soeben beschriebene Kategorie. Aber mehr oder weniger passen wir alle dort hinein. Es ist durchaus menschlich, Fehler zu begehen – es ist menschlich, bestimmten, emotionellen Wünschen zu erlauben, den besseren Teil von uns zu erwischen und uns von unserem wirklichen Zweck und Potential im Leben abzulenken.

„Obgleich ich es besser wußte, hatte ich es dennoch getan", ist der traurige Kommentar vieler kluggewordener Menschen, nachdem sie sich wieder aufgerafft und aus ihrer Abkehr von einem gesunden glücklichen Leben herausgefunden hatten.

Wenn du diesen Zustand erreicht hast, dann ist *jetzt* die Zeit, umzukehren. Es gibt keine andere Zeit für dich als *jetzt.* Wenn du es nämlich jetzt nicht tust, wirst du es nie tun! Jetzt ist dein Augenblick der Entscheidung gekommen!

„Wo kein Weg herausführt, kein Weg zurück – wo es keinen anderen Weg gibt als hindurch!"

Wage den Sprung! Zieh dich heraus! Was immer es ist, dem du entgegentreten mußt, tritt ihm entgegen – und laß es dann erledigt sein! Je länger du es hinauszögerst, desto härter wird es sein.

Ein Entschluß magnetisiert immer!

Ein Entschluß setzt eine sofortige magnetische Handlung in deinem Gemüt in Gang, welche die Eisenspäne deines Lebens neu ordnet und die Scherben in neues Material verwandelt, die Schwachstellen stärkt, dir neue Vitalität und die Entschlossenheit gibt, das zu tun, was die „innere Stimme" diktiert. Nimm die Weisungen deines wirklichen

Selbstes im Innern an. Folge seinem Drängen, ganz gleich, wie schwierig es im Moment auch aussehen mag. Hast du jemandem Unrecht getan, dann bitte den Betreffenden um Vergebung, laß vergangenen Haß oder Ressentiments los, befreie dein Bewußtsein von vergangenen Ängsten und Hemmungen, damit dein Gemüt ein Kanal für gute Gedanken werden und anfangen kann, Gutes zu dir heranzuziehen!

Entferne dich für immer von diesem entsetzlichen „Ja und nein, und vielleicht und vielleicht auch nicht!“ Sonst erreichst du nicht das Geringste! Wer will schon eine elende „Ja-und-nein-und-vielleicht-und-vielleicht-auch-nicht“-Existenz leben?

„Ich treffe lieber eine falsche Entscheidung als gar keine“, sagte mir einmal ein erfolgreicher Geschäftsmann. „Wenn ich auf Draht bin, kann ich normalerweise sagen, ob eine Entscheidung falsch ist oder nicht, bevor sie mich zu sehr beeinträchtigt – und aus dieser falschen Entscheidung heraus erwächst mir dann die Weisheit, eine richtige zu treffen. Wenn ich jedoch zu gar keiner Entscheidung komme, bringt mich das nirgendwohin.“

Es erfordert Mut und Vertrauen, viele Entscheidungen zu treffen. Aber der glückliche, wohlintegrierte Mensch ist der, der es wagt, zu handeln ohne auch nur einen Augenblick zu zögern, aufgrund seines besten Urteils und seiner Intuition im gegebenen Moment.

Joseph Addison wird der Ausspruch zugeschrieben: „Die Frau, die sich lange besinnt, ist verloren.“

Was Unentschlossenheit bewirkt!

Mir fällt da eine Frau ein, die zur gleichen Zeit in zwei Männer verliebt war. Beide wollten sie heiraten, aber sie ließ sie im ungewissen. Sie war mehr als ein Jahr lang außerstande, sich zwischen beiden zu entscheiden. Schließlich traf sie ihre Wahl, wobei sie jedoch ihrer Mutter am Hochzeitstag gestand, daß sie fürchtete, einen Fehler gemacht zu haben. Diese Unsicherheit brachte sie in ihre Ehe mit ein, immer von dem Gedanken verfolgt, möglicherweise mit dem Anderen glücklicher geworden zu sein. Dieser „Sollte-ich-oder-sollte-ich-nicht“-Mentalzustand verstörte sie emotionell und fand in ihrem

Sexualleben seinen Niederschlag. Vor lauter Sorge um die richtige Entscheidung wurde sie frigide, fürchtete sie sich, ihrem Ehepartner ihre wahren Gefühle zu offenbaren. Eines Nachts rief ihr Mann verzweifelt aus: „Ich wünschte, zum Teufel, du hättest Bill geheiratet!“ Und sie antwortete impulsiv: „Ich wünschte, zum Teufel, das hätte ich getan!“

Mit einem Mal war die ganze Anspannung gelöst. Nachdem die Angelegenheit offen ausgesprochen war, war sie mit einem Mal imstande, sich richtig zu sehen. Sie erkannte jetzt, daß sie sich selbst einen fiktiven Aufbau gegeben hatte, daß es ihre Unentschlossenheit war, die sie gefühlsmäßig zwischen beiden Männern hin und her gerissen hatte, dabei aber die Möglichkeit beanspruchte, bei der kleinsten Störung ihre verletzten Gefühle durch das Trugbild einer perfekten Beziehung zwischen ihr und dem Mann, den sie nicht geheiratet hatte, zu rechtfertigen.

„Jetzt bin ich sicher, daß ich nur dich wirklich liebe“, sagte sie ihrem Mann, „daß ich keinen Fehler beging, als etwas in meinem Innern mir sagte, daß du der Richtige für mich wärst. Es tut mir leid, daß ich mich derart töricht und kindisch aufgeführt habe – aber es ist sehr schwer, mit einer lebenslangen Gewohnheit zu brechen!“

Fasse jetzt einen positiven Entschluß!

Wenn Unentschlossenheit dich im Griff hat ... dann mach jetzt ein für allemal Schluß mit dieser lebenslangen Gewohnheit! Tust du das nämlich nicht, dann wirst du dich dein Leben lang unbehaglich fühlen! Und durch den hohen Anteil falscher Entscheidungen wirst du dir mehr und mehr unerwünschte Zustände, mehr und mehr Ungemach zuziehen.

Die „innere Stimme“ kann nicht zu dir durchdringen, wenn du dich in einem emotionalen und mentalen Zustand der Unentschlossenheit befindest.

Ein Verwandter von mir, ein Geistlicher, war in jungen Jahren völlig verstört, als er den Wahrheitsgehalt einiger Bibelstellen anzuzweifeln begann. Er klagte sich selbst an und verurteilte sich, weil er etwas weitervermittelte und lehrte, das er selbst nicht zu glauben vermochte. Dadurch entwickelte er einen inneren Konflikt, nagende Zweifel: „Tue ich recht daran oder ist es Unrecht, mein Kirchenamt weiterzuführen?“ Schließlich hatte er unter starken asthmatischen Beschwerden zu leiden und bekam an jedem Sonntag vor Betreten der Kanzel einen schweren Asthmaanfall. Die Natur wollte ihn davor bewahren, etwas zu sagen, das er seiner Ansicht nach nicht sagen sollte. Sein Körper reflektierte einen Zustand seines Gemüts. Schließlich zog er sich aus gesundheitlichen Gründen von seinem geistlichen Amt zurück, ohne seinen religiösen Konflikt irgend jemandem offenbart zu haben, nicht einmal seiner eigenen Frau. Dreißig Jahre lang lebte dieser hochintelligente Mann ein Leben der Tortur. Die Asthmaanfälle waren immer dann am schlimmsten, wenn er wieder einmal mit sich selbst gerungen hatte: „Tat ich recht oder tat ich unrecht?“

Gegen Ende seines Lebens hatte ich ein Gespräch mit diesem Verwandten. Er wollte etwas loswerden. Nachdem er mir offenbart hatte, was ihm in all den Jahren so schwer zu schaffen gemacht hatte, wollte er von mir wissen, ob ich der Meinung sei, daß er dafür verdammt würde. Ich konnte ihn beruhigen. Die Gotteskraft in diesem Universum ist zu groß und verständnisvoll, als daß sie irgendein menschliches Wesen verdammen würde... Wir alle begehen Fehler... Der einzige Weg für uns besteht darin, spirituell zu wachsen – und das geschieht zu einem großen Teil durch unsere Fehler. Darauf meinte er: „Oh, wenn ich mein Leben doch nur noch einmal leben könnte! Ich hätte die Kirche verlassen und mich als Schriftsteller betätigt und meine Überzeugungen offen und ehrlich zum Ausdruck gebracht, weil mir jetzt klargeworden – zu spät klargeworden ist, daß viele Menschen genauso denken wie ich. Aber ich hatte es zugelassen, daß Furcht, Unentschlossenheit und Selbstverurteilung mich von meinem *wirklichen* Lebenswerk abgehalten haben!“

Manch einer, der sich mit zwei Handlungsmöglichkeiten konfrontiert sieht und nicht weiß, welche davon die richtige ist, versucht sie alle beide – meist zu seinem Leidwesen. Noch keiner ist sehr weit gekommen, wenn er sich in zwei Richtungen zugleich bewegen wollte. Man muß schon eine Entscheidung treffen. Und du kannst generell die richtige Entscheidung treffen, wenn du dich von der „inneren Stimme" führen läßt. Aber es ist immer verlockend, auf die Stimme unserer Emotionen, Vorurteile und persönlichen Wünsche zu hören – die uns nur zu oft in die Irre führt.

Shakespeare ließ seinen Hamlet das aussprechen, was viele von uns sich schon in ihrem geplagten Gemüt gesagt haben:

„Sein oder Nichtsein, das ist hier die Frage:
Ob's edler im Gemüt, die Pfeil' und Schleudern
Des wütenden Geschicks erdulden, oder,
Sich waffnend gegen eine See von Plagen,
Durch Widerstand sie enden?..."

(um dann zu paraphrasieren):

„... Nur daß die Furcht vor etwas, das geschehen mag...
den Willen irrt, daß wir die Übel, die wir haben,
lieber ertragen, als zu unbekanntem fliehn..."

Wenn wir uns mit einem Leiden herumplagen, wie leicht ist es dann, uns noch *größere* Leiden vorzustellen... und uns dann mit den vorhandenen Zuständen abzufinden, als den Versuch zu machen, uns über sie zu erheben – und somit befürchten, daß wir „anderen Krankheiten, die wir noch nicht kennen", begegnen.

Entschlüsse erwachsen aus Mut, und Mut erwächst aus dem Vertrauen in das Selbst und in die innere Gotteskraft. Warum sollten wir uns eine Fortsetzung der Probleme und Zustände, die uns jetzt umgeben, verbildlichen?

Entschließe dich, sie zu beseitigen, indem du deine Gedankenbilder resolut veränderst, und damit „dem Etwas" im Innern die Macht gibst, deine Zukunft neu und besser zu gestalten – besser!

10. Kapitel

Schreib es auf

Was deine Augen sehen und deine Ohren hören, das merkst du dir, sofern du es oft genug gesehen und gehört hast. Du merkst es dir... und machst es zu einem Bestandteil deines Lebens.

Wissenschaftler und Werbefachleute machen sich diese Tatsache zunutze, durch Anwendung von „Video und Audio-Trägern", um das Bewußtsein ihrer jeweiligen Zielgruppen zu beeinflussen.

Einige Menschen werden mehr von dem Gesehenen beeinflußt, andere von dem Gehörten. Es kommt darauf an, welcher dieser Sinne von kleinauf am meisten genutzt wurde.

Angenommen, du bist zusammen mit einem anderen Menschen im Auto unterwegs und bemerkst im Vorbeifahren Dinge, die deine Begleitung nicht bemerkt. Er oder sie ist nicht wie du gewohnt zu beobachten, könnte dich aber andererseits fragen: „Hast du das gehört?" Und du würdest antworten: „Nein, was denn?" Es gibt unterschiedliche Grade der Sensitivität beim Sehen und Hören.

„Als Kind wurde ich dermaßen viel kritisiert, daß ich davon nichts mehr hören mochte. Das ist der Grund für meine heutige Schwerhörigkeit", sagte mir einmal ein Mann.

„Als kleines Kind", so erzählte mir eine Frau, „hatte ich etwas gesehen, das ich nicht hätte sehen dürfen. Das hatte mich derart schockiert, daß ich seither mit meinen Augen nur das sehen wollte, was ich unbedingt sehen mußte. Ich finde, daß ich vieles in meinem Umfeld nicht beachte, weil ich innerlich fühle, daß es mich nichts angeht, und ich deshalb keine Notiz davon nehmen sollte."

Gehemmtheiten jeglicher Art gehören zu den großen selbstauferlegten Plagen der Menschheit, an der wir alle auf die eine oder andere Art teilhaben.

Als Erwachsene sollten wir jedoch intelligent genug sein, diese emotionellen Gebundenheiten zu erkennen und möglichst viele davon zu eliminieren, so daß wir von ihrem destruktiven Einfluß befreit werden können.

Das Verbildlichen der Dinge, die du im Leben haben und tun willst, ist daher eine gute Methode, dein Begehren zu kristallisieren und auf einen Punkt zu bringen, damit dein Gemüt seine Aufmerksamkeit besser auf sie fixieren kann. Und je mehr du dir das Bild oder die Bilder vorhalten kannst, desto mehr wird die innere Kraft beeindruckt, um dir bei ihrer Materialisation zu helfen.

Damit die erwünschten Dinge immer im Vordergrund deines Denkens gehalten werden können, empfehle ich als Visualisationshilfe auf kleine Kärtchen geschriebene Stichworte, damit du sie dort hast, wo du sie möglichst oft betrachten kannst.

Ein Vorschlag: Steck dir eine solche Karte an den Spiegel, damit du sie gleich bei der Morgentoilette erblickst. Gib den Details des auf der Karte vermerkten Gelegenheit, sich zu erweitern, wenn du das Mentalbild des Begehrten entwickelst.

Eine weitere Karte könntest du während der Mahlzeiten in Reichweite haben. Dann wieder kurz vor dem Schlafengehen. Bleib dran! Tap, Tap, Tap! Es hat jedoch keinen Sinn, deine Wünsche niederzuschreiben, wenn du keine Vorkehrungen getroffen hast, damit auch das kleinste Detail des Begehrten permanent in deinem Denken fotografiert ist –, daß es dort verbleibt, bis es Wirklichkeit geworden ist.

Sollte das von dir Verbildlichte allerdings sehr persönlicher Natur sein, oder sollte es in deiner Umgebung Menschen geben, die deine Wünsche mißbilligen oder als töricht erachten, dann halte deine Karten lieber unter Verschluß und betrachte sie nur in Momenten, wo du allein bist.

Bedenke, daß *Repetition* des gleichen Gedankens, derselben Suggestion, das *Bild* möglich macht.

Wer zu pflanzen versteht, dessen Pflanze soll nicht entwurzelt werden; wer ein Ding zu halten weiß, dem soll es nicht genommen werden.

Laotse, der chinesische Mystiker, 600 v. Chr.

Schreib es auf!

Wenn du das Begehren hast, ist das Fundament gelegt. Pflanze das Bild ins Gemüt! Ein vollkommen detailliertes Bild des Begehrten genau umrissen, oder auch mehrerer Dinge, die du dir wünschst. Es schadet nichts, wenn man sich mehr als ein Ziel zur gleichen Zeit (jedoch nicht zugleich) vorstellt, solange sie nicht miteinander in Konflikt sind und solange du sie dir separat verbildlichen kannst. Die schöpferische Kraft im Innern kann an jedem Projekt, das du wünschst und dem du deine Aufmerksamkeit und dein Bemühen widmest, tätig werden!

Schreib es auf!

Wenn es ein erhöhtes Verkaufsvolumen ist, das du begehrst, dann fixiere die genauen Summen; oder wenn es etwas ist, das ein anderer für dich tun soll, die Liebe einer Frau oder eines Mannes, ein neuer Anzug, ein neues Auto, schreib es auf! Alles und jedes – schreib es auf!

Schreib es auf – in deinen eigenen Worten. Das wird deinem Gemüt helfen, sich zu ordnen. Ganz gleich, was du unter diesem System anstrebst, du kannst es haben – *vorausgesetzt, daß dein Wunsch moralisch Rechtens und das Gedankenbild bestimmt und positiv ist!*

Tap-Tap-Tap-Tap! Schreib es auf, wieder und wieder! Das wird dein Ziel im Bewußtsein festigen.

Egal, ob du Vertreter, Vorstandsmitglied aus der Chefetage, Mechaniker, Schriftsteller, Hausfrau, oder was auch immer bist – ob du Geld, Liebe, Verbesserung deines sozialen Status, Aufstieg im Beruf anstrebst –, es macht absolut keinen Unterschied. Diese Kraft ist auch in dir, bereit und willens, dir das zu bringen, was du begehrst. Sie kann dir jeden Wunsch erfüllen ... ganz gleich, um was es sich handelt – ein paar Schuhe oder eine Villa. Benenne es, schreib es auf, und mach dich daran!

Gelegenheiten ziehen konstant an dir vorüber im Strom des Lebens, sofern du nicht zulangst und sie ergreifst! Wenn du jedoch nicht weißt, was du eigentlich willst, wie kannst du es dann erhalten? Jede Möglichkeit, deinem Wunsch Ausdruck zu geben, sei es schriftlich, verbal, in Bildern, hilft dir, die schöpferische Kraft im Innern zu vitalisieren und hält dein Denken magnetisch auf das Ziel fixiert. Ich kenne Menschen, die sich einen großen Umschlag bereitgelegt haben, auf dem in großen Buchstaben „Meine Herzenswünsche“ geschrieben steht. In diesem Umschlag stecken lauter Zettel, auf dem sie ihre Wünsche schriftlich festgehalten haben – begehrte Dinge, Veränderungen in ihrem Leben, wirtschaftlich, persönlich, physisch, mental, spirituell. Sie setzen sich eine bestimmte Zeit während des Tages oder am Abend, wenn sie für sich sind, wo sie diese Herzenswünsche erneut lesen und durchdenken. Sie überprüfen dabei jeden einzelnen Wunsch, sie machen Inventur, um festzustellen, ob sie Fortschritte gemacht haben. Ist ein bestimmtes Objekt erreicht, kann „die Akte geschlossen“ werden – und das mit einem Ausdruck des Dankes an die innere Kraft für das Wahrwerden ihres Traumes. Dann wenden sie sich etwas anderem zu, in konstanter Entfaltung und Entwicklung. Es ist ein endloser, herrlicher, befriedigender Prozeß!

Solltest du mit alldem gerade erst beginnen, wird es unerläßlich für dich sein, daß du dein Denken einer Überprüfung unterziehst. Du wirst viele falsche, schädliche Gedanken und emotionelle Reaktionen, die sich noch im Bewußtsein befinden, eliminieren müssen. Um das zu erreichen, wird es hilfreich sein, daß du deine richtige Einstellung zu anderen Menschen, dem Geld, dem Geschäftsleben, und alledem, was für dich von Wichtigkeit ist und mit dem du im täglichen Leben zu tun hast, aufschreibst.

Marjorie Mayes, eine dynamische, erfolgreiche Geschäftsfrau in San Francisco, führt ihren beachtlichen Erfolg und ihren großen Freundeskreis auf das geschriebene Wort zurück. Sie hat ihre Einstellung, geschäftlichen Angelegenheiten, dem Gelderwerb und der Bedeutung des Geldes gegenüber schriftlich festgehalten. Diese Niederschrift „Das Know-how im Geschäftsleben“ liest sie jeden Tag erneut durch. Für sie ist das eine Formel, nach der sie lebt. Dann lauscht sie auf die „innere Stimme“, um Weisungen zu erhalten.

Marjorie Mayes gab mir die Erlaubnis, ihre inspirierten Gedanken mit dir zu teilen:

Bete jederzeit, in dem Wissen, daß rechte Gebete beantwortet werden ... Alles, was ist, ist Gottes ... Alles, was ich bin, ist Gott und ich bin ein Teil Gottes ... Daher findet nichts als göttliche Harmonie in meinem Leben seinen Ausdruck ... Ich individualisiere Gott und habe direkten Kontakt mit der Wahrheit ... Meine Intuition ist perfekt, meine spirituelle Wahrnehmung ist perfekt ... Ich weiß: Gott ist meine Weisheit, meine Intelligenz, somit werde ich jederzeit zu rechtem Handeln geführt ... denn Gott ist der einzige Vollbringer. Gott wirkt durch mich, deshalb ist mein Wirken immer Rechtens und es besteht keine Gefahr, daß aufgrund meiner Handlungen einem anderen Menschen Schaden entstehen könnte ... Es gibt keine Zeitvergeudung, denn Gottes Werk ist mein Werk, deshalb ist mein Werk gut und selbstlos getan ... Mein Denken ist klar – neue, frische und kraftvolle Resultate machen sich in meiner Arbeit bemerkbar ... Meine bejahenden, meine betenden Gedanken sind das Handwerk Gottes, kraftvoll und aufschwingend wie der Adler und doch sanft, demütig und nicht aggressiv wie die Taube ... Meine Gebete fließen in alle meine Verhandlungen und Unterredungen ein – im Namen Gottes. Daher kann ich keinen einzigen Tag mit leeren Händen beenden ... Meine Gebete sind mächtig, und ich weiß, daß sie das vollbringen werden, was ich als rechtes Handeln akzeptiere ... Ich weiß: Jede Beziehung im Leben basiert auf meiner Befähigung, Gottes Handeln in meinem Leben und meinen Gebeten zu erblicken ... Ich bin nicht von anderen Menschen oder von äußeren Bedingungen abhängig, ich verlasse mich ganz auf Substanz, Geist. Daher blicke ich nicht auf Menschen oder Gegebenheiten, sondern auf das Unendliche, um Weisung zu erhalten ... Ich lausche auf meine Intuitionen, was nichts anderes als Gott zu akzeptieren bedeutet ... Meine Augen heften sich dankbar auf die Gaben Gottes, und davon ist auch das Geld keine Ausnahme. Daher liebt das Geld es, sich in meiner Börse zu befinden, denn ich verwende es mit Gottes Weisheit. Ich erhalte Geld durch rechtes Handeln, in allen meinen Unternehmungen ... Ich feilsche nicht mit Gott ... Ich sage Gott nicht, auf welche Weise mir Geld zukommen soll ... Ich verhandle nur und lausche auf meine

Intuitionen, in dem Wissen, daß uns nach unserem Glauben geschieht. Marjorie Mayes

Dies ist eine großartige Darstellung der mentalen und spirituellen Lebenseinstellung eines Menschen – einer Einstellung zu anderen, dem Geschäft, dem Geld... und diese Darstellung kann die deine sein!

Mach dir eine Kopie davon und lies sie immer wieder... Nimm sie in dein Bewußtsein... Mach sie zu einem zu einem Teil von *dir*. Schreib sie auf – lies sie laut und hör dir selbst dabei zu... Glaube daran, und schneide sie durch rechtes Handeln auf deine ureigensten Bedürfnisse zu... Und, wie Marjorie Mayes sagt, „dir wird nach deinem Glauben geschehen!"

Denke an Bilder, die du schon gesehen hast, Gemälde, Fotografien, Landschaften – Bilder von Menschen, die etwas verrichten – Aktivitäten verschiedenster Art. Auf wie viele dieser Bilder kannst du dich besinnen? Wie viele sind herausragend in deiner Erinnerung – und weshalb sind sie das? Ich werde es dir sagen. Weil nämlich etwas in jenen, an die du dich erinnerst, dein persönliches Interesse erregte und fesselte. Du hast etwas von dir selbst und deiner Tätigkeit in ihnen erblickt, du fühltest eine Beziehung zu einigen ihrer hervorstechenden Merkmale. Diese Bilder hatten dich dermaßen beeindruckt, daß du sie niemals vergessen konntest. In der Tat: Diese und andere Bilder, die du gesehen hattest, dazu zahllose Bilder, die du selbst in deiner Imagination erschaffen hattest, beeindrucken dein Bewußtsein nach wie vor... und in deinem Bewußtsein ist alles vermerkt, was du jemals gesehen, gehört oder erfahren hast, in verbildlichter Form!

Auch die mit diesen Bildern assoziierten Gefühle haben einen Einfluß auf dich. Deine fühlende Reaktion auf alles, was dir widerfahren ist, beeinflußt dich sogar am meisten. Die Stärke deines Gefühls für das Begehrte bestimmt, wie intensiv die schöpferische Kraft im Innern die Bedingungen und Gegebenheiten um dich herum magnetisiert und es zu dir heranzieht. Es liegt somit auf der Hand, daß ein starkes Furchtgefühl vor einem Ereignis, das dir eventuell widerfahren könnte, die schöpferische Kraft veranlaßt, ebenso magnetisch tätig zu werden, um das Gefürchtete anzuziehen.

Verbanne die Furcht aus deinem Leben, in dem du Bejahungen des Mutes, des Vertrauens, und der Selbstsicherheit niederschreibst. Du weißt und du glaubst, daß dir Gutes widerfahren wird. Verbanne alle Furcht- und Sorgegedanken aus deinem Bewußtsein! Du siehst jetzt ein, daß sie, sofern du ihnen das Verbleiben gestattest, nur unglückliche Zustände und Bedingungen anziehen können.

Dein Bewußtsein ist ein Sieb und ein Filter. Es nimmt alles, was dir in der äußeren Welt widerfährt, auf und reicht es in Form von Mentalbildern an das Unterbewußtsein weiter. Es handelt sich dabei um einen normalen automatischen Prozeß, solange du bestimmte Bilder nicht stoppst und veränderst – solange du nicht von dir als falsch und schädlich erkannte Bilder durchgehen läßt!

Der folgende Gedanke kann ein Schock sein! Der unkontrollierte wachbewußte Verstand eines jeden Individuums ist kaum mehr als ein offener Gully für alle Arten von Abfall und Schlamm in Form falscher Gedanken und Gefühle, zusammen mit den guten. Solange du nicht darüber wachst, was du davon in dich hineinnimmst, können die guten von den schlechten nicht getrennt, nicht gefiltert werden. Sie gehen alle miteinander in dein inneres Bewußtsein. Und was dort hineingeht, muß schließlich in gleicher Form wieder herauskommen oder innen verbleiben, um mehr des Gleichen anzuziehen . . ., denn Gleiches zieht immer Gleiches an!

Du hast doch schon vom „Strom des Bewußtseins“ gehört. Das ist eine ziemlich genaue Beschreibung. Gedanken strömen unentwegt in dein Gemüt ein und gehen wieder von ihm aus.

Kontrolliere die Natur deiner Bilder!

Warnung! Laß den Strom deines Bewußtseins nicht mehr verschmutzen, als er es ohnehin schon ist! Setz den *Filter* ein. Vermeide alle Furcht- und Sorgegedanken, alle schädlichen emotionalen Reaktionen, bevor sie in dein inneres Bewußtsein gelangen, wo sie unermeßlichen Schaden anrichten können. Filtere die falschen Gedanken und Gefühle heraus, die bereits im Strom deines Unbewußten herumschwimmen. Wirf sie hinaus! Entledige dich ihrer! Reinige den Strom, damit er klar und rein wird und die guten, sauberen Gedanken reflektieren kann, die du ihm jetzt eingibst.

Schreib auf, was du sein oder haben willst. Und schreib aus deinem Leben das heraus, was du nicht sein oder haben willst!

Beständiges Niederschreiben deiner Wünsche und die Spiegeltechnik werden Wunder wirken! In Kürze wirst du die Bilder willkürlich formen können, ohne den Gebrauch von Karten oder Spiegeln, und du wirst dein Unterbewußtsein automatisch anzapfen. Aber du könntest den Wunsch verspüren, mit dem Aufschreiben fortzufahren... dem Lesen und Wiederlesen deiner Karten.

Übung – Übung – Tap-Tap-Tap!

Fürchte nicht, dabei zu übertreiben oder mit deinem Wünschen und Begehren extravagant zu werden, denn wie schon gesagt: Du kannst alles haben, was du dir wünschst, aber du mußt dich daran gewöhnen, genau das zu tun, was ich dir sagte.

Wenn du visualisierst und die Bilder konstant hältst, folgt eine Handlung – eine Aktion. Und eine Aktion ist nicht mehr als ein *angetriebener* Gedanke.

Gib deine Vision (deine Mentalbilder) niemals auf, denn, wie König Salomon bereits vor fast dreitausend Jahren sagte: „Wo keine Vision ist, verderben die Menschen."

Denke daran: Dieses ganze Thema ist so alt wie die Menschheit. Ich gebe dir diese Botschaft lediglich in heutiger Sprache und unterbreite dir ein einfaches System von Mechanismen, die für jedermann anwendbar sind.

Wie wir alle wissen, geht „Probieren über Studieren". Und wenn du noch Zweifel haben solltest, daß ich dir hier eine exakte Wissenschaft präsentiere, dann probiere sie doch einfach aus! Das Auto bekommt Konturen, du wirst die neuen Schuhe bekommen, und auch die Villa nimmt Formen an – alles, wie von einer magischen Hand berührt.

Die Beweislast ist auf seiten Tausender und Abertausender glücklicher und erfolgreicher gesunder Menschen, die die Wirkungsweise von „diesem Etwas" bereits demonstriert haben und nach wie vor in ihrem täglichen Leben demonstrieren – „dieses Etwas", die gottgegebene schöpferische Kraft!

Führe Buch über die Dinge, die du begehrst, und hake sie ab. Sehr bald wirst du alles das abhaken, was du erhalten hast!

Laß das Tagträumen! Eliminiere deine Zweifel! Mach dich an die Arbeit und schreib deine Wünsche auf! Es funktioniert!

11. Kapitel

„Ich weiß es – ich glaube es – und es ist so!

Es gibt einen Ausspruch, an den ich voll und ganz glaube: *„Wenn du es glaubst, dann ist es so!“*

Das ist ein einfaches kurzgefaßtes Statement dessen, was ich dir wieder und wieder gesagt habe. Alle großen Lehrer, wie Buddha, Konfuzius, Mohammed, Jesus, sowie viele Philosophen haben diese große fundamentale Idee gelehrt. Sie ist in allen Religionen zu finden, in allen Kulten und Lehrmeinungen. Sie alle durchweht das gleiche generelle Thema, das sich in meinen Worten zusammenfassen läßt: *„Wenn du es glaubst, dann ist es so!“*

Ich zitiere die Bibel: *„Wie der Mensch in seinem Herzen denkt, so ist er.“* Diesen Satz aus dem Buch der Sprüche wirst du schon oftmals gehört haben, aber ich wiederhole ihn hier ganz bewußt, um ihn nochmals zu unterstreichen: *„Wie der Mensch in seinem Herzen denkt, so ist er.“ Wenn du es glaubst, dann ist es so.* Bemerkst du die Ähnlichkeit? Reduzieren wir das Ganze zu einem einzigen Wort: „Glaube“.

Viele Menschen haben mir da schon entgegengehalten, die Tage der Wunder seien unwiederbringlich vorbei. Niemals in meinem Leben habe ich jedoch eine derartige Bemerkung von einem Denker, einem Wahrheitssucher oder einem gläubigen Menschen gehört. Gewiß, die Tage eines Aladin mit seiner Wunderlampe sind vorüber, und vielleicht haben sie sogar niemals existiert ... ebenso wie der Zauberstab, der fliegende Teppich und all die anderen wundersamen Dinge aus dem Reich der Märchen und Legenden. Recht unterhaltsam, aber ohne jede Realitätsbezogenheit.

Wenn ich mich auf Wunder beziehe, dann meine ich damit solche, die durch *Glauben* erreicht werden können ... durch Vertrauen in das

Geglaubte; Vertrauen in dich selbst; Vertrauen in die Menschen, mit denen du Umgang pflegst; Vertrauen in eine Kraft; Vertrauen in „dieses Etwas", welches das Geschick eines jeden von uns bestimmt... wenn du dieses Vertrauen aufbringen kannst und die negative Seite zerstreust, dann kann nichts auf dieser Welt dich davon abhalten, das zu bekommen, was du begehrst. Das mag sich recht merkwürdig anhören, ist aber dennoch wahr – du kannst alles Erreichbare haben, wenn du es wirklich willst.

Glaube ist die Triebfeder des Vollbringens. Du mußt ihn haben, um vollbringen zu können – um dich zu motivieren – und andere!

Was war es denn, das Aimee hatte? Gypsy Smith? Billy Sunday? Billy Graham, in unseren Tagen, Monsignore Sheen, Norman Vincent Peale? *Glaube – Vertrauen*, als Grundlage, und dazu die Befähigung eines wahrhaft Gläubigen, ihn dem Nächsten weiterzuvermitteln. Das ist der Schlüssel aller großen Religionen. Alle großen Dinge sind von einem Menschen, einem Gläubigen in Gang gesetzt worden. Dabei ist es völlig unerheblich, woher er die ursprüngliche Idee hatte. Alle großen Erfindungen sind die Auswirkung des Gesamtschemas eines Glaubens, des Glaubens an dich selbst, deine Ideen, deine Fähigkeit, sie anderen zu übermitteln. Jeder Superverkäufer weiß das. Er wendet diese Macht an. Deshalb ist er ja ein Spitzenverkäufer. Ganz gleich, was er an den Mann bringt: Religionen, Einrichtungen, Projekte. Jeder Community Drive – die in den USA sehr beliebten kommunalen Veranstaltungen zur Förderung wichtiger Vorhaben –, jede Vorwärtsbewegung, alles Lohnende hat Erfolg, weil ein Mensch Vertrauen hat, der primäre Beweger – die Zündkerze ist, und über die Fähigkeit verfügt, das, woran er glaubt, den Massen zu vermitteln – den Glauben als etwas um sich Greifendes weiterzugeben. Denk mal darüber nach. Und dann denke noch mehr darüber nach. Und dann noch einmal. Meditiere darüber und du wirst einsehen, daß jedes einzelne Wort davon wahr ist!

Du hast Vertrauen in eine Religion, in ein Handelsprodukt, einen Community Drive, weil dir ursprünglich jemand das Vertrauen in die genannten Dinge vermittelt hatte; was man dir sagt, das glaubst du, ohne es in Frage zu stellen, und du nimmst oder kaufst das, was sie dir offerieren. Das ist Vertrauen.

Gelegentlich mag ein cleverer Typ versuchen, dich aufs Kreuz zu legen, indem er dich etwas glauben machen will, das seinen Behauptungen nicht standhält. Und wenn du ihm dann draufgekommen bist, dann bist du möglicherweise verbittert und desillusioniert. Du sagst: „Ich werde niemandem mehr glauben", aber du wirst es dennoch tun, denn Glauben und Vertrauen ist ein fundamentaler Wesenszug der menschlichen Natur. Instinktiv möchtest du nämlich an andere glauben und auch an dich selbst, es wäre eine schlimme Welt, wenn wir niemandem mehr vertrauen könnten.

„Nebelhorn" Murphy, der berühmte Schiedsrichter, sagte in Groucho Marx's Radio Show „You Bet Your Life" (Wetten daß?), das „Billigste", das ein Mensch tun könne, sei, zu anderen nett zu sein, sie mit einem Lächeln zu begrüßen und ihnen zu vertrauen – das würde die größten Dividenden abwerfen. Er hat ja so recht! Echtes Vertrauen in den Mitmenschen macht sich immer bezahlt. Du magst dein Vertrauen das eine oder andere Mal verschwenden, aber das ist eine Seltenheit. Die meisten Menschen unternehmen eine Extra-Anstrengung, um sich des in sie gesetzten Vertrauens würdig zu erweisen. Sie mögen andere enttäuschen, sie vielleicht sogar ausnutzen, aber sie wissen dein Vertrauen so zu schätzen, daß sie dich nicht im Stich lassen.

Schon oftmals hatte man mich gefragt: „Warum verschwendest du überhaupt Zeit an diesen versoffenen, nichtsnutzigen Kerl? Man kann sich auf ihn doch nicht verlassen. Bei der erstbesten Gelegenheit wird er dir das Weiße aus den Augen stehlen oder dich sonstwie hereinlegen."

Nun, ich habe schon Hunderten und Aberhunderten vertraut, und dieses Vertrauen ist bislang noch niemals absichtlich enttäuscht worden. Einige waren einfach nur zu schwach, um einen geraden Kurs zu steuern, aber sie waren nicht von vornherein darauf aus, mich „hereinzulegen". Sie haben sich bei der ganzen Sache schlechter gefühlt, als sie meinen Anforderungen nicht genügen konnten – und die meisten von ihnen hatten sich dann zusammengerissen und es wieder und wieder versucht. Sie wissen genau, daß ich noch immer Vertrauen in sie setze ... daß ich sie nicht verurteilt habe ... daß ich immer bereit bin, zu helfen, wann und wo immer ich kann. Aber sie wissen auch, daß es im Grunde von ihnen abhängt, daß man keinem Menschen über einen gewissen Punkt hinaus helfen kann, daß es ihre eigene Aufgabe ist, sich selbst wieder auf die Füße zu stellen, durch Vertrauen.

Die innere Kraft kann nicht für dich tätig werden, wenn du kein Vertrauen in sie hast!

Wende deinen Glauben an!

Erfahrung ist der beste und zugleich der strengste Lehrer. Durch Erfahrung *weißt* du, was du falsch gemacht hast. Es holt dich schließlich ein. Und nachdem du es weißt, machst du dich daran, alles geradezurücken, in der Einsicht, daß es einer größeren Kraft als dir selbst bedarf, um deine Angelegenheiten in Ordnung zu bringen und dich zum rechten Denken zu veranlassen. Damit entdeckst du „dieses Etwas" im Innern, und du sagst: „Ich glaube!" Und damit setzt du einen magnetischen Kraftstrom in Gang, der das zu dir heranzieht, woran du glaubst...Und wenn du fühlen und sehen kannst, wie die vertrauensvoll verbildlichten Dinge zu dir kommen, dann sagst du: „...und es ist so!"

Das ist der Prozeß der Rehabilitation in einer Nußschale. Das mag nicht im allgemeinverstandenen Sinn religiös sein. Nicht in einem orthodoxen oder dogmatischen Sinn, ist jedoch spirituell, metaphysisch. Es ist das, wovon die spirituellen Führer aller Zeitalter geredet haben, präsentiert in unserer Alltagssprache.

Unzählige organisierte Kampagnen sind im Gang, deren einziger Zweck es ist, dich dies, das oder jenes glauben zu lassen. Halt einmal inne und denke einen Moment nach. Was ist Propaganda? Jede Art von Propaganda, die gute und die schlechte? Oft genug nicht mehr und nicht weniger als gut entwickelte, einfallsreiche Pläne, um dich etwas glauben zu machen. Sie hatten während des Krieges ihre Wirkung gezeitigt, und wenn du den Vorgängen um dich herum gegenüber aufgeschlossen bist, dann weißt du, daß sie mehr denn je in jedem Bereich des menschlichen Lebens angewandt wird; so wie sie bereits vor Tausenden von Jahren angewandt wurde – und sie wird immer ihre Wirkungen zeigen.

Die Schlacht ist bereits im Gang für die Gemüter aller Menschen, überall auf der Welt – in freien und in versklavten Nationen, vor und hinter dem eisernen Vorhang. Achte daher darauf, was du zu glauben geneigt bist. Sei sicher, daß du in vorurteilslosem, wahrheitsgemäßem Besitz unveränderter Fakten bist. Wenn nicht, dann halte dich mit deinem Urteil zurück und erlaube deiner Vernunft und Intuition nicht, sich durch überzeugend klingende emotionale Appelle beiseite fegen zu lassen.

Wenn du deine Zeitung liest, Radio hörst, fernsiehst, dann denke an meine Worte. Du wirst bemerken, daß alle Reden unserer Politiker, unserer großen Firmenchefs, von denen wir mit uhrengleicher Regelmäßigkeit eingedeckt werden, den Zweck haben, uns glauben zu machen. Diese Männer wissen das. Deshalb: Studiere alles, was heutzutage so gesagt wird, ziehe deine eigenen Schlußfolgerungen, komme zu eigenen Entscheidungen. Und das so fair und so vorurteilslos wie du kannst, bevor du glaubst.

Jeder von uns kann das erreichen, dem er nachstrebt, indem er sich klarmacht: „Wenn du es glaubst – dann ist es so", und indem er das alte Sprichwort beherzigt: „Wo ein Wille ist, ist ein Weg!"

In anderen Worten: Laß die Willenskraft, den Glauben und das Vertrauen in jeder Minute des Tages tätig sein – 24 Stunden am Tag – sieben Tage in der Woche – 365 Tage im Jahr. Und ich verspreche dir, wenn du das tust, dann wirst du mit einer Geschwindigkeit Fortschritte mache, wie hochgespannte elektrische Entladungen durch den Äther schießen!

Glaube bringt dich mit Düsengeschwindigkeit dorthin, wo du hin willst. Zweifel und Unglaube bringen dich ebenso schnell in die entgegengesetzte Richtung. Glaube magnetisiert immer; Unglaube demagnetisiert.

Du weißt etwas von der Wirkungsweise des Gebets. Was ist Gebet anderes als der Ausdruck eines von Herzen gefühlten, ernsthaften, aufrichtigen Begehrens oder Wunches? Der große Meister sagte:

Was immer ihr begehrt, wenn ihr betet, glaubt, daß ihr es empfangen habt, und ihr werdet es bekommen.

Und das ist wahr! Wir alle kennen die Wirkung unserer Wünsche auf uns selbst und wie Ereignisse durch große Wünsche beeinflußt werden. Jede wirtschaftliche Veränderung durch die Jahrhunderte geschah, weil der Mensch den Wunsch nach Verbesserung verspürte. Wir müssen jedoch glauben, müssen Vertrauen haben. Andernfalls sind unsere innigsten Wünsche (Gebete) nichts als Seifenblasen.

Der große Meister sagte auch:

Wenn du glauben könntest, alle Dinge sind möglich dem, der da glaubt.

Das alles hast du schon gehört, aber was hast du unternommen und was unernimmst du?

Glaube – Vertrauen – ist etwas, das dich ergreift, nachdem du es ergriffen hast. Es muß in dein Innerstes eindringen und von dort nach außen wirken. Wenn du an etwas glaubst – ausreichend glaubst, dann bringst du es in deinem Gemüt in Existenz. Die schöpferische Kraft im Innern erschafft es für dich. Dann macht sie sich an die Arbeit, um es in deinem äußeren Leben in Erscheinung treten zu lassen. Wenn du dieses Bild durch Befürchtungen, Sorgen und Zweifel nicht veränderst – dieses ursprüngliche Denkmuster des Begehrten, das du deinem Unterbewußtsein eingegeben hast, dann wird der Tag kommen, da du es materialisiert sehen wirst, so wie es einst im Bewußtsein war.

Glaube – hab Vertrauen – und, wie ich schon sagte und wieder sage, um es deinem Gemüt unauslöschlich aufzuprägen: „Alles, was du haben willst, kann dir gehören!"

Die gewaltige Kraft des Glaubens!

Meinst du etwa, Glaube sei etwas Unpraktisches, etwas ganz und gar Unrealistisches – daß er dir nicht die erwünschten Dinge verschaffen kann? Hier ist eine lebensechte, vorgelebte Demonstration dessen, was Glauben bewirken kann, als die Chancen für den Betroffenen Millionen zu eins standen, von irgendeiner Macht im Universum gerettet zu werden!

Hör zu! Im September 1949 wurde ein neunzehnjähriger Matrose der Navy, William Toles aus Rochester, Michigan, USA, bei schwerer See, und ohne Schwimmweste, von Bord seines Flugzeugträgers gespült. Es war vier Uhr morgens und weit draußen auf See, weit vor der afrikanischen Küste. Niemand hatte ihn über Bord gehen sehen, und er wußte, als er auf das Wasser aufschlug, daß seine Chancen, gerettet zu werden, gleich null waren.

Statt sich aber nun wilder Panik hinzugeben, blieb der junge Toles relativ ruhig. Er zog sich die Hose aus, verknotete die Hosenbeine, ließ sie vom Wind aufblasen und hatte somit eine improvisierte Schwimmweste.

Seinem späteren Bericht zufolge, wandte Bill Toles die althergebrachte Gepflogenheit der Mannschaftsdienstgrade an, „sich um die Zukunft nicht zu sorgen". Er wußte, daß er beim Acht-Uhr-Appell an Bord vermißt werden und daß man dann Suchflugzeuge nach ihm ausschicken würde. Immerhin tat er Dienst auf einem Kriegsschiff, das sich weitab vom Kurs der regulären Schiffahrt befand.

Bill Toles hatte sich soweit unter Kontrolle, daß er sogar ein bißchen zu schlafen versuchte, indem er seinen Kopf auf seinem improvisierten Luftkissen ruhen ließ, aber die großen Wellen peitschten ihn immer wieder wach. Aufkommende Ängste beherrschend, machte sich dieser junge Seemann immer wieder seinen Glauben an „dieses Etwas" bewußt – die Kraft Gottes in seinem Innern – und wiederholte immer nur den einen Satz: *„Bitte, Gott – laß mich gerettet werden ... Bitte, Gott – laß mich gerettet werden ...!"*

Als jedoch der Morgen kam und der ganze Vormittag vorüberging, ohne daß Suchflugzeuge erschienen, begann Bills Stimmung merklich zu sinken. Von dem vielen geschluckten Salzwasser und den Wellen, die ihn unablässig hin und her warfen, war er zudem noch seekrank geworden. Trotzdem hatte er niemals seinen Glauben verloren, und wieder und wieder gebetet: *„Bitte, Gott – laß mich gerettet werden ... Bitte, Gott – laß mich gerettet werden!"*

Um drei Uhr nachmittags, nachdem Bill Toles elf Stunden im Wasser zugebracht hatte, wurde er von der Besatzung des *Executor*, eines amerikanischen Frachters, gesichtet. Das Erstaunen dieser Seeleute, plötzlich einen einzelnen Mann im Ozean zu erblicken, kann man sich wohl vorstellen. Noch erstaunlicher war, daß der Kapitän dieses Frachters keine Erklärung dafür geben konnte, weshalb er sein Schiff von seinem vorgesehenen Kurs abgebracht hatte, um den des Flugzeugträgers zu kreuzen.

Hätte er das nicht getan, dann würde er *diese eine winzige Stelle* im großen Ozean nicht passiert haben, wo Bill Toles mit seinem unerschütterlichen Glauben an Gott seine Rettung erwartete!

Bill war noch immer in einer derart guten physischen Verfassung, nach allem, was er durchgemacht hatte, daß er die Strickleiter des *Executor* ohne Hilfe erklimmen und sich von der Mannschaft mit Champagner feiern lassen konnte.

Bill Toles allererste Handlung war es jedoch, Gott für die Beantwortung seines Gebetes zu danken.

Wirst du jemals wieder Zweifel haben angesichts eines solchen Beweises, daß „alle Dinge dem möglich sind, der da glaubt?"

Was *veranlaßte* denn den Kapitän, den Kurs seines Schiffes zu ändern, um unbeirrt diese winzige Stelle in den Millionen Quadratmetern Wasser anzusteuern und einen Mann herauszufischen, der den Glauben hatte, daß Gott ihn erretten würde?

Dem Geist sind keine Grenzen gesetzt! Wir stark ist dein Glaube? Nach dem soeben Gelesenen sollte er wesentlich stärker sein, oder? Wahrscheinlich wirst du nie so wie Bill Toles gefordert sein – nie gefordert sein, in einer derartigen Notsituation einen solchen Glauben beweisen zu müssen. Daher sollte es für dich leichter sein, zu wissen und zu glauben und zu sagen: „So ist es", in bezug auf alles Benötigte im Leben.

Dein Schiff wird dich finden, dieser Tage – beladen mit allem, was du dir wünschst, wenn du an deinem Glauben festhältst.

Dieser *Glaube* muß positiv sein, erwartungsvoll, unerschütterlich und wirklich echt, oder er wird „dieses Etwas", die schöpferische Kraft im Innern, nicht mit Energie erfüllen. Sie muß aber aktiviert werden, bevor das von dir Verbildlichte zu dir herangezogen werden kann.

Versuche in einer Notsituation niemals die Antwort für einen bestimmten Zeitpunkt zu erzwingen, denn das Gottesbewußtsein operiert nicht innerhalb der irdischen Zeitbegrenzungen. Ein gesetztes Zeitlimit wird bei dir Anspannungen hervorrufen und dich an rechtzeitiger Hilfe zweifeln lassen.

Alles, was du zu tun hast ist, den Glauben aufrechtzuerhalten, daß dir Hilfe zuteil wird. Und zwar genau zu dem Zeitpunkt, da du sie am dringendsten benötigst. Eine solche Einstellung wird die gottgegebene schöpferische Kraft von allen selbstauferlegten Begrenzungen befreien und sie befähigen, dich mit der Hilfe und den Weisungen zu versorgen, die du benötigst, um deine Krise zu meistern.

Für Bill Toles stand es außer Frage, daß Gott sein Geschäft versteht, als er glaubens- und vertrauensvoll wiederholte: „Bitte, Gott – laß mich gerettet werden." Er *wußte* – er *glaubte* – und es war so!

Fege deine Zweifel für immer beiseite, denn:

Wenn du es glaubst, dann ist es so!

12. Kapitel

Ich will – ich will – ich will – ich will!

Wenn du jetzt noch immer nicht den Wunsch haben solltest, deine ganz persönliche Situation im Leben zu verbessern, dann lies am besten nicht mehr weiter, und wirf dieses Buch auf den Müll. Wenn du jedoch von dem Willen etwas zu erreichen angefeuert bist, dann – dessen darfst du sicher sein – bist du auf dem besten Weg, Fortschritte zu machen.

Einige Individuen werden ein Buch wie dieses konsumieren (so wie sie jedes andere Wahrheitsbuch auch gelesen haben), mit einem handfesten Komplex auf den Schultern. Sie habe so ein paar Brocken von allen möglichen ... *ismen* vereinnahmt; sie haben okkulte Sachen gestreift, Hindu-Philosophien; sie haben versucht, sich durch recht seltsame Diäten zu „spiritualisieren", durch alle Arten von Selbstverleugnung, Unterdrückung des Sexualtriebs etc. Sie haben sich „praktischer Psychologie" zugewandt, Unity, Astrologie. Sie wissen alles, was es zu wissen gibt, und dennoch hat ihnen nichts geholfen.

Solche Leute schreiben mir dann nicht ohne Bitterkeit: „Meine metaphysischen Studien haben mir nur ganz geringe Resultate gebracht. Das ist jedoch nicht meine Schuld, denn ich gelte allgemein als guter Schüler und intelligente Person und verstehe die Prinzipien der Metaphysik aus dem Effeff. Zu meiner großen Enttäuschung muß ich Ihnen mitteilen, daß die von Ihnen dargelegten Methoden mir keine Resultate bringen ..."

Das sind nicht etwa meine Worte; das ist ein direktes Zitat aus einem der unzähligen Briefe, die ich von wohlmeinenden Männern und Frauen erhalten habe. Diese Leute haben ein Buch nach dem anderen gelesen, sind von einer Religion und Philosophie zur anderen gewandert, haben jede Art von ... *ismus* und metaphysischen Praktiken ausprobiert, haben hier eine Probe genommen und da eine Probe genommen, nur um sich zu beweisen, daß für sie nichts von alldem wirksam ist! Sie wünschen sich geradezu verzweifelt Hilfe, aber ihre mentale und emotionale Einstellung ist eine solche, daß sie Hilfe gar nicht annehmen wollen. Sie fühlen sich all dem Gelesenen intellektuell überlegen; sie reden sich unentwegt ein: „Das wird mir nichts nützen", auch wenn sie von einer Suggestions- oder Denktechnik lesen, die für Tausende anderer Wunder gewirkt hat. Solche Menschen sind die Perfektionisten, die überall nach Fehlern, nach Unzulänglichkeiten, nach dem sprichwörtlichen Haar in der Suppe suchen und nicht nach konstruktiven und bestätigenden Punkten und Merkmalen der Übereinstimmung, die zur Lösung ihrer Probleme, zur Beseitigung unglücklicher Zustände in ihrem Leben angewandt werden könnten. Unbewußt ist mit diesen Menschen etwas geschehen, das sie veranlaßt hatte, „Problemkinder" zu bleiben – „Problemkinder" für sich selbst und für andere. Es ist ihre Art, auf sich aufmerksam zu machen, im Selbstmitleid zu schwelgen, mit einem Elternteil oder jemand anderen quitt zu werden, weil sie sich unrecht behandelt wähnten oder ihrer Meinung nach nicht genug für sie getan worden war. Um ihr Gewissen wegen ihres Unvermögens, dem Leben so zu begegnen, wie sie es sollten, zu beruhigen, fahren sie fort, Metaphysik zu studieren, nur um nachweisen zu können, daß ihnen nicht geholfen werden kann, „ganz gleich, wie sehr sie es auch versucht hatten".

Eine Frau dieses Typs gestand mir: „Ich habe einen schweren Schlag nach dem anderen einstecken müssen. Ich war immer bemüht, die Zustände in meinem Leben mittels Metaphysik und Gebet zu verbessern, aber ohne Erfolg. Ich kann die Zustände wohl dazu bringen, sich anfänglich zum Besseren zu verändern, und es erscheint durchaus, daß alles gut für mich ausgehen und ich endlich etwas Glück erleben würde, aber dann geschieht immer irgend etwas und mein Lebensmuster schwingt sich herum, zurück in den gleichen alten, tragischen, monotonen, sinnlosen Trott. Nur wird es mit jedem Mal schlimmer! Inzwischen wurde Ungemach, Tragik, Unglücklichsein und Einsamkeit zu einer *fixen Idee* in meinem Bewußtsein, das ich nicht durchbrechen kann, so sehr ich es auch versuche!"

Selbstverständlich ist es für uns schwierig, uns so zu sehen, wie andere uns sehen – eine Perspektive von außen zu erlangen, eine unpersönliche Bewertung dessen, was wir uns selbst durch unser falsches Denken antun, und was zu den unglücklichen Zuständen beigetragen hat, die wir nach wie vor anziehen.

Die Frau fuhr dann fort: „Ihre Behauptung, ein Mensch solle immer etwas für seinen Mitmenschen tun, da es einen schönen Lohn bringe, ist schlichtweg falsch! Seit frühester Kindheit habe ich gute Taten für andere vollbracht, aber niemand hat jemals etwas für mich getan. Menschen sind in mein Leben getreten, die sich als meine Freunde bezeichnet, die meine Gastfreundschaft, meine Großzügigkeit gern angenommen, mich dabei jedoch schamlos ausgenutzt hatten. Praktisch alle dieser sogenannten Freunde entpuppten sich als eine Armee von Nassauern und Schnorrern. Es steckt bei weitem mehr Wahrheit in dem Ausspruch: „Ein frei erhaltenes Pferd wird zu Tode geritten", als in dem Bibelvers: *Laß dein Brot über das Wasser fahren, und nach vielen Tagen wird es zu dir zurückkehren.* Mein ganzes Leben lang habe ich mein Brot über das Wasser fahren lassen. Bis jetzt ist es noch nicht zu mir zurückgekommen. Offensichtlich schnappt es sich immer jemand, bevor es zu mir zurückkommt."

Kannst du den „Komplex auf ihren Schultern" ausmachen? Man kann nämlich keine kalkulierte gute Tat für jemand anderen tun und dann eine Gegenleistung erwarten. Das ist Berechnung, aber kein freies Geben. Man kann auch anderen nicht helfen, wenn sie keine Hilfe wollen. Sie werden das übelnehmen und haben damit recht. Wenn andere um jeden Preis nett zu dir sein wollen und das ohne besonderen Grund, dann macht das dich zumeist argwöhnisch. Du fragst dich: „Warum nehmen die so viel auf sich, um das zu tun? Warum wollen sie unbedingt, daß ich mich verpflichtet fühle? Was werden sie dafür als Gegenleistung erwarten?"

Schon oft haben wir Klagen wie diese gehört: „Nach allem, was ich für Soundso getan habe! Wie kann er mich dann so behandeln?!"

Es gibt gewiß Zeiten, da Freunde und Angehörige uns ganz bewußt ausnutzen. Ebenso gibt es jedoch Zeiten, wo wir es sind, die zuviel erwarten. Und daß man uns letztendlich nur in gleicher Münze zurückzahlt – das paßt uns ganz und gar nicht!

Diese Frau – und viele gleich ihr – erwarten unbewußt das Schlimmste, während sie das Beste hoffen. Und selbstverständlich widerfährt ihnen schließlich auch das Schlimmste. Weil diese Erwartung der stärkste und gefühlsbetonteste Gedanke in ihrem Gemüt ist. Sie hält sich magnetisiert – nicht für gute, sondern für schlechte Zustände. Damit veranlaßt sie „dieses Etwas" – die schöpferische Kraft im Innern – eine Fortsetzung der unerfreulichen Erfahrungen ihrer Vergangenheit zu produzieren. Sie erwartet förmlich ein rücksichtsloses Verhalten von anderen. Sie erwartet, daß andere sie ausnutzen, ihr in Zeiten der Not Hilfe verweigern – und sie läßt die schöpferische Kraft des Lebens mit unfehlbarer Sicherheit gegen sich arbeiten. Sie verbildlicht sich sogar, daß ihr jemand das Brot, das sie „über das Wasser fahren" läßt, wegschnappt, bevor es zu ihr zurückkehrt.

Ist das nicht ein „inspiriertes" Musterbeispiel einer Visualisation? Was kann man von einer derartigen mentalen Verbildlichung wohl erwarten? Mit Sicherheit keinen Laib Brot, nicht einmal einen Krümel!

Du, der du jetzt ein gewisses Verständnis von der Wirkungsweise des Gemüts besitzt, kannst erkennen, daß diese unglückliche Frau ein geradezu klassisches Beispiel für einen Menschen ist, der das Gesetz mit Erfolg anwendet – im *Rückwärtsgang*!

Ein Großer Trugschluß liegt der Denkweise dieses Menschentyps zugrunde. Wenn sie es doch nur einsehen könnten! Dann könnten sie sich nämlich ohne weiteres von ihren fehlerhaften festgefahrenen Denkmustern befreien und ihre Schwierigkeiten in Windeseile loswerden! Paß mal auf:

Menschen, die behaupten, niemals imstande gewesen zu sein, die höheren Kräfte des Gemüts für sich wirksam werden zu lassen, haben – ganz im Gegenteil – durch falsches *Denken eben diese Kräfte gezwungen,* gegen *sie zu arbeiten. Sie haben diese Kräfte veranlaßt, Versagen anstelle von Erfolg zu produzieren – Elend anstelle von Glück.*

Wendest du die innere Kraft gegen dich an?

Frag dich jetzt mal selbst, frei und offen, hast du das getan? Ganz oder teilweise? Wenn ja, dann ist hier die Wurzel deiner Schwierigkeiten! Du wolltest es dir nicht eingestehen, daß du deine Lebenskräfte –

die höheren Kräfte deines Gemüts – mißbraucht hattest. Es gibt aber nur eine Macht in dir, und du mußt sie anwenden – entweder zu deinem Vor- oder zu deinem Nachteil – als Auswirkung eines jeden von dir gedachten Gedankens, eines jeden gefühlsbetonten Bildes, das du in dein Bewußtsein hineinnimmst!

Ändere dein Denken, und im gleichen Augenblick beginnst du, die Zustände um dich herum zu ändern. Verändere die Richtung eines Magneten, und er verändert das Feld um sich herum – sofort, unmittelbar, automatisch. Wenn du jedoch hin und her springst – vor und zurück – vom Guten zum Schlechten, dann verlierst du das, was du gewonnen hast, und produzierst ein unstetes, unglückliches Resultat. Du mußt deine Magnetisierung auf das Begehrte gerichtet halten, und zwar solange, bis du es erhalten hast! Das erfordert Anwendung deines *Willens*, eine ausgeprägte Entschlossenheit durchzuhalten, dein konstruktives Denken, dein richtiges mentales Verbildlichen beizubehalten. Und zwar so lange, wie es erforderlich ist, um „dieses Etwas" – die schöpferische Kraft im Innern – zu befähigen, dir bei deiner Zielerreichung zu helfen.

Ich will – ich will – ich will – ich will!

Sag dir das wieder und wieder vor! Und meine es auch wirklich! Sieh dich im Spiegel an und sprich es aus! Schreib es auf und sag es! Sag es dir laut vor, wenn du mit deinem Alltagskram beschäftigt bist: „Ich will – ich will – ich will – ich will!" Mach diesen Vorsatz zu einem Teil deines Bewußtseins. Baue eine starke Entschlossenheit auf, die durch nichts erschüttert werden kann.

Ein farbiger Farmarbeiter versuchte einmal ohne Erfolg einen störrischen Esel in Gang zu bringen. Wahrscheinlich kennst du diese Story aus den Südstaaten. Sein Boss kam vorbei und meinte, nachdem er sich einige der nutzlosen Versuche mit angesehen hatte: „George, warum gebrauchst du nicht mal deine Willenskraft an diesem Muli?" Worauf George erwiderte: „Das habe ich ja versucht, Sir, aber es hat nichts genützt. Er gebraucht nämlich seine Unwillenskraft!"

Gebrauchst du deine *Unwillenskraft*? Versuchst du dir einzureden, tief innerlich, daß ein Versuch aufgrund früherer Fehlschläge ohnehin sinnlos sein würde? Wenn ja, dann würgst du deine Willenskraft von vornherein ab. Du kannst nicht an der Oberfläche „Ich will" und „ich werde" sagen, wenn etwas in deinem Inneren dir darauf antwortet: „Aber du kannst nicht ... du wirst nicht!"

Am schwierigsten ist es auf dieser Welt, jenen zu helfen, die dir schon von vornherein sagen: „Ich kann nicht... das wird nichts!" „Unwillenskraft" ist einfach nur Willenskraft im Rückwärtsgang! Von beiden kannst du Resultate erhalten, denn beide wirken unfehlbar für dich, wenn du dich an sie wendest. Aber „Unwillenskraft" kann dir nichts bringen, während Willenskraft dir alles bringt. Warum also nicht die Willenskraft erwählen? Warum solltest du störrisch an deiner „Unwillenskraft" festhalten, weil du vielleicht die Anstrengung nicht auf dich nehmen willst, die erforderlich ist, um dir selbst zu helfen; weil es dir an Vertrauen mangelt – Vertrauen in dich selbst und in die innere Kraft; oder weil du möglicherweise Angst vor dem Versuch hast und ein erneutes Versagen fürchtest? Du mußt aber irgendwann mal anfangen, wenn du jemals hoffen willst, mehr aus dir zu machen, als das, was du gegenwärtig darstellst. Bist du mit dir zufrieden, so wie du im gegenwärtigen Moment existierst? Oder bist du etwa der Meinung, daß die Welt dir deinen Lebensunterhalt schuldet, daß es Aufgabe der Gesellschaft ist, für dich aufzukommen, daß andere dir zu helfen hätten, gleichgültig ob du dir selbst zu helfen versuchst oder nicht, daß – sofern du nur lange genug gelitten hast, die Wendung zum Besseren ohnehin kommen wird?

Mach dir doch nichts vor! Es gibt nur einen Weg heraus aus deinen Schwierigkeiten, und diesen Weg mußt *du* beschreiten. Niemand sonst kann das für dich tun, kann dich führen oder antreiben. Andere können dir den Weg aufzeigen, dich auf die Füße stellen und dir die rechte Richtung weisen, aber das *Gehen* mußt du schon selbst besorgen!

Ich will – ich will – ich will – ich will!

Das *ist* es! Das *macht* es! „Ich will" jagt Dampf in deinen Kessel, beseitigt Trägheit, setzt schwerfällige Gehirnzellen in Gang, bringt neues Leben und einen neuen Drive in Körper und Gemüt.

„Ich will nicht" paralysiert jede Initiative, jede Schöpferkraft, jeden Enthusiasmus; es bringt jede Funktion zum Stillstand, verstopft Körper und Geist und nimmt dir jeden Schwung.

Gib dir eine „Ich-will"-Kraft-Injektion!

Reiß dich zusammen, Menschenskind! Was willst du haben – eine Injektion von „Ich-will-Kraft" oder „Ich-will-nicht-Kraft"?

Das ist die wichtigste Entscheidung, die du jemals treffen kannst. Deine gesamte Zukunft hängt von ihr ab.

Die erste Injektion wird dir ein größeres Maß an Glück, Erfolg und Gesundheit bringen als jemals zuvor.

Die letztere dagegen wird dir ein größeres Maß an Elend, Fehlschlägen und schlechter gesundheitlicher Verfassung bringen.

Du hast die Wahl! Die freie Wahl! Sie kostet dich nicht das geringste! Es liegt ganz bei dir! Beide Kräfte sind gleichermaßen verfügbar und gleichermaßen verläßlich. Sie werden im gleichen Moment wirksam, da du sie in Bewegung setzt, durch ein „Ich will" oder ein „Ich will nicht".

Eigentlich ist es unvorstellbar, daß du jetzt noch eine weitere Injektion von „Ich will nicht" akzeptieren würdest – aber du könntest es doch, wenn du noch immer an Haßgedanken und Ressentiments festhalten solltest, wenn du auf die Welt oder auf die Gesellschaft schlecht zu sprechen bist und noch immer beweisen willst, daß keine Macht im Himmel und auf Erden dir helfen kann und will!

Eine fixe Idee kann nicht so leicht aus dem Bewußtsein herausgesprengt werden, aber „Ich will" ist die *Kraft*, die es tun kann! Wenn du die Gewohnheit angenommen hast, „das Schlimmste zu genießen", dann wird diese Gewohnheit bis zum Letzten Widerstand leisten! Du wirst mit dir und deinen vergangenen Fehlern und Schwächen nüchtern und schonungslos ins Gericht gehen müssen. Laß dich nicht vom Selbstmitleid überwältigen oder irgendwelchen Gefühlen der Rechtfertigung. Dann werden nämlich „Ich kann nicht" und „Ich will nicht" die Kontrolle behalten. Sie werden „Ich-will"-Widerstand leisten, solange sie nur irgend können, weil sie nämlich wissen, daß sie ausgespielt haben, sobald „Ich will" Einzug hält!

Na, was ist? Hast du dich bei den *„Ich will'ern"* eingereiht? Wenn ja, dann blicke niemals wieder auf deine „Ich-will-nicht-Tage" zurück. Du hast jetzt eine immer breiter werdende Straße vor dir, angefüllt mit eifrigen, freudigen, vorwärtsschreitenden Individuen, die ihrem „Ich will“ ein „Ich kann“ hinzugefügt haben, und die in ihrem Leben Ziele verwirklichen, von denen sie vorher nie zu träumen gewagt hatten!

Sage dir jetzt: „Ich will! – Ich will! – Ich will! – Ich will!“ *Bewirkt* das nicht etwas – in dir? Reißt es dich nicht vom Stuhl? Gibt es dir nicht neue Hoffnung, neue Ambitionen, neue Entschlußkraft, neues Selbstvertrauen?

Sag dir: „Ich will!“ und *glaube* es auch – und du bist auf dem besten Weg aus deinen vergangenen Schwierigkeiten heraus – für immer!

13. Kapitel

Positives Denken kann Furcht und Sorge auflösen

Wir alle neigen dazu, die Dinge zu kalkulieren und abzuwägen. Wir gestatten der negativen Seite, sich dabei in den Vordergrund zu schieben. Unsere Gedanken entlarven sich dann durch Aussprüche wie *„Es geht nicht"; „Ich fürchte ..."; „Was wird, wenn ich es tue?"; „Man wird es nicht verstehen"; „Es ist nicht der Mühe wert"; „Ich habe keine Zeit dazu"* und ähnliche Verbal-Alibis. Wenn du derartige Gedanken nicht geäußert hast, dann hatten es bestimmt andere dir gegenüber getan, und – durch die Kraft der Suggestion – hattest du sie als deine eigenen Schlußfolgerungen akzeptiert.

Es bedarf schon eines affirmativen Typs, um Fortschritte zu machen, und du solltest inzwischen wissen, wie du dich zu einem affirmativen Typ entwickelst.

Der negative Typ ist schon abgesunken, bevor er überhaupt anfängt. Dafür sorgt schon die Natur. Es ist ein altes Naturgesetz, daß nur die Tüchtigen überleben. Wir wissen, was im alten Sparta geschah, wo Kinder schon im Babyalter auf sich selbst gestellt wurden und nur jenen, die dabei überlebten, eine weitere Chance gegeben wurde.

Wer dazu neigt, den Kram immer gleich hinzuschmeißen, ist ein negativer Typ. Andererseits hat es natürlich keinen Sinn, durch die Gegend zu laufen und jedem eins auf die Nase zu geben, nur um etwas anzufangen. Es ist aber ebenso sinnlos, sich bei allem, was man anzufangen versucht, sogleich in die Defensive drängen zu lassen – auch das ist ein negatives Merkmal.

Der Mensch, der sich nicht besiegen läßt, kann nicht besiegt werden!

Solltest du einmal unerwartet und überraschend in die Defensive gedrängt werden, dann reiß dich da heraus. Gehe zur Offensive über, so schnell du kannst. Wenn du nämlich in der Defensive verbleibst, bist du geschlagen.

Einer deiner größten Feinde im Leben wird immer die *Furcht* sein. Sie ist es, die viele Menschen negativ macht, sie davon abhält, eine positive Einstellung anzunehmen und aufrechtzuerhalten. Die Furcht ist die große Zerstörerin. Gib ihr Gewalt über dein Leben und du begibst dich der Macht, irgend etwas Lohnendes im Leben zu erreichen.

Vor etwa 3500 Jahren klagte Hiob:

Denn was ich gefürchtet habe, ist über mich gekommen, und wovor ich schaudere, das trifft mich.

Na, selbstverständlich ist es über ihn gekommen, denn in seinen Ängsten und ewigen Befürchtungen hatte er sich diese Dinge ausgemalt, sie sich verbildlicht... Er hatte das unfehlbare Gesetz angewandt, um sie zu sich heranzuziehen. So wie du die *guten* Dinge, die du haben willst, durch konstantes Festhalten der positiven Gedanken Wirklichkeit werden läßt, so bringst du die *schlechten* Dinge – jene, die du fürchtest – in dein Leben, indem du den negativen, den Sorgegedanken konstant hältst.

Wenn du bis hierher gelesen hast, dann wirst du eines einsehen: Wenn du auf deine Gedanken achtest, dann achten deine Gedanken auf dich! Da dies nun einmal wahr ist, was darf es also sein? Kummer, Verdruß, Krankheit, Sorge, Fehlschläge? Oder Gesundheit, Wohlergehen, Reichtum, Glück, Erfolg? Es liegt ganz allein bei dir. Keine Macht dieser Erde, sondern nur du selbst kannst deinem Denken Richtung geben. Und nur du kannst die Willenskraft aufbieten, deine Gedanken positiv zu halten. Das ist etwas, das nur deiner Kontrolle unterliegt.

Präsident Franklin Delano Roosevelt sprach ein gewaltiges Wort aus, als er sagte: *„Das einzige, was es zu fürchten gibt, ist die Furcht selbst!“*

Der Präsident wußte, wovon er sprach, und Millionen seiner Zuhörer wußten, daß er wußte, weil sie ja nur die Wirkung der Furcht in ihrem eigenen Leben nachzuprüfen brauchten, um zu erkennen, daß die Furcht selbst schlimmer war als das Gefürchtete!

Oftmals ist es leichter, der gefürchteten Situation entgegenzutreten, als diesen Augenblick zu erwarten, weil nämlich deine Imagination überlicherweise dazu neigt, mit ihren Befürchtungen die möglichen Konsequenzen maßlos zu übertreiben.

So mancher schämt sich geradezu, wenn er schließlich einer bedrohlich scheinenden Situation gegenübertritt, nur um festzustellen, daß sie nicht annähernd so schlimm oder schwierig war, wie ursprünglich geglaubt.

Eliminiere deine Furchtbilder!

Du solltest immer daran denken, daß du in Bildern denkst. Und weil du in Bildern denkst, ist jedes falsche Bild, das dir ins Bewußtsein kommt, von einem intensiven Furchtgefühl untermauert, eine Saat, die im Gemüt Wurzeln schlägt und schließlich die ihm gemäßen Ereignisse in deinem Leben produziert.

Um dich vor den sich steigernden Wirkungen falscher emotioneller Reaktionen oder auftauchender und wiederkehrender Ängste zu schützen, mußt du die Fähigkeit erwerben, deine Gefühle unter Kontrolle zu halten. Du bist noch immer mehr oder weniger ein Opfer von Furcht und Sorge, wenn du dich dabei ertappst, deine Gefühle und Anspannungen etwa so auszudrücken:

„Ich mache mir solche Sorgen, ich kann nicht klar denken."

„Ich habe das Gefühl, daß alle meine Versuche nichts nützen werden."

„Ich habe den Glauben an mich – und an Gott verloren."

„Ich bin derart nervös und gestreßt, daß ich seit Wochen nicht mehr richtig geschlafen habe."

„Ich kann nicht vergessen, was man mir angetan hat."

„Ich weiß es natürlich besser, aber der Haß und Groll frißt mich auf, ich kann es nicht ändern."

„Ich habe alles Interesse am Leben verloren – ich würde mich aus dem Weg räumen, wenn ich davor keine Angst hätte."

„Der Arzt sagt, ich würde mich umbringen, wenn ich nicht lerne, meine Ängste und Sorgen zu beherrschen."

Hört sich das nach dir an oder nach Bemerkungen, die von dir sein könnten? Wenn ja, dann ist es an der Zeit, etwas zu unternehmen, und diese negative, defaitistische Einstellung zu ändern.

Tausende von Menschen haben mir in Wort und Schrift erklärt, daß Furcht und Sorge sie unten hielten, daß sie dieser Gefühle nicht Herr werden könnten. Am liebsten wäre es ihnen, wenn ich sie mit einem Zauberstab berühren, „Abrakadabra" sagen und ihre Ängste und Sorgen verjagen würde. Das wäre natürlich viel einfacher, als an sich selbst zu Werk gehen zu müssen, das Wissen in Anwendung zu bringen, das ich ihnen vermittelt hatte und das ich in diesem Buch weitergebe. Aber ich mußte ihnen in aller Offenheit sagen – ohne drumherum zu reden: „So gern ich Ihnen auch weiterhin helfen möchte – so arbeitet das Gesetz nun einmal nicht. Solange Sie nichts weiter tun, als diese Zustände zu beklagen, die Sie sich selbst durch Ihr *Furchtdenken* zugezogen haben, werden diese unglücklichen Zustände verbleiben."

Für viele ist das keine gute Nachricht; aber immerhin reicht sie aus, um einen bestimmten Prozentsatz aufzuschrecken. Alles hängt davon ab, wie sehr du dich wirklich von der Plage deiner Ängste und Sorgen befreien *willst*. Das kannst du nicht ohne Anwendung deines Willens, ohne dein Denken vom Negativen zum Positiven zu verlagern! Und das heißt selbstverständlich nicht, die eine Minute positiv sein und die andere negativ.

Du mußt dranbleiben!

Es amüsiert mich immer wieder, wenn Leute behaupten, sie „hielten den richtigen Gedanken". Wenn ich sie dann frage: „Für wie lange denn?" dann heißt es: „Na ja, jedenfalls einige Minuten lang." Was soll das schon bewirken! Du mußt dich so in der Hand haben, daß du den richtigen Gedanken *leben* kannst, nicht nur für ein paar Minuten, sondern Tag für Tag.

Wie weit würdest du wohl mit einem Tennisspiel kommen, wenn du so ein paar Bälle zurückschlagen und dann erst mal für ein paar Minuten an der Seite Platz nehmen würdest, um dann aufzustehen, wieder ein paar Bälle zu schlagen und dich dann erneut hinzusetzen und so weiter und so weiter? Das wäre doch recht töricht, nicht wahr?

Nun, das Spiel des Lebens wird die ganze Zeit über gespielt... Um es zu gewinnen, mußt du schon im Spiel bleiben, ob es dir gefällt oder nicht. Alles, was man auf dich schmettert, mußt du zurückschlagen, mit aller auf den Ball gerichteten Kraft. Deine Gegner sind Furcht und Sorge. Du kannst sie nur besiegen durch *positive, aggressive Handlung*. Lauf nicht mehr weg! Biete Furcht und Sorge die Stirn! Blick deinen Feinden ins Auge! Zwinge sie zum Rückzug! Wenn du der Furcht mutig entgegentrittst, dann nimmt sie Reißaus! Mit der Furcht ist es dann vorbei! Sie ist erledigt! Sie hat keine Macht mehr über dich, sobald du ihr eine geschmiert hast, mit „Mut" und „Ich will!" draufgeschrieben. Das ist die Zündung! Du kannst nicht gleichzeitig positiv und negativ sein. Das eine oder das andere muß vorherrschen. Vielleicht stößt du dir den Kopf blutig dabei. Solange du ihn jedoch nicht beugst, solange du furchtlos und unverzagt bleibst, hast du deine alte Feindin Furcht in die Flucht geschlagen. Unter diesen positiven Gegebenheiten hat sie dich nicht mehr im Griff.

Es gibt einen alten Ausspruch: „Magengeschwüre bekommst du nicht von dem, was du ißt – du bekommst sie von dem, was *dich* auffrißt!"

Furcht kann die Chemie deines Körpers durcheinanderbringen und dich für alle möglichen Krankheiten empfänglich machen. Furcht bewirkt Herzklopfen, Verdauungsstörungen, Kurzatmigkeit, nervöses Schwitzen, Nervenanspannung, allergische Reaktionen und eine ganze Reihe anderer Reaktionen, die sich mit der Zeit zu ernsthaften Störungen entwickeln.

„Ich fürchte mich vor der Dunkelheit, fürchte mich vor dem Fallen, fürchte mich vor Feuer, fürchte mich vor diesem und jenem. Eigentlich fürchte ich mich vor allem!" So etwas bekam ich von einigen Menschen zu hören.

„Und was tun Sie dagegen?" frage ich dann.

„Was *kann* ich denn tun?" erwidern viele darauf. „Ich fürchte mich eben, das ist alles!"

Ich fürchte mich, ich fürchte mich! Repetition, Repetition... Je mehr sie fürchten, desto *mehr haben sie zu fürchten*! Gleiches zieht immer Gleiches an! Ein Schneeball rollt einen schneebedeckten Hügel hinunter. Am Anfang ist es ein kleiner Schneeball, aber unten eine ausgewachsene Lawine! Wenn du den Schneeball der Furcht nicht zerstörst, dann wird er dich unter sich begraben.

Gib deinen Ängsten und Befürchtungen eine Chance zu wachsen, nähre sie mit weiteren Befürchtungen, und du wirst es mit einer riesigen Flutwelle zu tun haben, bevor du damit durch bist.

Sorge, wiederum, ist die Dienstmagd der Furcht. Ich würde sagen, sie ist der „Ehegemahl".

George Washington Lyon hatte gesagt: *„Sorge ist der Zinssatz, der von jenen zu entrichten ist, die sich Ärger borgen."*

John Bunyan sagte, er sei imstande, sich an zwei Tagen in der Woche jeglicher Sorgen zu enthalten. Er schrieb:

Es gibt zwei Tage in der Woche, an denen ich mir niemals Sorgen mache. Zwei sorgenfreie Tage, frei von Furcht und Anspannungen. Einer dieser Tage ist gestern ... und der andere ist morgen!"

Wenn du also Furcht und Sorge von gestern und morgen eliminieren kannst, dann mußt du sie nur noch von *heute* eliminieren, und du hast sie besiegt!

Heute ist nämlich die einzige Zeit, wo du lebst! Heute ist die einzige Zeit, wo du der Realität ins Angesicht blicken mußt. Heute ist die einzige Zeit, wo du etwas *tun* mußt, konstruktiv oder destruktiv. Heute – bevor es zum *Gestern* wird – ist deine Gelegenheit, dich vor oder zurück zu bewegen! Heute – bevor es *morgen* wird – ist deine Chance, ein besseres Fundament für deine Zukunft zu legen!

Was fängst du mit dem Heute an? Füllst du es an mit deinen üblichen Befürchtungen und Sorgen, um damit zu garantieren, daß dein Morgen nur eine Wiederholung deines Heute wird?

Positives und negatives Denken
Beherrscht die Welt,
zum Guten oder Schlechten.

Jeder Abwärts- oder Aufwärtstrend in unserer weltweiten Wirtschaftsordnung hängt ausschließlich von der Art unseres Denkens ab. Wenn die großen Staatsmänner der Welt, die Finanzmagnaten, Redakteure, Zeitungsverleger, Wirtschaftsfachleute, alle jene, die das Denken von Millionen Menschen in allen Teilen der Welt beeinflussen, es zulassen, daß sich depressive Gedanken in ihre Planungen einschleichen, dann dringen depressives Denken und Furchtvibrationen in die

Planung und Vorhaben auch dieser Millionen ein, und das Wirtschaftsleben kommt fast zum Erliegen.

Wenn die Staatsmänner der Welt die Art ihres Denkens verändern, die Furcht ausschließen und sich vorwärts statt rückwärts bewegen, dann werden sich die Gedanken von Millionen zum Besseren verändern, und so wie sie konstruktiv denken, wird sich das Wirtschaftsleben verbessern.

Furcht, die Plage der Menschheit, muß überwunden werden!

Heutzutage ist die ganze Welt von Furcht erfüllt. Die Bedrohung durch Atombomben, durch Wasserstoffbomben und wer weiß was noch für Bomben hängt über dem Globus wie ein Damoklesschwert. Da ist es kein Wunder, daß bei solchen Zuständen die ökonomische Beschaffenheit von Millionen in allen Ländern unausgeglichen ist, und daß die Furcht vor einem dritten Weltkrieg in den Gemütern vieler Menschen grassiert. Fügt man dem noch die profunden Haß- und Grollgedanken hinzu, die sich bei vielen Teilen der Menschheit breitgemacht haben, die Befürchtungen und den Argwohn, der unglücklicherweise existiert, und es bedarf schon großen Mutes und Vertrauens für den einzelnen, die richtige mentale Einstellung aufrechtzuerhalten.

Angesichts all dessen ist es für dich unerläßlich, zu lernen, deine Emotionen unter Kontrolle zu halten – deine Sorgen und Ängste –, daß du dir *verbildlichst*, wie dir von der Kraft im Innern Führung und Schutz zuteil wird, so daß du auf jeden Fall sicher und beschützt bist, ganz gleich, was sich auf der Welt sonst ereignen sollte. Damit du alles, was in deiner Macht steht, tun kannst, um bessere Zustände in deinem Umfeld zu schaffen und deinen guten Einfluß so weit wie möglich auszudehnen.

Sei positiv! Sei mutig! Glaube, hab Vertrauen! Bereite dein Gemüt heute, so daß du deine Zukunft weitgehend unter Kontrolle hast.

Bedenke: Menschliche Wesen sind nun einmal menschliche Wesen, überall auf der Welt – ob in Prag oder in Timbuctoo; sie alle unterliegen den gleichen Emotionen, den gleichen Einflüssen, den gleichen Vibrationen; und was ist ein Gemeinwesen, eine Stadt, eine Nation denn anderes als eine Ansammlung individueller menschlicher Wesen?

Noch einmal: „*Wie der Mensch in seinem Herzen denkt, so ist er.*"

Wie die Mitglieder eines Gemeinwesens denken, so sind sie; wie eine Stadt denkt, so ist sie, und wie eine Nation denkt, so ist sie! Leiste du deinen Beitrag zum Denken deiner Zeit, genau dort, wo du lebst. Deine positive Einstellung wird anderen helfen, selbst positiver zu werden. Ein paar Rückschläge oder Behinderungen fallen dabei nicht ins Gewicht.

Wenn an einem Bahnübergang vor dir ein Zug vorbeidonnert, dann trittst du auf die Bremse, schaltest den Gang in den Leerlauf oder stellst den Motor ab. Sobald der Zug vorbei ist, bist du wieder auf deinem Weg, aber das war für dich durchaus kein Anlaß, in den Rückwärtsgang zu gehen und den Wagen *zurückzusetzen*!

Du kannst dich mit dem Getriebe deines Autos vergleichen. Im *Rückwärtsgang* befinden sich alle Ängste, Sorgen, Schwierigkeiten, Schmerzen – kurz alles Ungemach. Okay. Wenn nun etwas schiefläuft, dann reg dich nicht auf und verliere nicht die Beherrschung, sondern betätige ganz einfach die Bremse und geh in den Leerlauf, bis du die Straße vor dir klar erkennen kannst.

Im Schnellgang befindet sich alles, was du dir wünschst: Gesundheit, Reichtum, Glück, Erfolg. Keine Macht auf der Welt, außer deiner Hand, kann die Gangschaltung deines Autos in den Rückwärtsgang legen. Wenn dein Getriebe in den Rückwärtsgang geraten ist, dann bedenke, du hast ihn mit deinen Gedanken eingelegt, denn:

„*An sich ist nichts weder gut noch böse; das Denken macht es erst dazu.*" Hamlet – II. Akt, 2. Szene.

Deshalb – wenn du denkst, dann bewegst du dich entweder vor- oder rückwärts, im Schnellgang oder im Rückwärtsgang. Wenn du dich in den Rückwärtsgang begibst, wenn du dich sorgst, wenn du brütest, dann wendest du die *Tap,Tap*-Idee an, um die Dinge hervorzurufen, die du doch eigentlich am dringensten vermeiden willst!

Sag dir: „Von diesem Augenblick an werde ich positiv sein!" Und wenn du das sagst, dann meine es auch so!

Errichte eine Stahlwand vor diesem Rückwärtsgang, damit du ihn niemals wieder einlegst. Schließ die Tür von gestern. Halte sie geschlossen. Dann schalte von niedrig auf hoch – und *verbleib* darin!

14. Kapitel

Erstaunliche Beweise der Gedankenübertragung

Bevor du das Angestrebte erreichen kannst, durch eigene Gemütstätigkeit, mußt du mehr über die Wirkungsweise deines Unterbewußtseins wissen. Immerhin ist seiner Funktion ziemlich viel Geheimnisvolles zugeordnet, viele Wissenschaftler, Ärzte, Biologen, Anthropologen, Psychologen, Psychiater und viele andere Autoritäten versuchen, mehr Licht in das zu bringen, was in den Tiefen des menschlichen Gehirns geschieht. Man hat jetzt entdeckt, daß große Teile des menschlichen Gehirns entfernt werden können, ohne dabei das Bewußtsein oder die Intelligenz zu beeinträchtigen. Wahrscheinlich hast du schon vom Elektroenzephalographen gehört, jenem sensitiven Gerät, das Gehirnwellen ermittelt und aufzeichnet. Erst kürzlich habe ich von einem neuen Instrument gehört, noch im Entwicklungsstadium, mit dem die positiven und die negativen Strömungen in jedem Organ des Körpers festgestellt werden können, um so ihren „elektrischen" Gesundheitszustand zu bestimmen.

Du siehst, der menschliche Körper ist nicht der grobe materielle Organismus, als den wir ihn einmal angesehen haben. Man betrachtet ihn jetzt als einen elektro-chemischen Organismus von großer Sensitivität. Noch vor wenigen Jahren glaubte die Wissenschaft, daß die sogenannte „Seele" ein Teil des Körpers sei und mit ihm vergehen würde. Heute ist man da nicht mehr so sicher. So mancher Wissenschaftler ist vielmehr zu dem Schluß gekommen, daß Intelligenz, Bewußtsein, überhaupt kein Teil des Körpers ist, sondern sich lediglich *durch* den Körper manifestiert. Betrachte dich daher als vorübergehender Bewohner deines Körpers, der in seinem wundervollen Haus lebt, daselbst Erfahrungen sammelt und dabei sein Bewußtsein oder seine Seele entwickelt, und dieses Haus eines Tages zurückläßt, nachdem es baufällig geworden ist und seinen Zweck nicht mehr erfüllen kann.

Phantastisch? Nichts ist mehr phantastisch in diesem Zeitalter. Was der menschliche Geist erfassen kann, das kann der menschliche Geist auch erreichen. Unsterblichkeit war die Sehnsucht der Menschen seit er bewußt existiert. In seinen Religionen, seinen Philosophien, seinen Liedern und seinen persönlichen Aspirationen hat er das „kommende Leben" besungen. Nun wird es offensichtlich, daß der Mensch intuitiv „ein Land jenseits des Bereichs der fünf Sinne" erahnte, nicht weniger real als die Welt, in der er sich jetzt befindet – ein Land, das sein Kommen erwartet, nach dem Wechsel, welcher „Tod" genannt wird.

Mit weiterentwickeltem Gewahrsein wirst auch du dir einer zunehmenden positiven Überzeugung bewußt, daß „dieses Leben nicht alles ist"; daß es „erst der Anfang" einer sich fortgesetzt entfaltenden Erfahrung ist – eines herrlichen Abenteuers im großen Universum Gottes!

Der Schlüssel zu diesem tieferen Verständnis deiner selbst und deiner wahren Beziehung zum Gottesbewußtsein im Innern findet sich in deiner entwickelten Kontrolle und bewußten Leitung des Unterbewußtseins.

Was weißt du von deinem Unterbewußtsein? Weißt du, daß es der bemerkenswerteste Mechanismus im Universum ist? Vielleicht ist „Mechanismus" hier nicht der richtige Ausdruck. Aber irgendeine Bezeichnung braucht es schließlich. Es funktioniert mit der Präzision eines Uhrwerks, *wenn* es richtig angeleitet wird. Stell dir vor, du hättest einen dir aufs Wort gehorsamen Diener, der jeden deiner Befehle detailgetreu und präzis ausführt, der dir alles Gewünschte bringt, sei es gut oder schlecht für dich –, dann hättest du ein kleines Beispiel dessen, was dein Unterbewußtsein für dich tun kann.

Es bewahrt alle Mentalbilder und Gefühle vergangener Erfahrungen für deinen zukünftigen Gebrauch auf. Alle Gefühle, die du hegst, über was auch immer, sind in deinem Unterbewußtsein gespeichert. Deine Ängste und Sorgen, dein Haß, deine Vorurteile – sie alle sind da, zusammen mit deinen guten Gedanken. Wenn du gute Gedanken denkst, dann stimmst du dich auf andere gute Gedanken ein – Gedanken gleicher Wesensart, die dort bereits gespeichert sind. Wenn du heute jemanden magst und nichts geschieht, das dieses Gefühl verändert, dann wirst du ihn morgen noch mehr mögen, denn das Gefühl eines jeden Tages wird dem Gefühl des vergangenen Tages hinzugefügt. Repetition ist eine gewaltige Kraft.

Fange an, Dinge auf eine bestimmte Weise zu verrichten, und du wirst sie auch weiterhin auf die gleiche Weise verrichten, sofern du es dir nicht anders überlegst oder etwas geschieht, das dich anders verfahren läßt. Du formst eine Rille in deinem Gemüt wie die Rille einer Schallplatte – aber die Rille muß selbstverständlich nicht unverändert so verbleiben. Du kannst zu jeder beliebigen Zeit eine neue Rille machen, weil du ein Geschöpf des freien Willens bist und die freie Wahl hast und weil dein Unterbewußtsein immer von deinen bewußten Wünschen und Entscheidungen beherrscht und geleitet wird.

Dein Unterbewußtsein ist ein gewaltiges Reservoir an Wissen, das du in der Vergangenheit durch Erfahrung, Erziehung und durch reflektives Denken erworben hast. Ebenso besitzt es Kenntnisse, die es dir durch deine intuitiven Geisteskräfte, deine außersinnlichen Organen vermittelt, weil ein Teil deines Unterbewußtseins nicht durch Zeit und Raum begrenzt ist. Es ist ein Kraftwerk, das in das Universum um dich herum hinausreicht und dir ein Gewahrsein von Dingen vermittelt, das du durch deinen wachbewußten Verstand allein niemals bekommen könntest. Wie dein Unterbewußtsein das alles bewerkstelligt, weiß niemand. Die Wissenschaftler haben jedoch eine Menge Beweismaterial zusammengestellt, aus dem hervorgeht, daß du eine kraftvolle Sende- und Empfangsstation bist, die mit dem Universum verbunden ist. Du kannst mit so gut wie jedem und allem in Verbindung treten. Selbstverständlich sind nicht viele von uns derart entwikkelt, um diese höheren Kräfte *bewußt* einzusetzen, um Kontakt herzustellen mit der mentalen, psychischen und spirituellen Welt in Vergangenheit, Gegenwart und Zukunft... aber dies wird, wie man hört, eines Tages möglich sein!

Dein Körper ist ein Reflektor deiner Gedanken!

Dein Unterbewußtsein ist der Teil von dir, der niemals schläft. Würde es seine Arbeit jemals aufgeben oder abbrechen, dann würde dein Körper aufhören zu funktionieren. Denn die wunderwirkende Intelligenz deines Unterbewußtseins läßt dein Herz schlagen, deine Lungen atmen, deinen Magen die Nahrung verarbeiten (und das dürfte an sich schon zuweilen ein wirkliches Stück Arbeit sein!). Jedes Organ deines Körpers, einschließlich der Funktion deiner fünf Sinne, wird von deinem Unterbewußtsein reguliert. Und wenn du nicht gerade einen Schraubenschlüssel in die Maschinerie deines Unterbewußtseins wirfst, in Form von Furcht und Sorge, dann wird dein Herz niemals einen Schlag auslassen, du wirst atmen ohne daran zu denken, und du wirst niemals merken, daß dein Magen Nahrung verarbeitet. Aber reg dich nur einmal wieder über etwas auf, das deinen Körper verkrampft – sieh nur, wie dein Herz auf einmal zu schlagen anfängt, deine Atmung kurz wird und dir der Appetit vergeht, weil du einen Knoten im Magen zu haben meinst. Das sollte dich lehren, auf dein Denken zu achten und es deinem Unterbewußtsein zu überlassen, für deinen Körper zu sorgen. Wenn du deinem Unterbewußtsein signalisierst, daß du verärgert bist, dann muß dein Unterbewußtsein deinem Körper das gleiche sagen, weil dein Körper – das Haus, in dem du lebst – nur eine Reflektion deines Denkens ist. Du kannst nicht sagen, daß du dich schlecht fühlst, und dich dabei wohl fühlen.

Gib deinem Unterbewußtsein ein Problem zur Bearbeitung, unmittelbar bevor du dich schlafen legst. Vertraue darauf, daß diese höhere Intelligenz in deinem Innern dieses Problem lösen kann und will. Vergiß es, und am folgenden Morgen wirst du mit der Antwort aufwachen oder wissen, was du zu tun hast, um die Antwort zu bekommen. Je mehr du dir angewöhnst, deinem Unterbewußtsein Aufgaben zu übertragen, desto mehr wird es den Ball für dich tragen. Es ist der treueste Diener, den du jemals haben wirst! Es macht ihm nichts aus, wieviel Arbeit du anhäufst, wie viele Probleme du ihm übergibst, wie viele Wünsche oder Ziele du im Bewußtsein hältst. Bedenke: Dein Unterbewußtsein ist in seiner Wirkungsweise nicht begrenzt, sofern du es nicht begrenzt, durch dein begrenztes Denken.

Dieses erstaunliche Unterbewußtsein besitzt eine Kraft, die man in Ermangelung einer besseren Beschreibung als magnetisch bezeichnen könnte. Es scheint die Bedingungen um dich herum zu magnetisieren, im gleichen Augenblick, da du ihm ein klares Bild des von dir gewünschten gibst. Und es beginnt sofort, alles anzuziehen, was du benötigst, sogar die Menschen, deren Bekanntschaft dir helfen wird, dein Ziel zu erreichen.

Die Dinge geschehen so natürlich, daß du dir oftmals nicht im klaren bist, daß dein Unterbewußtsein das für dich tut. Es wendet alle seine Kräfte an – auf den physischen, mentalen und spirituellen Ebenen deines Lebens – und richtet diese Kräfte auf dein Ziel.

Du kannst einfach nicht fehlgehen, wenn du dein Unterbewußtsein richtig instruierst und dein Vertrauen in die wunderwirkende Gotteskraft im Innern aufrechterhältst. Aber die mysteriöseste von allen Wirkungsweisen deines Unterbewußtseins ist das, was die Wissenschaft seine „außersinnliche Befähigungen“ nennt.

Was du über außersinnliche Wahrnehmungen wissen mußt

Wahrscheinlich hast du schon von den parapsychologischen Experimenten gehört, die Prof. Dr. J. B. Rhine von der Duke University seit Jahren zusammen mit seinen Mitarbeitern durchführt. Erinnern wir uns:

Prof. Rhine begann seine Experimente vor Jahren aufgrund der Theorie, daß der menschliche Geist sich Tatsachen oder Zuständen bewußt werden kann, die sich in verschiedenen oder unbegrenzten Entfernungen von seinem Körper abspielen. Und das mit oder ohne Vermittlung eines anderen Geistes sowohl bei Sendung als auch bei Empfang. Prof. Rhine nahm zunächst selbstentworfene Karten, die schwarzgedruckte Symbole enthielten: ein Kreuz, einen Kreis, ein Quadrat, ein Dreieck und eine Wellenlinie. Seine Testpersonen waren auf mehrere Räume verteilt oder befanden sich sogar in anderen Gebäuden. Sie waren bestrebt, Eindrücke dieser Symbole entweder auszusenden oder zu empfangen. Andere waren mit dem Versuch beschäftigt, die Reihenfolge dieser Symbole in einem Satz Karten zu bestimmen, allein durch Konzentration, und ohne daß diese Reihenfolge einem anderen menschlichen Geist vorab bekannt war. Wieder andere versuchten die Reihenfolge zu ermitteln, die diese Symbole bei einer zukünftigen Mischung der Karten einnehmen würde. Es sollte festgestellt werden, ob es dem menschlichen Geist möglich sei, zukünftige Begebenheiten vorauszusagen.

Alle diese Experimente, die mit peinlicher Genauigkeit durchgeführt worden waren, mit allen erdenklichen Vorkehrungen gegen mögliche Täuschungen – bewußt oder unbewußt –, Suggestionen oder rein physische Ursachen, haben per Saldo Resultate erbracht, die sich mit absoluter Sicherheit jenseits aller Zufälligkeiten befanden.

Für die Wissenschaft besteht bereits seit langem kein Zweifel mehr, daß diese höheren Geisteskräfte existieren. Der Einfluß des Geistes auf Tiere und Pflanzen sowie auf unbewegliche Objekte wurde ebenfalls überzeugend demonstriert. Und noch immer sind wir auf diesem Gebiet gerade erst aus dem Kindergarten heraus – soweit es das Wissen vom menschlichen Bewußtsein und dessen fundamentaler Beziehung zu der Welt innerhalb und außerhalb unserer selbst betrifft. Aber eines Tages wird auch das restlos offenliegen.

Es gibt Tausende und Abertausende authentischer, beglaubigter Fälle, wo Männer, Frauen und Kinder Eindrücke empfangen haben – entweder telepathischer, hellseherischer oder präkognitiver Art. Diese Eindrücke waren ihnen in Form mentaler Bilder, starker Gefühle oder wissender Sinneseindrücke gekommen, sowohl im Wach- als auch im Traumzustand. Sie haben Begebenheiten erfühlt oder „gesehen" – Ereignisse, die Freunde, Angehörige oder sogar Fremde betrafen. Ereignisse, die sich an weit entfernten Orten zugetragen hatten oder sich erst später zutragen sollten. Unter bestimmten Voraussetzungen der Empfänglichkeit und Konzentration kann Geist mit Geist in Verbindung stehen, ungehindert durch vermeintliche Barrieren wie Zeit und Raum.

Es wurde bereits darauf hingewiesen, daß dein Unterbewußtsein und dessen Kräfte nicht von Zeit und Raum begrenzt sind. Wenn du gelernt hast, dein Gemüt und deine Emotionen unter Kontrolle zu halten, dann kannst auch du Gedanken aussenden und empfangen.

Solltest du dich an ein eigenes telepathisches Experiment heranwagen wollen, dann mußt du einem definitiven Muster folgen. Viele Menschen haben es ausprobiert und konnten zu ihrem Erstaunen von korrekten Impressionen berichten, die sie erhalten hatten. Zunächst mußt du deinen Körper von Kopf bis Fuß entspannen, ihn mit deinem wachbewußten Verstand völlig loslassen. Schon das ist nicht gerade leicht, kann aber mit einiger Übung erreicht werden. Nachdem du deinen wachbewußten Verstand passiv gemacht hast (ihn von allen Gedanken befreit hast), *blicke nach innen*, d. h. wende deinen physischen Blick buchstäblich *inwärts* und richte ihn auf eine „mentale Bildwand“. Das ist eine imaginäre weiße Kinoleinwand, die in der Dunkelheit deines inneren Bewußtseins hängt und die Eindrücke wiedergibt, die, nach dem Prinzip des Fernsehens, von äußeren Quellen kommend auf das Gemüt treffen.

Ich bin überzeugt, daß wir alle über diese höheren sinnlichen Kräfte entweder in ruhender oder teilentwickelter Form verfügen. Wenn wir ihnen jedoch unsere Aufmerksamkeit zuwenden – wenn wir darauf vertrauen, daß diese Kräfte uns dienen können und wollen –, dann werden sie für uns in Funktion treten! Zweifel und Unglaube halten diese Kräfte ebenso definitiv von ihrer Manifestation ab, wie Zweifel und Unglaube die schöpferischen Kräfte deines Gemüts davon abhalten, in dir und durch dich wirksam zu werden. Diese außersinnlichen Fähigkeiten sind alle ein Teil derselben großen Macht. Wenn du einen plötzlichen, dir unerklärlichen Impuls oder den Drang verspürst, etwas zu tun oder zu unterlassen, dann ist dies deine Intuition, die zu dir spricht. Deine außersinnliche Wahrnehmungsfähigkeit versucht, dir eine Botschaft zu übermitteln.

Zuweilen wirst du einen Eindruck oder einen Gedankenblitz von einer zukünftigen Begebenheit erhalten, von einem Ereignis, das auf dich zukommt. Wenn du eine starke Überzeugung hast, daß diese

Zukunftsvision echt ist, dann laß sie dir von deinem wachbewußten Verstand nicht ausreden!

Es ist meine feste Überzeugung, daß der Mensch es in seiner Macht hat, sein zukünftiges Schicksal weitgehend zu gestalten. Je mehr er lernt, seine höheren Geisteskräfte – seine intuitiven Befähigungen – zu entwickeln und ihren Eingebungen zu folgen, desto mehr kann er unerfreuliche Erfahrungen ausweichen und sich Gutes zuziehen.

Ich hatte meiner spirituellen Entwicklung viele Jahre gewidmet, dessenungeachtet ereignen sich immer wieder erstaunliche Fälle von Gedankenübertragung. Fast jeder von uns hat es schon erlebt, daß sein Gemüt auf den Empfang fremder Gedanken eingestellt war. Ich bedanke mich bei Mrs. J. R. Hutchinson aus La Jolla, Kalifornien, für diese außergewöhnliche Illustration:

„Als meine Tochter etwa drei Jahre alt war, möglicherweise vier, im Jahr 1925, war ich eines Abends zu einer Party eingeladen. Die Gedecke waren mit reizenden kleinen japanischen Papierschirmen geschmückt. Ich bat meine Gastgeber, meinen Schirm für meine Tochter mitnehmen du dürfen, daraufhin gaben sie mir ihre noch dazu. Meine kleine Tochter war begeistert und spielte noch lange danach gern mit ihnen. Kurz darauf bekam ich ein hübsches kleines Lied von einem ‚Papierschirm' in die Hand, das wir von da an gern miteinander sangen. Seither hatte ich weder an das Lied, noch an seinen Text gedacht.

Jahrzehnte später, am Morgen des 10. Juni 1953, erwachte ich mit einer Melodie im Sinn, die mich geradezu verfolgte. Sie kehrte immer wieder. Nach und nach kam mir auch der Text wieder ins Gedächtnis, und nach einigen Stunden, in denen ich meiner Hausarbeit nachgegangen war, hatte ich das ganze Lied zusammen, Text und Musik. Mein Mann war mit Gartenarbeit beschäftigt, und ich rannte hinaus, um ihm das hübsche kleine Lied von dem ‚kleinen Papierschirm' vorzusingen. In meiner Begeisterung sang ich es wieder und wieder und erklärte ihm, daß mir dieses Lied den ganzen Vormittag nicht aus dem Sinn gegangen war. Mein Mann, ein sehr nüchterner Mensch, lachte gutmütig über mein Gehabe. Dann vergaß ich die ganze Angelegenheit.

Am 18. Juni fand ich im Briefkasten einen Umschlag aus Mexico, der offensichtlich mehr als nur eine geschriebene Mitteilung enthielt. Als ich ihn öffnete – fand ich zu meiner großen Überraschung *einen kleinen Papierschirm* und einen Begleitbrief von meiner Tochter mit folgendem Inhalt: *‚Erinnerst du dich an das kleine Mädchen, dem du einmal solche niedlichen Papierschirme mitgebracht hattest, von einer Party Erwachsener?‘* Bedauerlicherweise enthielt das Schreiben meiner Tochter kein Datum, und auch die Briefmarke war unleserlich gestempelt, so daß ich das Absendedatum nicht ermitteln konnte. Aber selbstverständlich hatte ich meiner Tochter nichts von diesem Lied geschrieben und auch nicht, daß ich so intensiv an diesen kleinen Schirm denken mußte. Dennoch steht es für mich fest, daß entweder sie meine Gedanken aufgefangen hat, oder ich die ihren. Nach all den Jahren kann so etwas Ungewöhnliches doch kein Zufall gewesen gewesen sein!“

Selbstverständlich konnte es kein Zufall gewesen sein! Geist steht in Kontakt mit Geist, zwischen Freunden und Angehörigen ganz besonders. Und das viel öfter als es uns bewußt ist!

Dann gibt es jene, die glauben, daß sie gelegentlich mit geliebten Menschen, die nicht mehr unter uns weilen, Kontakt aufnehmen können. Warum nicht? Wenn menschliche Wesen während ihres Erdenlebens miteinander Kontakt halten, sollten sie uns auch nach ihrem Übergang in die andere Dimension noch erreichen können, wenn wir unsere Sensitivität hoch genug entwickelt haben . . . oder in unseren Träumen, wenn der wachbewußte Verstand ausgeschaltet ist und wir uns in unbewußten Bereichen bewegen, nicht an Zeit und Raum gebunden.

Arthur Godfrey (bis in die achtziger Jahre hinein eine sehr populäre amerikanische Radio- und Fernsehpersönlichkeit, d. Übers.) berichtete in seiner Ausgabe des inspirativen kleinen Magazins *Guideposts* (von Norman Vincent Peale herausgegeben, d. Übers.) von einer eigenen „außersinnlichen Erfahrung“:

„Es war 1923. Ich tat bei der U.S. Navy als Funker Dienst auf einem Zerstörer. Seit ich mein Elternhaus verlassen hatte, war ich ziemlich viel herumgekommen. Die Jahre und das Leben waren nicht gerade freundlich gewesen, aber die Marine war eine Art Zuflucht – die einzige Sicherheit, die ich seit langer Zeit gekannt hatte. Eines Tages war ich in meiner Koje eingeschlafen und träumte.

Mein Vater – ich hatte ihn seit Jahren nicht mehr gesehen – betrat plötzlich die Kajüte. Er streckte seine Hand aus und sagte: ‚Bis dann, mein Junge!' Ich antwortete: ‚Bis dann, Dad.' Ich sprach eine Art Gebet. Es war nicht wortgewandt, aber es kam von Herzen. Ich sah ihn niemals wieder. Als ich aufwachte, sagten mir meine Kameraden, daß das Funkgerät, während ich schlief, die Meldung vom Tod meines Vaters übermittelte.

Erzählt mir nichts von wissenschaftlichen Erklärungen für alles. Manche Dinge sind größer. Gott ist der Unterschied. Er kommt herum."

Genau! Gott *ist* der Unterschied ... die Gotteskraft im Innern. Aber es ist dir vorbehalten, diese Kraft zu entwickeln und in deinem täglichen Leben anzuwenden. Gewöhne dir an, deinen Eingebungen zu folgen, den Führungen, die du von den Eindrücken erhältst, die dir kommen. Wenn du deinen höheren Kräften vertraust, wenn du überzeugt bist, daß sie für dich tätig werden, dann werden sie es! Und wenn du erst einmal eigene Erfahrungen gemacht hast, die den in diesem Kapitel aufgezeigten ähneln, wirst du niemals wieder zweifeln!

15. Kapitel

Dein Geist kann Heilungen vollbringen

Um die Welt überwinden zu können, ist es erforderlich, in einer guten gesundheitlichen Verfassung zu sein! Du brauchst körperliche Vitalität als Stütze für einen energieerfüllten Geist. Jene, die einen kranken, leidenden Körper mit sich schleppen müssen, laborieren oftmals unter selbstauferlegten Handicaps. In vielen Fällen haben sie durch ihr falsches Denken und ihre emotionellen Reaktionen diese Leiden verursacht.

Examiniere dich! Prüfe dich selbst! Wenn du nicht über den Grad der Gesundheit verfügst, den du haben solltest, dann frage dich, was du getan hast, um diese störenden Zustände entstehen zu lassen? Du kannst sicher sein, daß etwas veranlaßt wurde, um die Chemie deines Körpers durcheinander zu bringen. Du hattest einigen Ängsten, Sorgen, Haß- oder Grollgefühlen gestattet, in deinem Innern Purzelbäume zu schlagen. Nichts geschieht durch Zufall! Auch die scheinbar unwesentlichsten Dinge geschehen nicht ohne Ursache! Es ist jetzt eine etablierte Erkenntnis, daß dein Körper deine Empfindungen reflektiert, wenn diese Empfindungen chronisch werden. Du weißt recht gut, daß Sorgen und Anspannungen deine Verdauung stören können, deinen Puls hochjagen, deinen Atem stocken lassen und nervöse Schweißausbrüche verursachen. Eine plötzliche Angst kann alles das bewirken. Also versuche nicht, mir weiszumachen, daß dein Denken und Fühlen keinen Einfluß auf deine Gesundheit hätten!

Jetzt merke dir mal diesen wichtigen Punkt: Wenn dein Gemüt die Macht hat, dich krank zu machen – durch falsches Denken –, dann hat es selbstverständlich auch die Macht, dich zu heilen – durch rechtes Denken!

Ich behaupte damit keineswegs, daß die schöpferische Kraft des

Willens ein Allheilmittel ist; dennoch ist die richtige mentale Einstellung immer eine Hilfe und die unerläßliche Ausgangsbasis zur Überwindung eines schlechten Gesundheitszustands. Erinnern wir uns doch an den französischen Apotheker Dr. Emile Coué, der vor vielen Jahren in unserem Land den Menschen beibrachte, daß sie sich selbst heilen könnten, wenn sie sich seinen Plan zu eigen machten. Seine Idee war ganz simpel. Man brauchte sich selbst nur wieder und wieder vorzusagen: *„Mit jedem Tag geht es mir in jeder Hinsicht immer besser und besser."*

Dr. Coué wurde seinerzeit weidlich verlacht. Seine Methode war derart einfach, daß viele es nicht der Mühe wert befanden, sie überhaupt in Erwägung zu ziehen, und Coué für einen „Spinner" hielten. Dabei war seine Idee durchaus nicht neu, ebenso wie nichts Neues in den Ideen ist, die ich hier darlege. Es ist nur eine andere Art, das Gesamtschema zu präsentieren, es auszudrücken... Wiederholung, Repetition... Das Erwünschte jederzeit im Vordergrund des Bewußtseins zu halten... Diese positiven Gedanken werden wiederum an das Unterbewußtsein weitergereicht – die schöpferische Macht im Innern.

Denke Gesundheit, Wohlstand und Glück, und sie werden mit der Zeit in dein Leben kommen. Es kann nicht anders sein!

Aber halt mal! Du kannst das natürlich nicht auf die leichte Schulter nehmen! Gute Ideen wie die von Dr. Coué haben für manchen ihren Wert verloren, weil sie andere vor die Hunde gehen sahen. Du kannst dir nicht einfach etwas vormachen, kannst dir nicht nur einen Lippendienst erweisen mit „Mit jedem Tag geht es mir in jeder Hinsicht immer besser und besser", wenn du daneben nichts unternimmst, um falsche mentale Einstellungen, Gewohnheiten oder Praktiken zu ändern, die dir letztlich einen schlechten Gesundheitszustand beschert haben.

Du kannst nicht „den richtigen Gedanken festhalten" und erwarten, damit weiterzukommen, wenn du zugleich mit hunderten „falscher Gedanken" angefüllt bist. Wir alle kennen Leute, die unentwegt von ihren Rückenschmerzen, Kopfschmerzen, Magenschmerzen oder was sonst noch für Schmerzen reden. Sie reiten darauf herum, und bevor sie überhaupt wissen, wie ihnen geschieht, werden diese

Schmerzen zu festgefügten Bestandteilen ihres Lebens. Solltest du unter solchen Schmerzen oder Beschwerden leiden und sind sie nicht ernsterer Natur – nur eine Anspannung oder Nervenreaktion irgendeiner Art, dann hat es doch keinen Sinn, auch noch lange darüber zu reden! Ebensowenig wie es Sinn hat, über deine Sorgen und Schwierigkeiten zu reden. Damit belästigst du nur dich selbst und andere. Die anderen haben nämlich eigene Sorgen und eigenen Ärger zur Genüge! Und über die würden sie recht gern mit dir reden und haben es gar nicht gern, daß du ihnen zuvorgekommen bist. Wenn du dich nicht richtig fühlst, dann hat es dich in den Solarplexus gehauen. Dann läufst du durch die Gegend mit langem Gesicht und diesem „Hat-alles-keinen-Sinn-Gefühl". Und je öfter du diese Platte auflegst – je öfter du wiederholst, daß du dich ja soo lausig fühlst, desto sicherer wird es, daß du dich am besten in Reichweite eines Beerdigungsinstituts halten solltest. Konstantes Nachsinnen über deine Beschwerden verstärkt und zementiert sie.

Begib dich der negativen Seite und werde ein affirmativer – ein bejahender – Menschentyp. Denke affirmativ, und bevor du weißt, wie dir geschieht, werden deine Wehwehchen, deine Sorgen und Schwierigkeiten verschwinden. Sie können nicht weiterhin von dir leben, wenn du dich weigerst, ihnen Nahrung zu geben.

„Wirst du geplagt von einem äußeren Ding, dann ist es nicht dies, was dich verstört, sondern dein Urteil darüber. Und es steht in deiner Macht, dieses Urteil jetzt zu tilgen. Wenn aber etwas in deiner Disposition dir Schmerzen gibt, wer hindert dich, deine Ansicht zu ändern?"

Philosophie der Zeitalter

Die Heilkraft der Liebe

An der Harvard University haben Wissenschaftler unter der Leitung von Professor Pitirim A. Sorokin ein recht außergewöhnliches Experiment durchgeführt. Sie hatten die *Macht der Liebe* studiert. Sie stellten fest, daß die Liebe mehr Macht über Krankheiten hat als Medizin. Richtige Dosen dieser Emotion können ein längeres Leben, bessere

Gesundheit und Seelenfrieden bringen. Jung und alt werden transformiert, wenn der Liebestrank genommen wird. Solltest du jemanden verabscheuen und dich mit diesem Haß zerfressen, dann beginne die betreffende Person zu lieben, und die wirst sehen, was geschieht. Dann wirst du nämlich anstelle eines Feindes mit einem Mal einen Freund haben und einen Magen frei von Geschwüren. Die meisten menschlichen Wesen vergessen niemals eine Beleidigung, einer Freundlichkeit entsinnen sie sich jedoch noch länger. Da Gleiches immer Gleiches anzieht, erhebt sich hier die Frage: Würdest du nicht lieber Freundlichkeit aussenden und dafür Liebe und Freundlichkeit zurückbekommen?

Du hast schon manchen sagen hören: „Ich werde schon quitt werden mit Soundso, und wenn es mich den Rest meines Lebens kostet!" Solche herumgeschleppten Grollgefühle zehren bei weitem mehr an ihnen selbst als an der gehaßten Person.

Jeder will geliebt werden, auch ein Hund; und jeder reagiert auf Liebe, auch ein Hund. Du fühlst dich einfach besser, wenn du liebst und geliebt wirst. Wenn du der Auffassung sein solltest, Liebe sei keine mächtige, kreative, vitale Macht, dann sieh dir nur all die vertrockneten Männlein und Weiblein an, denen nach Liebe dürstet. Bei Experimenten mit Pflanzen haben Wissenschaftler versucht, einige der Gewächse zu lieben und andere zu hassen, wobei die mit Liebe genährten Pflanzen prächtig gediehen, während die durch Haß vergifteten welkten und schließlich eingingen. Und das obgleich sie ausreichend bewässert wurden und auch die sonst übliche rein mechanische Betreuung erfuhren!

Es gibt einen alten Ausspruch: „Man kann einen Menschen zu Tode lieben"; aber dieses Risiko würde ich jederzeit eingehen. Entferne den Haß, sofern er in deinem Leben eine Rolle spielt. Entferne ihn mit Stumpf und Stiel, wenn du dich einer dauerhaft guten Gesundheit erfreuen willst!

Es gibt eine schöpferische Kraft im Gemüt, die – wenn richtig angeleitet – dich heilen kann. Ich habe diese Kraft angewandt, um mehrere physische Störungen, die ich durch falsches Denken in mir entwickelt hatte, zu heilen. Und auch du kannst ihre Anwendung erlernen.

Einer meiner liebsten Freunde ist Dr. Frederick Bailes*, Direktor der großen Science of Mind Church in Los Angeles. Er leitet jeden Sonntagmorgen im Fox Wilshire Theatre eine Heilungsmeditation, die selbst die weiteste Reise wert ist. Zweitausendfünfhundert Teilnehmer sitzen in absoluter Stille und wenden sich an die gottgegebene schöpferische Kraft, „dieses Etwas" in ihrem Innern. Jeder verbildlicht sich dabei für das kranke Organ die normale Funktion als völlig wiederhergestellt. Die Resultate sind jedesmal erstaunlich. Und das ist nicht weiter verwunderlich, denn Dr. Bailes ist ein Mann, der das praktiziert, was er lehrt. Er hatte sich vor Jahren einmal selbst geheilt, und er weiß auch, wie man andere heilt. Aus diesem Grund habe ich Dr. Bailes gebeten, dir von seiner damaligen Heilung zu berichten, damit du die gleiche Methode – auf deine Erfordernisse zugeschnitten – anwenden kannst. Hier ist sie:

„Im Jahr 1915 hatte ich meine Ausbildung in der London Missionary School of Medicine beendet, einem Zweig des London Homeopathic Hospital – einer Homöopathischen Klinik –, und bereitete mich auf einen Einsatz als medizinischer Missionar in Bolivien vor. Einen Monat vor dem Abschlußexamen wurde ich krank; Labortests bestätigten die diagnostizierte Diabetes, damals unweigerlich mit tödlichem Ausgang, insbesondere bei einem jüngeren Menschen. Der beste Arzt in der Harley Street gab mir höchstens ein Jahr oder zwei zu leben.

Zu dieser Zeit war ich fest in der medizinischen Tradition verwurzelt und würde schulmedizinische Behandlungsmethoden angewandt haben. Da es aber fünf Jahre vor Batines Erfolg mit Insulin war, gab es kein Medikament, um diesem Zustand zu begegnen.

* Die Bücher von Dr. Frederick Bailes sind im Verlag Peter Erd erschienen.

Zwei meiner Ärzte, mit denen ich in der Klinik gearbeitet hatte, begannen sich gerade mit der Wechselwirkung zwischen Körper und Geist zu befassen. Wir hatten mit mehreren ambulanten Patienten experimentiert und ihnen Placebos verabreicht, diese inzwischen bekannten Zuckerpillen, die wie echte Tabletten aussehen. In vielen Fällen konnten wir feststellen, daß die Placebos ebensoviel Besserung bewirkten, wie man es von echten Medikamenten hätte erwarten können. Wenn wir beispielsweise einen Patienten anwiesen, für den Zeitraum einer Woche jeweils drei Tabletten täglich einzunehmen, ihn dabei jedoch nur mit einem Fünf-Tage-Vorrat ausstatteten, konnten wir sicher sein, daß der Patient sich bei unserer Rückkehr beklagen würde: „Doktor, ich hatte mich bis Donnerstag ganz großartig gefühlt. Aber dann waren mir die Tabletten ausgegangen, und ich hatte in den letzten zwei Tagen Fürchterliches zu erdulden!'
Da die Krankheiten einiger Patienten durchaus ernsthafter Natur waren und ich beobachten konnte, daß manche von ihnen im Hypnosezustand von extremen Schmerzen befreit wurden, ohne daß ihnen Morphium verabreicht werden mußte, kam ich zu dem Schluß, daß eine Art Mentaltechnik auch für mich wirksam werden würde, besonders, wenn ich mich mit offenen Augen damit befassen würde und es somit keiner Placebos bedürfte.
Das tat ich. Da sich in jedem Augenblick Myriaden neuer Zellen bilden und jede einzelne davon sich unter der vorherrschenden Idee von Gesundheit oder Krankheit bildet, beschloß ich, jede neue Zelle mit dem Stempel von Gesundheit, richtiger Struktur, rechtem Handeln und richtiger Funktion zu versehen und den Körper für seine Mitarbeit und Hilfe zu loben.
Glücklicherweise war ich mit der internen Struktur der Bauchspeicheldrüse recht gut vertraut, da ich mehrere davon seziert hatte und ein Bild der Langerhansschen Inselchen hätte zeichnen können, diesen chemischen Laboratorien, in welchen die unendliche Intelligenz Insulin aus ihren Bestandteilen absondert. Ich begann mit meiner Bauchspeicheldrüse zu sprechen. Ich sagte ihr, ich wüßte sehr wohl, daß sie ordnungsgemäß arbeiten wolle, daß es ihr nicht behage, einen Sitzstreik zu veranstalten, daß etwas in meinen

zurückliegenden mentalen und emotionellen Einstellungen sie von ihrer Bereitschaft, richtig zu funktionieren, abgehalten hatte und daß sie sich von jetzt an voll und ganz auf meine Mitarbeit verlassen könne.

Jetzt könnte man natürlich fragen: ‚Haben Sie denn allen Ernstes *geglaubt,* daß sie Sie hören könnte?' Selbstverständlich nicht! Aber das bloße Formen des Bildes auf diese Weise bewirkte etwas in mir. In der Metaphysik war ich ein absoluter Neuling und kannte keine angemessene Technik; ich war allein wie Robinson Crusoe in dieser für mich neuen spirituellen Welt. So war dies die beste Art, die Störung in mir auszubalancieren.

Einer Sache war ich jedoch *sicher,* daß nämlich das *Mentalbild* definitive Veränderungen im Körper verursachen kann. Das hatte ich bereits in der Klinik beobachtet. Jetzt vermochte ich einzusehen, daß dieses Universum ein Universum *reinen Denkens* ist. Damals wußte ich noch nichts von den Forschungen, die so bekannte Astrophysiker wie Eddington und Jeans durchgeführt hatten und die so viel dazu beigetragen hatten, den Nachweis zu führen, daß das Universum ein großer, in Form gekleideter Gedanke ist. Ich war jedoch fest davon überzeugt, daß eine jede neue Zelle die Impressionen meines neuorientierten Denkens empfangen würde. Daher bediente ich mich der Ausdrücke, die auch mir halfen, das zu glauben, was ich meinem Körper übermittelte.

Die Experimente in der Klinik hatten bewiesen, daß Gedanken und Überzeugungen den Körper definitiv beeinflussen können, zuweilen bei sehr ernsten Störungen. Aber soweit mir bekannt war, hatte es bislang noch keinen Heilungserfolg bei einer so ernsthaften Krankheit wie *Diabetes* gegeben. Wenn jedoch als einzige Alternative der Tod bleibt, wird ein verzweifelter Mensch alles versuchen. Ich wußte, daß sich nichts im Universum vollzieht ohne eine vorausgegangene intelligente Aktion. Jeder Handlung geht eine mentale Aktivität voraus. Das Universum ist das, was Jeans als ‚den Gedanken des mathemathischen Denkers in die rigorose Form kondensiert' bezeichnet. Der menschliche Körper könnte daher logischerweise dem Menschen das sein, was das Universum dem unendlichen Denker ist: die Verkörperung seines individuellen

Gedankens. Da alles Denken schöpferisch ist, hängt Art und Zustand des Erschaffenen von Art und Zustand des Gedankens ab. Ich hatte das Empfinden, daß ich mich da auf vernünftigem, logischem Boden befand und diesen schöpferischen Prozeß in die Richtung einer *vollkommenen Funktion* lenkte.
Etwa acht oder zehn Wochen lang war keine Veränderung festzustellen. Dennoch hielt ich durch. Dann plötzlich ergab ein Labortest eine winzige Senkung des Zuckerspiegels. In der darauffolgenden Woche senkte er sich weiter. Bedauerlicherweise hatte ich kein Tagebuch geführt, daher mögen diese Perioden nicht exakt wiedergegeben sein; meine generelle Erinnerung ist jedoch dergestalt, daß der Zuckerspiegel sich während des Zeitraums einiger Wochen stetig senkte. Dann plötzlich stieg er wieder – aus keinem ersichtlichen Grund. Das war sehr entmutigend, dennoch hielt ich an meiner Verfahrensweise fest, und wiederum senkte sich der Zuckerspiegel. Dieses intermittente Ansteigen und Fallen des Zuckerspiegels setzte sich fast sechs Jahre lang fort. In dieser Zeit erlangte ich ein steigendes Gefühl der Herrschaft über den Zustand.
Das Ermutigende dabei war, daß jedes Aufflackern niemals so hoch war wie das vorherige. Schließlich kam der Tag, an dem die Urinanalyse ergab, daß der Zuckerspiegel sich bis auf einen Punkt gesenkt hatte, wo er sich nicht mehr in Prozenten ausdrücken ließ und es im Laborreport lediglich hieß: ‚Eine Spur Zucker.' Diese Spur hielt sich noch etwa sechs oder acht Monate. Dann wies der Laborreport aus: ‚Zucker negativ.' Das war gewiß der glücklichste Tag meines Lebens; dennoch blieb ich noch während vieler Monate wachsam und hielt den Anteil der Kohlehydrate in meiner Nahrung bewußt niedrig.
Nach und nach gelangte ich zu der Überzeugung, daß mein Leiden überwunden war. Zudem hatte ich inzwischen gelernt, meiner Überzeugung eine gewisse Entschiedenheit zu verleihen, so daß ich wußte, daß ich niemals wieder in eine Gebundenheit dieser Art geraten konnte.
Inzwischen habe ich seit mehr als dreißig Jahren alle zucker- und stärkehaltigen Speisen zu mir genommen, die mir behagten. Niemals in meinem Leben habe ich auch nur einen Tropfen Insulin benötigt. Meine Energie und Vitalität sind höher als die der meisten

Männer meines Alters, und es war mir die größte Freude, Tausende anderer den Umgang mit dem schöpferischen Prinzip zu lehren, das mich aus Todesnot befreit hatte."

Begeistert dich das nicht? Die gleiche schöpferische Kraft befindet sich auch in dir – jetzt, in dieser Minute! Und jederzeit bereit, dir zu dienen, so wie die schöpferische Kraft im Bewußtsein von Dr. Bailes ihm gedient hatte. Alles, was du zu tun hast, ist, Gebrauch von ihr zu machen, dich an sie zu wenden, sie anzuleiten, deinen Willen ins Spiel zu bringen, deine Entschlossenheit, Ausdauer, Visualisation, deinen Glauben!

Wenn du es glaubst, dann ist es so!

Lies Dr. Bailes' Beschreibung wieder und wieder; und denke darüber nach, wie *du* diese Methoden in deinem Leben anwenden kannst!

Aber sei dir bitte über eines klar: „Babys kriechen, bevor sie laufen können." Falls du Diabetiker sein solltest, dann spring nicht ins Wasser, bevor zu schwimmen kannst! Bereite dein Gemüt vor, befreie es von allen Ängsten und Sorgen und von jeder Art emotioneller Störung. Wende dich an die gottgegebene schöpferische Kraft – diese Heilkraft. Experimentiere mit ihr in kleinen Dingen. Beobachte, wie dein Körper reagiert, wie sich dein Gesundheitszustand bessert, wie du glücklichere, freudigere und zuversichtlichere Gemütsempfindungen unterhältst. Alle mentalen und emotionellen Zustände, die dazu beigetragen hatten, gesundheitliche Störungen zu verursachen, müssen beseitigt werden. Wenn du das tust, dann wird dein allgemeiner Gesundheitszustand sich verbessern. Und dann wirst du über die Kraft verfügen, eine gezielte Heilung in deinem Leben hervorzurufen, wie es Dr. Bailes getan hatte. Überprüfe deine Entwicklung, deinen Fortschritt zusammen mit deinem Arzt. Alle Ärzte bestätigen inzwischen die große Hilfe, die eine richtige mentale Einstellung bei einem jeden Genesungsprozeß ist. Sie wissen, daß der Glaube eine potente Kraft ist und daß, wenn die Zwillingskiller Furcht und Sorge beseitigt sind, die größte Arbeit bereits getan ist!

Gib NIEMALS die Hoffnung auf! Wenn die Ärzte das Todesurteil über dich verhängt haben – dann mußt du dich voll und ganz auf deinen Glauben verlassen und auf die gottgegebene Heilkraft in deinem Innern. Unter diesen Umständen kann es dir möglich sein, die Zellen deines Körpers so zu aktivieren, durch richtiges Denken, daß eine Heilung eintritt. Das ist mit tausend und abertausend anderen Menschen geschehen. Und das, als es scheinbar überhaupt keine Hoffnung mehr gab. Was sie tun konnten, das kannst auch du tun!

Wir beginnen ja erst, das *Potential* dieser Heilkraft zu begreifen, die wir in unserem Innern besitzen, nicht nur, wie sie von uns selbst nutzbar gemacht werden kann, sondern wie wir sie auch auf andere Menschen anwenden können und sogar auf unsere Haustiere! Das stimmt! Alles, was mit Intelligenz ausgestattet ist, kann von uns erreicht werden – durch *Empfinden!* Du verspürst ein starkes Gefühl der Liebe für einen nahestehenden Menschen und ein anderes, aber ebenso starkes Gefühl der Liebe zu einem Hund oder einem Pferd oder einer Katze oder irgendeinem anderen Tier. Diese Gefühle beruhen dann zumeist auf Gegenseitigkeit. Du kannst die Liebe eines nahestehenden Menschen spüren ... die Liebe eines Hundes, eines Pferdes oder einer Katze ... einer jeglichen Lebensform, mit der du dich in Harmonie befindest.

Der erstaunliche Fall einer Heilung!

Als Beweis werde ich jetzt den fast unglaublichen, durch Zeugenbekundungen jedoch wohluntermauerten Fall einer Heilung präsentieren, die Ann Davies, gleichfalls eine gute Freundin von mir, die auch mit „diesem Etwas", der schöpferischen Kraft im Innern, arbeitet, bei ihrer Hündin Tzaddi bewirkt hatte.

Hier ist Anns Story, belegt durch eidesstattliche Versicherungen des Tierarztes sowie weiterer fünf Zeugen des Phänomens:

„Vor etwas mehr als zwei Jahren bemerkte ich zum ersten Mal ein winziges Gewächs im Maul meiner Hündin Tzaddi, etwa erbsengroß. Ich hielt es für eine Warze und war nicht allzu besorgt, da sie keine Beschwerden hatte. Von Zeit zu Zeit hatte ich jedoch ihr Maul untersucht. Vor etwa einem Jahr bemerkte ich dann, daß das Gewächs sich vergrößert hatte.

Im Juni 1952 begann das Gewächs rapide zu wachsen, und ich wurde sehr besorgt, also brachte ich Tzaddi zum Tierarzt zu einer gründlichen Untersuchung. Er besah sich Tzaddis Maul sehr genau und diagnostizierte einen Tumor. Der Arzt informierte mich, daß Maultumore eine sehr ernste Sache seien, da sie sich immer zu bösartigen Tumoren entwickeln würden. Er legte mir dringend nahe, einen operativen Eingriff nicht zu lange hinauszuzögern.

Umstände jenseits meiner Kontrolle brachten es mit sich, daß ich Tzaddi nicht vor dem 4. September 1952 in die Tierklinik bringen konnte. Zu dieser Zeit hatte der Tumor bereits eine alarmierende Größe angenommen, und Tzaddi fühlte sich ziemlich schlecht. Alle meine Freunde hatten das mit mir beobachten können.

Auch Dr. Short war wegen der rapiden Ausdehnung alarmiert. Er drängte auf sofortige Operation. Der Termin wurde auf Samstag, den 6. September, 8.00 Uhr früh angesetzt.

Am Freitag, dem 5. September, ging ich erst sehr spät schlafen. Eigentlich war es bereits Samstag, 2.00 Uhr früh, als ich ins Bett kam, nachdem ich Tzaddi ihr Gute-Nacht-Biskuit gegeben hatte, das sie nur unter größten Schwierigkeiten kauen konnte. Ich sah dabei das Gewächs in ihrem Maul. Dann befaßte ich mich mit meinen Heilungsgebeten für mehrere Bekannte – etwas, das ich jedesmal vor dem Einschlafen tue. Plötzlich kam mir in den Sinn, daß es doch eigentlich sehr töricht sei, nicht auch für Tzaddi zu beten. Also verrichtete ich auch einige mentale Arbeit für sie. Dann schlief ich ein.

Der Wecker ging um 7.00 Uhr früh, und ich duschte schnell und zog mich an. Ich griff Tzaddi und fuhr mit ihr zum Tierarzt, wo wir kurz vor 8.00 Uhr ankamen. Während ich mit Tzaddi auf dem Schoß wartete, entsann ich mich plötzlich meiner Heilungsarbeit am Abend zuvor und ich sah in Tzaddis Maul. *Es war kein Tumor mehr da!* Und doch hatte ich ihn erst sechs Stunden davor genau gesehen! Ich sah erneut nach, aber ich konnte nicht einmal die Stelle finden, wo sich der Tumor befunden hatte! Die Stelle sah genauso aus wie der übrige Gaumen.

In diesem Augenblick kam der Arzt und konnte diesen Sachverhalt nur noch bestätigen. Überglücklich nahm ich Tzaddi wieder mit nach Hause, und bin der Lebenskraft zutiefst dankbar, daß sie meinem kleinen Liebling eine Operation oder sogar Schlimmeres erspart hat.“

Dies ist Ann Davies' Story in ihren eigenen Worten. In meinem Besitz befindet sich eine eidesstattliche Erklärung, unterzeichnet von dem Tierarzt Dr. R. W. Short, in der jedes von Ann gemachte Statement bestätigt wird. Weitere eidesstattliche Erklärungen habe ich von fünf Freunden, die Zeugen dieser erstaunlichen Heilung waren und von denen mir zwei persönlich bekannt sind, Felix V. Frazer und Dr. Paul Foster Case. Die anderen drei sind Rosalie Gordon, Thelma Herkelrath und Bonnie Davies.

Sag jetzt NIEMALS wieder, daß auch nur irgend etwas unmöglich sei! Angesichts dieser Heilung und des überwältigenden Beweismaterials aus vielen Quellen, die nachweisen, daß die Heilkraft des Geistes in ihrer Funktionsweise *unbegrenzt* ist!

Irgendwie vermögen wir es noch immer nicht zu erfassen, daß Ann Davies' Verbildlichung des Gaumens ihres Hundes Tzaddi, so wie er vor der Bildung des Tumors ausgesehen hatte, die schöpferische Kraft im Bewußtsein eines Hundes erreichen und sie so aktivieren konnte, daß sich eine spontane Heilung vollzog!

Das eröffnet ein völlig neues Feld für Spekulationen! Ist es möglich, daß Tiere, die sich nicht mittels der Sprache verständlich machen können, eher und effektiver auf eine geistige Behandlung ansprechen als Menschen?

Erinnere dich: Ich habe immer wieder betont, daß wir nicht in Worten denken. Wir denken in Bildern! Die universelle Sprache ist *Empfinden*, weil Empfinden – weil Gefühl – ohne Zuhilfenahme von Worten weitergeleitet werden kann ... Es ist außersinnlich!

Natürlich geschah *etwas!* Etwas Definitives, als Antwort auf das *Bild*, das Ann Davies in ihrem Gemüt festgehalten hatte. Und was sich einmal ereignet hatte, das kann sich wieder und wieder ereignen, wenn das gleiche schöpferische Gesetz begriffen und angewandt wird, beim Menschen und beim Tier.

Im Grunde ist der Mensch mit allen Lebensformen verbunden.

Getrennt ist er lediglich durch die Körperform, mit der er sich umgeben hat. Eines Tages wird man die Intelligenz entwickelt haben, mit verschiedenen Lebensformen in Verbindung zu treten, nicht mittels der Sprache, sondern allein durch Empfinden!

Wer weiß? Vielleicht hatte sich die Macht der Liebe mit der schöpferischen Kraft vereinigt und so die Heilung bewirkt. Intelligenz wirkt sowohl in der Materie als auch auf sie ein, sie *ist* jedoch nicht Materie. Hier muß die Erklärung liegen. Geist ist der eigentliche Herrscher. Und wenn der Geist die Herrschaft übernimmt, muß alles scheinbar Materielle, vom Geist angeleitet, seine Form verändern! Wieder der Magnet und die Eisenspäne!

Eine Goldmine der Gesundheit steckt in diesem Kapitel. Mach dich daran – und grab sie aus!

16. Kapitel

Richtige mentale Suggestionen können Menschen beeinflussen

Dein Leben lang hast du von der Macht der Suggestion gehört: wie leicht man einen Menschen krank machen kann, indem man ihm unentwegt suggeriert, er sähe ganz und gar nicht gut aus. Wenn genügend Menschen sich dazu verabreden, kann ein durchschnittliches Individuum eine solche zusammengeballte Suggestion nicht ertragen. Es wird in der Tat krank.

Das monoton wiederkehrende mentale Durchgehen seiner Tat bringt den Gesetzesbrecher oftmals zum Geständnis. Als Zeitungsreporter hatte ich vielen Sitzungen beigewohnt, bei denen der „dritte Grad" in Anwendung kam. Ich habe es miterlebt, wie Kriminalisten und Ankläger einen Tatverdächtigen in die Ecke gedrängt hatten und mit Fragen auf ihn einhämmerten, bis dem Betreffenden die Schweißperlen auf der Stirn standen und er vor Nervosität zu zittern anfing. Es ist die tödliche Repetition, die ewige Wiederholung, das Tap, Tap, Tap durch die Macht der Suggestion, die schließlich Geständnisse bringt.

Ein guter Verkäufer macht sich immer die Macht der Suggestion zunutze. Ein Verkaufsabschluß kommt immer erst zustande, wenn du den Kunden dazu bringst, so zu denken, wie du denkst; und wenn du von den Vorzügen des von dir angebotenen Artikels nicht restlos überzeugt bist, dann gelingt es dir auch nicht, andere Menschen davon zu überzeugen.

Das ist doch einfach nur gesunder Menschenverstand! Solltest du also beruflich mit Verkaufen zu tun haben, dann denke daran, was ich schon zuvor gesagt habe – nämlich, daß du deine Ware kennen solltest und dich selbst auch verkaufen mußt. Das ist 99 Prozent des Erfolgs beim Verkaufen. Die restlichen 1 Prozent bestehen aus Fußarbeit – Vorbereitungen, Kontakte.

Es ist einzusehen, daß die Zielsetzung, andere nach deinen Wünschen handeln zu lassen, einfach darin besteht, sie so denken zu lassen, wie du denkst, und das ist ganz leicht. Zumindest scheint es immer leicht zu sein, wenn du erst einmal gelernt hast, wie es gemacht wird.

Elmer Gowing aus Marion, Indiana, war das größte Verkaufsgenie, das mir je in meinem Leben begegnet war. Für ihn machte es keinen Unterschied, woraus das Produkt, das Projekt oder die Idee bestand... Elmer konnte es verkaufen. Wenn ein Communitiy Drive (du erinnerst dich: diese in den USA beliebten kommunalen Veranstaltungen zur Finanzierung irgendwelcher gemeinnütziger Vorhaben) angesagt war und das Ganze sich nicht gut anließ, dann hieß es jedesmal: „Holt Elmer her!" Und dieser lange, schlaksige, gutmütige Mann mittleren Alters wurde herbeigeholt. Der ließ sich über Inhalt und Vorzüge des Projekts unterrichten und machte sich dann auf den Weg mit den Worten: „Ist das alles? Warum gebt ihr mir nicht mal etwas Schwieriges?" Damit verschwand er und pflegte nach ein paar Stunden wieder zu erscheinen, mit genügend Sponsoren für das Projekt, um es durchziehen zu können. Wie er das machte, war Elmers Geheimnis.

Einmal wollten die Junioren der Handelskammer eine Talentshow veranstalten. Die Eintrittskarten waren erst ziemlich spät gedruckt worden, und die lokale Werbung für die Veranstaltung war nicht sonderlich effektiv. Die Folge davon war, daß noch am Spätnachmittag des Tages vor dem Ereignis nur wenige Karten verkauft waren.

„Wo ist Elmer?" verlangte der Präsident der Handelskammer zu wissen. „Er scheint jetzt unsere einzige Rettung zu sein – und ich möchte bezweifeln, daß sogar Elmer uns diesmal herausreißen kann!"

Die Macht der Suggestion

Elmer wurde hereingebeten, und man übergab ihm ein Paket mit fünfhundert Eintrittskarten, das Stück für einen Dollar.

„Kannst du die alle bis morgen abend verkaufen?" wurde er gefragt.

Elmer blickte auf das Bündel Karten und dann gen Himmel. „Ich kann", meinte er, „wenn Sie mit meinem Boss arrangieren können, daß ich den Nachmittag frei bekommen kann." Der Präsident der Versicherung, für die Elmer tätig war, gab sein Einverständnis. Um 16.30 Uhr des nächsten Tages betrat Elmer die Geschäftsräume der Handelskammer, seine Taschen vollgestopft mit Banknoten und Schecks. „Sieht aus, als hättet ihr heute abend ein volles Haus", grinste er. „Sie sind alle weg – und ich hätte noch mehr verkaufen können!"

Das war zuviel für mich! Ich mußte hinter Elmers Geheimnis kommen! Deshalb suchte ich ihn auf. „Was würdest du davon halten, wenn ich dich zum Lunch einladen würde, im Spencer House? Ich werde dir das beste Gericht auf der Karte bestellen, als Gegenleistung für die Preisgabe deines Verkaufsgeheimnisses. Abgemacht?"

„Es ist aber so schrecklich einfach", erwiderte Elmer. „Es ist in der Tat so einfach, daß du dich von mir hereingelegt fühlen könntest – aber ich liebe nun mal gutes Essen!"

Am nächsten Tag, nachdem wir unsere Mahlzeit beendet hatten, blickte ich erwartungsvoll auf Elmer. „Also dann, Elmer", drängte ich. „Ich habe meinen Teil der Vereinbarung gehalten. *Jetzt gib!*"

Statt einer Antwort spielte Elmer gedankenverloren mit dem Messer herum. Er nahm es in die Hand und untersuchte es eingehend.

„Es ist mir eigentlich noch nie vorher aufgefallen", bemerkte er, „aber das ist ein erstaunlich gutes Silber als Gebrauchsbesteck für ein Hotel! Ich könnte mich irren, aber es sieht aus wie Gorham. Exquisites vornehmes Design. Ob das Hotel das wohl auf einer Auktion erstanden hat? Ich muß doch Manager Thornburg mal danach fragen, wenn ich ihn sehe." Er reichte mir das Messer. „Sieh doch mal, wie leicht es ist... dazu echt Sterling. Dieses Zeug ist wirklich hochgradig..."

Ich nahm das Messer entgegen, ein wenig ungehalten über diese Ablenkung, weil ich begierig war, nun endlich Elmers Verkaufstip zu hören.

„Weißt du, wenn ich einen Satz dieses Silberbestecks zu einem Vorzugspreis erwerben könnte, dann würde mich das schon reizen", fuhr Elmer fort, während ich das Messer in der Hand hielt und es mir eingehend besah. „Was hältst *du* davon?"

„Nun ja, es ist in der Tat recht attraktiv", räumte ich ein. „Sehr leicht, wie du sagst... gutes Design... Ich bin selbst einigermaßen überrascht, daß das Hotel Silberbestecke von dieser Qualität verwendet."

„Würdest du nicht auch gern einen Satz davon besitzen?“ wollte Elmer von mir wissen. „Sofern der Preis stimmt...?“

„Ja, das würde ich schon recht gern“, stimmte ich zu.

Elmer streckte seine Hand aus. „Ich verkaufe dir das Messer. Gib mir ’nen Quarter (25-Cent-Münze) dafür!“

Jetzt langte ich doch tatsächlich ganz instinktiv in die Tasche, um einen Quarter herauszuholen! Elmer hatte mich derart clever an seine Suggestion herangeführt, mein Interesse so weit aufgebaut, daß ich – als er einen Quarter verlangte – mich beinahe getrieben fühlte, ein Messer zu kaufen, das Elmer gar nicht gehörte!

„Das ist eigentlich schon alles!“ grinste Elmer. „Bring deinen Kunden dazu, dein Produkt oder Angebot zu akzeptieren – ganz gleich, was es ist –, gib es ihm in die Hand, entwickle seine Wertschätzung dafür, erlange seine Zustimmung, und bedenke den wichtigsten Verkaufsaspekt von allen – ‚Besitzergreifen ist neun Zehntel des Gesetzes‘. Nachdem das Gemüt des Individuums das Produkt oder die Idee erst einmal *akzeptiert* und es in Besitz genommen hat, dann wird es sich nicht wieder davon trennen wollen. Es fällt ihm dann schwerer, es dir zurückzugeben, als in die Tasche zu greifen und dich dafür zu bezahlen!“

Dieses Statement kann ich voll und ganz bestätigen. So albern es scheinen mag, ich fühlte mich noch immer gedrängt, Elmer einen Quarter auszuhändigen und das Messer zu behalten! Dieser Drang verblieb noch, obgleich ich wußte, daß das Messer dem Hotel gehörte. Für mich war das Verkaufskunst allerhöchsten Grades!

Solltest du Verkäufer oder selbständiger Geschäftsmann sein, dann kannst du als Auswirkung rechten Denkens deinen Umsatz erheblich steigern. Wenn andere dir weismachen wollen, die Geschäfte gingen schlecht, die allgemeine Wirtschaftslage sei katastrophal, die Zeiten hart, so daß viele Firmen vor die Hunde gingen, oder wenn sie dich mit ähnlich negativen Gedanken eindecken – wenn du solche Gedanken akzeptierst und sie dir zu eigen machst, dann *wird* dein Geschäft allerdings vor die Hunde gehen. Daran gibt es nicht den geringsten Zweifel. Wenn du dann mit anderen Menschen zu tun hast und dabei den Kopf hängen läßt mit Leichenbittermiene, dann drückst du sie ohne es zu wollen nieder. Und je mehr du herumkommst und je mehr du negativ daherredest (dieses Tap-tappen der gleichen pessimistischen Story), besonders wenn du mit einiger Überzeugungskraft denkst und sprichst, desto mehr Schaden fügst du dir selbst und den Menschen in deiner Umgebung zu.

Du setzt dann Gedankenschwingungen – genauer Furchtvibrationen – in Bewegung, die sehr weitreichend sind. Furchtgedanken sind in geradezu schrecklicher Weise ansteckend und verbreiten sich wie ein Buschfeuer. Wenn du jedoch andererseits dein Denken (visualisieren) auf steigenden Umsatz lenkst und dein Gemüt für die niederzerrenden Gedanken anderer verschlossen hältst, wenn du Enthusiasmus, Energie und Action in dein Programm hineinpackst – dann wird dein Umsatz sich ganz automatisch steigern!

Du mußt das Feuer der Begeisterung entfachen!

Du mußt dir immer bewußt bleiben, daß das intensive Feuer der Begeisterung aus dem Innern heraus zu einem Flächenbrand wird, der alle auf deiner Wellenlänge mitreißt, solange es von dir ausgeht. Diese Schwingungen, die du mit deinen machtvollen Strahlen der Begeisterung aussendest, inspirieren andere, erheben sie und ziehen Gutes an, ebenso wie Furchtschwingungen andere niederdrücken, Gutes abweisen und zerstören.

Es ist eine unwiderlegbare Tatsache, daß es ungeachtet irgendwelcher schlechter Zeiten immer irgendwo Geschäft geben wird, jedoch nur für den, der an dessen Vorhandensein *glaubt* und sich dahinterklemmt. Für jene hingegen, die überzeugt sind, daß keine Möglichkeiten vorhanden seien, und die daher auch nicht das geringste unternehmen, wird es selbstverständlich auch keine Möglichkeiten geben!

Die Suggestion ist eine der machtvollsten Kräfte auf der Welt. Ihre Kraft ist allerdings in zwei Richtungen gleichermaßen wirksam – nämlich positiv und negativ –, je nachdem, welche Richtung du ihr zuweist.

Um dich aufzubauen, kann dir die Anwendung von Suggestionen von großem Nutzen sein. Denn nunmehr weißt du doch über die Macht des Denkens Bescheid. Wenn du dich jetzt dabei ertappst, wie du einen negativen Standpunkt beziehst – ganz gleich, worüber –, dann *halt auf der Stelle inne!* Sei dir sofort über den Schaden klar, den du dir da zufügst, wenn du solchen Gedanken gestattest, sich in deinem Bewußtsein einzunisten! Ersetze diese falschen, diese schädlichen Mentalbilder sofort durch starke visuelle Suggestionen der rechten Art. Du mußt dich deine Schwierigkeiten überwinden *sehen,* ganz gleich, wie sie beschaffen sein mögen. Du mußt dich bei der erwünschten Tätigkeit, bei einem besseren Job, einem besseren Resultat *sehen.* Bedenke: Die schöpferische Kraft im Innern kann immer nur das bearbeiten, was du ihr überreichst. Ein Bauunternehmer muß nach einer präzisen Grundrißzeichnung arbeiten. Weist diese Zeichnung Fehler oder Defekte auf, dann werden sich diese Defekte auch im fertigen Gebäude zeigen, ob der Baumeister sie nun erkannt hatte oder nicht. Und wenn du dein falsches Denken nicht erkennst, werden diese falschen Suggestionen, die du dir tatäglich verabreichst, das bewirken, was du visualisierst. Und wenn du diese Suggestionen an deine Freunde oder Mitarbeiter weiterreichst, dann werden sie dir noch – sofern sie von ihnen akzeptiert werden – tatkräftig helfen, die Zustände herbeizuführen, die du dir verbildlicht hast!

Was tun wir dem Gemüt des Kindes an?

Was dem Kleinkind von Eltern und anderen Erwachsenen durch falsche Sugestionen angetan wird, das geht auf keine Kuhhaut! Hier sind ein paar Kostproben:

„Geh so angezogen nicht nach draußen – du wirst dir den Tod holen!"

„Paß doch auf! Du wirst überfahren!"

„Faß das nicht an – du machst es nur kaputt!"

„Ich wußte es doch! Kannst du denn nicht aufpassen?"

„Komm nicht zu spät nach Hause – dir könnte etwas zustoßen!"

„Bleib vom Wasser weg – du könntest ertrinken!"

„Du kannst das doch nicht – laß mich das lieber machen!"

„Sei um Himmels willen still! Du weißt doch überhaupt nichts!"

„Dir kann man doch nicht über den Weg trauen!"

„Wenn du nicht damit aufhörst, dann rufe ich einen Polizisten, und der wird dich einsperren!“

„Nun hör schon mit der Fragerei auf! Du bist noch nicht alt genug, um die Antworten zu verstehen!“

„Du hast es also wieder getan! Genau wie ich es erwartet habe!“

„Geh weg, du Quälgeist! Ich möchte mal wissen, wozu du überhaupt geboren wurdest!“

„Du widerwärtiges Gör! Ich bin so wütend, daß ich dich umbringen könnte!“

Solche entzückenden Suggestionen hast du sicherlich schon mal gehört, und viele, viele mehr... und man kann sich tatsächlich nur wundern, daß Kinder, die einmal solchen höchst gefühlsbetonten Gedanken ausgesetzt waren, letztendlich doch noch brauchbare Mitglieder der menschlichen Gesellschaft werden!

Der beste Vorschlag aller Zeiten in diesem Zusammenhang – sozusagen preisgekrönt – kam, der *Little Rock, Arkansas Gazette* zufolge, von einer auf die Palme gebrachten jungen Mutter in einem Bus bei dem Versuch, ihr Baby auf althergebrachte Weise zu stillen. Das Baby schien aus irgendeinem Grund nicht sonderlich interessiert zu sein, so daß die verzweifelte Mutter schließlich ausrief: „Wenn du sie nicht nimmst, dann gebe ich sie dem Busfahrer!“

Ganz gewiß werden viele Eltern von den Streichen ihrer Sprößlinge fast zum Wahnsinn getrieben und fühlen sich schon manchmal gedrängt, ihnen mal kräftig den Hintern zu versohlen. Das ist selbstverständlich etwas anderes. Dennoch ist es sehr unklug, als Erziehungsmaßnahme auf furchteinflößende und destruktive Suggestionen zurückzugreifen. Wird ein Kind auf solche Weise zurechtgewiesen, besonders in einem emotionalisierten Stadium, dann bemächtigen diese falschen Mentalbilder sich seines Bewußtseins und veranlassen es, eine größere Empfänglichkeit für die Dinge zu entwickeln, die man bei ihm eigentlich vermeiden oder eliminieren wollte.

Das unbeholfene oder zurückgebliebene Kind muß sich ohnehin mit natürlichen Handicaps herumplagen. Wenn es dann noch von den Eltern oder anderen unentwegt darauf hingewiesen wird (Repetition, Wiederholung!), dann neigt das Kind dazu, diese Eigenheiten noch verstärkt zum Ausdruck zu bringen. Eben diese Kinder sind es jedoch, welche die besten positiven Suggestionen am dringendsten benötigen! Einige Pädagogen haben das inzwischen erkannt und tun alles, um unattraktive oder zurückgebliebene Kinder bei jeder Gelegenheit zu ermutigen: „Du siehst von Tag zu Tag besser aus!... Es geht schon immer besser!“ Wie kleine Pflanzen, denen es an der rechten Pflege gemangelt hatte, reagieren diese Kinder und entfalten sich in kürzester Zeit auf erstaunliche Weise. Versuch diese Methode doch mal! Untermauere sie mit *Liebe* – und du wirst feststellen, daß Wunder geschehen werden!

Experimente mit der Hypnose haben die Macht der Suggestion auf vielfältige Weise demonstriert. Ist der Widerstand des wachbewußten Verstands erst einmal überwunden und kann das Unterbewußtsein direkt erreicht werden, dann wird letzteres unmittelbar auf jede erteilte Suggestion ansprechen, sofern das Suggerierte sich innerhalb der Moralbegriffe der hypnotisierten Person bewegt. Werden nämlich Suggestionen erteilt, die dem Grundcharakter der betreffenden Person zuwider sind, dann wird sie entweder nicht reagieren oder aus dem Hypnosezustand herauskommen. Es würde eine ganze Reihe von Sitzungen mit verändernden Suggestionen erfordern, die darauf abgestimmt sein müßten, die bestehenden moralischen Konzepte zu ändern, bevor ein Mensch sich dazu herbeilassen würde, eine Handlung zu begehen, die gegen sein ethisches Verhaltensmuster gerichtet wäre. Damit dürfte klar sein, daß du deine Handlungen nicht änderst, solange du dein Bewußtsein nicht geändert hast. Deine vorherrschenden Denk- und Gefühlsmuster verbleiben dir, bis etwas eine Veränderung in deinem Denken bewirkt.

Du kannst im Schlaf beeinflußt werden!

Psychologen haben entdeckt, daß vielen jungen und älteren Menschen geholfen werden kann, gewisse Fehler und Gewohnheiten sowie Minderwertigkeitsgefühle zu überwinden, wenn man ihnen im Schlaf Suggestionen erteilt. Das Unterbewußtsein schläft nämlich nie! Es ist sich immer aller Geschehnisse in dir und um dich herum bewußt. In erregtem Zustand jedoch, wenn du mental und emotionell verstört bist und versuchst, Gemüt und Gefühle unter Kontrolle zu bringen, findest du es schier unmöglich, das im Wachzustand zu bewerkstelligen. Wenn jedoch ein dir nahestehender Mensch, dem du in Symphatie verbunden bist, dir unmittelbar nachdem du eingeschlafen bist, sanft und doch bestimmt suggerieren könnte, daß du deine Schwierigkeiten überwinden *wirst*, dann werden diese Gedanken Eingang in dein Bewußtsein finden und dir helfen, eine positivere Einstellung zu entwickeln.

Alles Leben ist im Grunde Suggestion. Fortwährend wird alles, was du wahrnimmst, von dir entweder akzeptiert oder abgelehnt. Wenn du die Wahrnehmung annimmst, dann wird dein Gemüt daran arbeiten, im Guten wie im Bösen, je nach Art oder Beschaffenheit dieser Erfahrung.

Was du tust und was du sagst, wie du deine Persönlichkeit in Gegenwart anderer zum Ausdruck bringst, alles das übt eine suggestive Wirkung auf sie aus, und sie wiederum haben die gleichen Suggestivwirkung auf dich. Die positive Persönlichkeit dominiert immer über die weniger positive oder steigt zum Führer der Gruppe auf. Negative Menschen fühlen sich immer zu positiven hingezogen, weil sie instinktiv die Gegenwart jener suchen, die stärker als sie selbst sind; sie fühlen sich sicher, irgendwie geborgen; und wenn sie wirklich wünschen, in sich positivere Eigenschaften zu entwickeln, dann wissen sie, daß dies am besten erreicht werden kann, wenn sie sich jenen anschließen, die über *positive* Kraft verfügen.

Nun lauf aber nicht durch die Gegend und betone das Positive, nur weil du positiv sein willst! Wirf nicht mit deiner positiven Kraft um dich! Der ausgeglichene Mensch – mental und emotionell – verfügt über alle äußeren Merkmale dieses Gleichgewichts in Haltung, Selbstsicherheit, Charme und Leichtigkeit des Ausdrucks sowie freundlichem Interesse an anderen. Die Manifestation positiver Kraft ist eine stille. Sie ist wie das sanfte und doch kraftvolle Arbeiten einer automatischen Getriebeschaltung. Du bist dir kaum bewußt, daß sie schaltet, und doch ist die Kraft wirklich vorhanden. Und diese Kraft kann von niedrig auf hoch geschaltet werden, unmittelbar und mühelos. Der Mensch, der durch Gewalt zu dominieren sucht, mißbraucht diese Kraft und offenbart einen gewissen Persönlichkeitsdefekt. Solche

Menschen wollen in Wahrheit die Gefühle ihrer Unzulänglichkeit kaschieren und versuchen, die Aufmerksamkeit auf sich zu lenken, indem sie an der Oberfläche Macht demonstrieren. Damit mögen sie für eine gewisse Zeit Erfolg haben, aber sie vermögen diesen Erfolg nicht zu halten.

Sieh dich so, wie du sein willst!

Blick in den Spiegel. Wie schätzt du dich ein? Bist du der Mensch, der du sein willst? Wenn nicht, dann gib dir die Suggestion, die dir helfen wird, dich zu dem zu machen, was du sein willst. Erstelle dir ein Mentalbild davon, wie du anderen gegenüber erscheinen möchtest, wie du deiner Persönlichkeit Ausdruck geben willst. Überlagere dieses Mentalbild deinem echten Spiegelbild vor dir! Mach dir die Veränderungen bewußt, die du in dir zuwege bringen mußt, so als seien sie bereits geschehen! *Wiederhole* diese Visualisation Tag für Tag, Nacht für Nacht. Arbeite daran! Denke an die Macht der Repetition, der Wiederholung... Tap, Tap, Tap!

Sollten andere dich kritisieren oder deine Befähigung an dein Ziel zu gelangen anzweifeln..., dann weise ihre Suggestionen zurück! Analysiere dich, um festzustellen, ob diese Kritik gerechtfertigt ist oder nicht; sollte es der Fall sein, dann überwinde zunächst einen jeglichen aufgrund dieser Kritik aufgekommenen Groll, danke dafür, daß diese Mängel dir zur Kenntnis gebracht worden sind, und mach dich daran, sie zu eliminieren, damit sie deinen Aufwärtsweg nicht weiter behindern. Halte aber deinen Glauben an dich aufrecht! Wenn du den nämlich verlierst, dann verlierst du alles! Jeder Erfolg – groß oder klein – beginnt mit Selbstvertrauen und Vertrauen in die schöpferische Kraft im Innern. Darüber mußt du verfügen, und du mußt es aufrechterhalten, wenn du dich von deinem augenblicklichen Stand dorthin begeben willst, wo du zu sein begehrst!

Sage dir selbst: „Mit jedem Tag werde ich mich verbessern, und schließlich werde ich die Mängel, die ich noch in mir aufspüre, beseitigt haben. Mit jedem Tag erreiche ich eine größere Kontrolle über mein Denken und Fühlen. Mit jedem Tag überwinde ich mehr meine Ängste und Sorgen und andere destruktive Gemütshaltungen. Jeder Tag bringt mir mehr Gesundheit, Glück und Wohlstand. Jeden Tag finde ich bessere Gelegenheiten, anderen dienlich zu sein und lohnende Dinge zu tun. Jeden Tag...!"

Nimm es von hier. Führe es weiter. Erschaffe dein eigenes Morgen durch deine *positiven Suggestionen,* auf dich und deine Bedürfnisse zugeschnitten.

17. Kapitel

Die Gefahren beim Mißbrauch von TNT

Ein hochexplosiver Sprengstoff muß jederzeit mit alleräußerster Vorsicht behandelt werden. Deine „Zündkapseln“ sind jetzt eingestellt, du machst dich daran, deine innere Kraft freizusetzen. Somit ist die Zeit gekommen, dich zu warnen – dir in aller Eindringlichkeit klarzumachen, was du im Zusammenhang mit dieser gewaltigen Ladung TNT, die du jetzt unter deinem Hut trägst, auf gar keinen Fall tun darfst!

Wenn du diese Kraft nämlich auf unrechte Weise anwendest, wird sie deinen Hut hoch in den Himmel pusten – und dich und alles, was dir teuer ist, dazu. Da du nun einmal als ein Geschöpf des freien Willens, das die freie Wahl hat, geschaffen bist, liegt es ganz bei dir, ob du diese Kraft etwa für böse Zwecke verwenden willst. Das tätest du dann allerdings zu deinem eigenen Schaden, und zwar zu deinem allergrößten Schaden! Millionen menschlicher Wesen haben mit einem solchen Versuch nur ihre eigene Zerstörung herbeigeführt. Und Millionen weiterer werden es ihnen gleichtun, bis der Mensch die Wirkung dieser Kraft in seinem Leben überhaupt begreift und sie zu beherrschen vermag. Es ist das Unheil aller Zeitalter, daß der Mensch so viele Jahrhunderte benötigte, um überhaupt erst einmal damit anzufangen, ein wenig Verständnis von sich und seiner ihm innewohnenden gottgegebenen Kraft zu erlangen, die – recht angewandt – dem Menschen schon vor langer Zeit bleibenden Frieden, bleibendes Glück, bleibenden Wohlstand und bleibende Gesundheit und alles Gute beschert hätte, das er sich überhaupt wünschen kann!

Heute steuert die Menschheit durch falsches Denken, aufgestauten Haß, Ressentiments, Gier, Furcht, Vorurteile und andere destruktive Gefühle in allen Rassen, Völkern, Religionen und Gruppen auf eine unaufhaltsame Katastrophe zu, sofern nicht durch ein Wunder ein neues Verständnis für das Selbst und für andere gewinnt und einsetzt!

Du kannst diese Kraft nur für eine gewisse Zeit an der Leine halten, dann *muß* sie sich in irgendeiner Form in der äußeren Welt manifestieren, sei es gut oder schlecht! Sieh dich um. Sieh die weitverbreitete Unruhe, das Leiden, die Unterdrückung in vielen Ländern, den wirtschaftlichen Niedergang, den gewalttätigen Haß, die Vorurteile, die sich auftürmende Bösartigkeit, die Kriege und das Kriegsgeschrei, die Konflikte – alles vom Menschen gemacht, durch das falsche Denken des Menschen!

Was kann dagegen unternommen werden? Wie kann diesem gefährlichen Mißbrauch von TNT Einhalt geboten werden, um die unvorstellbaren Zerstörungen zu vermeiden, die der Mensch über sich und alles, was ihm teuer ist, mit unfehlbarer Sicherheit bringen wird?

Etwas muß getan werden! Und du mußt es sein, der es tut! Handeln kann nicht länger aufgeschoben oder auf andere abgewälzt werden! Es muß mit *dir* beginnen. Jeder Geist, der diese Kraft so anwendet, wie sie angewandt werden sollte, fügt dem universellen Denken etwas Positives und Konstruktives zu. Du kannst über großen Einfluß verfügen – auf deine Freunde, deine Lieben, und auf die Menschen deiner Umgebung. Geh das realistisch an, ohne deshalb negativ zu sein.

Was auch kommen wird, durch richtige Anwendung deiner Gemütskräfte hier und jetzt kannst du Führung und Schutz erlangen. Die Macht des Geistes kann den Menschen befreien oder zerstören – über diese Wahrheit solltest du dir immer im klaren sein. Das gewaltigste Erziehungsprogramm, das die Menschheit je gekannt hat, sollte in Gang gesetzt werden! Dem Menschen sollte eindringlich vor Augen geführt werden, was er sich da antut!

Die Historie weiß von ungezählten Männern zu berichten, die diese Kraft angewandt hatten und sehr schnell an die Spitze gelangten. Dann verfielen sie jedoch der Verlockung, ihre Kraft für selbstsüchtige Zwecke zu gebrauchen. Sie wollten andere beherrschen oder ausbeuten. Und obgleich sie eine Zeitlang damit erfolgreich waren – einige sogar weltweit –, fanden sie alle ein tragisches Ende. Ich brauche nur wiederum Gestalten wie Nero, Julius Cäsar, Mussolini, Hitler, Stalin, Lenin zu erwähnen ... Wenn man all das Unheil bedenkt, das sie über die Menschheit gebracht haben, durch die Macht, die sie einmal besessen hatten, und wie das Böse, das sie durch Mißbrauch dieser Kraft geschaffen hatten, sie überdauert hat – in manchen Fällen sogar über Jahrhunderte hinweg!

Achte sehr darauf, auf welche Weise du diese Kraft anwendest! Laß dich zu keiner Zeit von deinem Ego überwältigen, wenn du spürst, daß diese Kraft dich erhebt!

Höre auf die Stimme deines Gewissens! Frage dich vor jedem Schritt, den du zu tun beabsichtigst: „Mache ich den richtigen Gebrauch von dieser Kraft? Wende ich sie etwa so an, daß sie schließlich einem anderen Menschen oder mir selbst zum Schaden gereicht? Will ich zu rasch – will ich auf Biegen oder Brechen vorwärtskommen, bevor ich für die Verantwortlichkeiten und Erfahrungen überhaupt bereit bin, die ich anziehe?“

Mach deinen Fortschritt langsam, aber sicher!

Ja, es ist durchaus möglich, zu rasch Erfolg zu haben – einen vorläufigen Erfolg! Diese Kraft im Innern hat nämlich nicht die Fähigkeit, über deine Eignung, mit dem Erwünschten in rechter Weise umzugehen, zu befinden. Sie verfügt lediglich über die Fähigkeit, dir das zu liefern, was du ihr aufträgst, in Form der ihr dargebotenen Mentalbilder. Du wirst schon selbst darüber befinden müssen, ob du den Anforderungen entsprichst, die du an die innere Kraft stellst. Sonst wird sie Resultate für dich produzieren, denen du in keiner Weise gewachsen bist!

Du kennst dich selbst besser, als jeder andere Mensch dich kennt. Du weißt, was du innerhalb gewisser Grenzen tun kannst und was nicht. Du weißt zum Beispiel, daß du, wenn du gerade erst das College verlassen hast, deiner Ausbildung erst noch die Erfahrung hinzufügen mußt – daß du nicht gleich an der Spitze eines Unternehmens anfangen kannst. Du weißt natürlich auch, daß ein Diplom allein dir keine Garantie für deinen Erfolg sein kann. Ich hoffe, daß du dir darüber nicht im unklaren bist! Hunderte von Universitätsabsolventen, die im Erwerbsleben versagt und aus ihrem Leben keinen Erfolg gemacht hatten, waren seinerzeit auf die Menschheit losgelassen worden mit der Überzeugung, daß die Welt ihnen den Lebensunterhalt schulde..., daß ihre Bildung sie automatisch für alles qualifiziere. So hatten sich viele mir gegenüber geäußert! Sie wandten diese Kraft an, zusammen mit durchaus gewinnenden Persönlichkeitsmerkmalen, sie erlangten verantwortungsvolle Positionen; das ging auch eine Weile recht gut. Aber nur so lange, bis ihr Mangel an Erfahrung sie eingeholt hatte. Dann fühlten sie sich Druck und Stress ausgesetzt, und ihr Selbstgefühl begann zu schwinden. Und nun mußten sie erleben, daß Männer und Frauen von weitaus geringerer Bildung, die jedoch über mehr Erfahrung verfügten, über ihre Köpfe hinweg Karriere machten. Das konnten sie nicht ertragen, sie wurden von Eifersucht, Grollgefühlen und schließlich von Sorge überwältigt. Was war verkehrt? Sie hatten doch alles! Und doch schien das in der Welt der Realitäten nicht viel zu zählen – im Lebenskampf! Vielleicht muß hier das Bildungswesen selbst einen Teil der Schuld tragen... Vielleicht wurde der Jugend ein gewisses Anspruchsdenken eingeimpft. Vielleicht wurde ihr beigebracht, gleich zu Anfang zu viel zu erwarten.

Kenne dich selbst. Du mußt wissen, was du willst. Du mußt dir darüber klar sein, was du bewältigen kannst. Aber offen und ehrlich, wenn ich bitten darf! Lade dir nicht mehr auf als das, was du auch jederzeit zu handhaben vermagst. Dann wirst du ganz mühelos und natürlich in bessere Gelegenheiten hineinwachsen, und die innere Kraft wird dich mit allem Erforderlichen ausstatten, zusätzlich zu deinen eigenen Anstrengungen, damit du die Leiter des Erfolgs und des Glücks erklimmen kannst.

Wende die Kraft niemals zu eigensüchtigen Zwecken an!

Manch einer, der zum ersten Mal mit dieser Kraft in Berührung kommt, kann leicht der Verlockung unterliegen, sie für selbstsüchtige Zwecke anzuwenden. Die Kraft reagiert immer auf dein Verlangen. Sie wird an jedem Mentalbild arbeiten, das du ihr unterbreitest. Dabei ist es unerheblich, ob deine Absichten lauter oder absolut nicht lauter sind. Daher könntest du dir auch verbildlichen, wie du einen anderen Menschen übervorteilst. Und wenn dieser andere dir vertraut und deine Heimtücke nicht erkennt, könnte dir dein übles Vorhaben gelingen. Durch diese Handlungsweise hast du jedoch in deinem Bewußtsein eine negative Schwingung erzeugt – *eine Anfälligkeit* –, die ein Gleiches dir widerfahren läßt!

Durch solche Manipulationen kannst du somit in deiner eigenen Falle gefangen werden. Wer andern eine Grube gräbt... Was du anderen zuzufügen trachtest, richtet sich in Wirklichkeit auf dich selbst, weil nämlich „das Deinige immer zu dir zurückkommt."

Bist du bereit, dir dein Erwünschtes im Leben durch eigene Anstrengungen zu verdienen? Was du nämlich mühelos, ohne es verdient zu haben, gewinnst, das verlierst du gewöhnlich ebenso schnell. Weil nämlich die magnetische Kraft, die es angezogen hat, nicht aufrechterhalten wurde; wenig oder gar keine Kraft hat sich gesammelt um etwas, das dir unverdienterweise zugefallen ist (durch falsche Anwendung der Gemütstätigkeit), daher kann ein anderer, der seine Macht ebenso falsch anwendet, es dir wieder abjagen.

Denke daran: Gleiches zieht immer Gleiches an! *Was du nicht willst, das man dir tu, das füg auch keinem anderen zu!* Das ist ein alter Ausspruch. Für den Unvernünftigen sollte er jedoch der Beginn der Weisheit sein! Wenn du etwa glaubst, davonzukommen, dann bist du auf dem Holzweg! Das Gesetz der Kompensation, der Vergeltung, sorgt da schon für den nötigen Ausgleich.

Bislang hat nur ein verschwindend geringer Teil menschlicher Wesen dieses TNT in rechter Weise angewandt. Doch jedes Mal, wenn das der Fall war, hat es ihnen ein größeres persönliches Glück, Vollbringen, Gesundheit, Wohlstand – und sogar Ruhm eingebracht! Der Grad ihres Glücks, ihres Vollbringens, ihrer Gesundheit, ihres Wohlstands und ihres Ruhms befand sich im genauen Verhältnis zum Grad ihrer Anwendung dieser Kraft. Das wird immer so sein! Dreh einen Wasserhahn nur halb auf, und du hast nur einen halben, recht müden Wasserstrahl. Wenn du dich nur von einem geringen Teil der Kraft durchströmen läßt, dann verringerst du die Resultate, die sie dir bringen kann.

Anführer oder Einpeitscher, die das TNT durch bewußtes Schüren von Haß und Ressentiments entzünden, können durch dieses Aufputschen der Massen die schlimmsten Verheerungen anrichten. Dafür gibt es Beispiele genug. Millionen werden immer allzu bereit sein, sich von jemandem führen zu lassen, der zu führen bereit ist... in die rechte Richtung zu führen! Die Menschheit neigte ja, wie du weißt, immer wieder dazu, ihre Erlöser zu kreuzigen.

Die Zeit für den rechten Gebrauch der Geisteskräfte ist jetzt gekommen

Nunmehr ist für den Menschen jedoch die Zeit gekommen, ohne Rücksicht auf seine religiösen oder philosophischen Überzeugungen, seine Rasse oder Hautfarbe, die spirituelle Kraft in seinem Innern zu erkennen – „dieses Etwas“ –, das jeder Mensch besitzt, und das, richtig angeleitet, *allen Menschen* den Frieden, das Glück, die Fülle und die universelle Brüderlichkeit bringen kann, nach der sie sich so lange gesehnt haben.

Es ist *hier* – direkt in dir – ein Teil von dir – direkt in deiner Tasche; so wie es sich vor Jahren schon in meiner Tasche befunden hatte. Nur war ich mir dieser Tatsache damals eben nicht bewußt. Es war mir nicht klar, was ich da hatte, was immer mein gewesen war... Was schon immer auf der Welt bestanden hatte, allen Menschen in allen Zeitaltern gleichermaßen verfügbar; der Schatz aller Schätze, der heilige Gral, die Weisheit, die Intelligenz, die Lösung aller Probleme; jedoch der Fluch aller Flüche, die verheerendste aller Kräfte, wenn auf falsche Weise zur Explosion gebracht, durch das falsche Denken des Menschen.

Sie ist dein, diese Kraft! Sie ist dein, zu deinem Gebrauch oder Mißbrauch. Nun, da du sie hast und weißt, wie man mit ihr umzugehen hast – was wirst du mit ihr anfangen?

Deine Entscheidung, auf welche Weise du sie anwenden willst, wird deine Welt verändern... und könnte möglicherweise die ganze Welt verändern.

Vorsicht: Hochexplosiv! Geh mit Weisheit und Vorsicht heran!

„Wenn du es glaubst – dann ist es so!“ Aber *was* glaubst du?

Was du glaubst und was die Menschen auf dieser Welt glauben – das wird die Welt von Morgen ausmachen! Und das TNT dieser Überzeugungen wird die Erde erzittern lassen!

18. Kapitel

Wie wird „Dieses Etwas" angewandt? Fragen und Antworten

Zweierlei ist erstrebenswert im Leben:
Das Begehrte zu erlangen
Und sich seiner zu erfreuen.
Nur die weisesten der Menschheit erreichen das zweite.

Logan Pearsall Smith

Im Lauf der Jahre erreichten mich viele Fragen, die mir von Menschen gestellt wurden, die ihrerseits „dieses Etwas" in sich entdeckt und sich redlich bemüht hatten, es zu studieren und in ihrem täglichen Leben anzuwenden. Da einige dieser Fragen von allgemeinem Interesse sein könnten, habe ich für dieses Kapitel die repräsentativsten davon zur Beantwortung ausgewählt, in der Hoffnung, daß meine Antworten dir für deine weitere Entwicklung und deine Verwirklichungen eine Hilfe sein werden.

Wie kann ich mein Bewußtsein von lästigem und vor allem schwächendem Furcht- und Sorgedenken freihalten, das scheinbar von außen auf mich einstürmt?

Falsche emotionelle Reaktionen auf bestimmte Erlebnisse in der Vergangenheit haben in Ihrem Gemüt die Befürchtung verankert, daß Ihnen immer wieder ähnliches widerfahren wird. Aufgrund dieser Angst produziert Ihr Unterbewußtsein dieses von Ihnen beschriebene „lästige und vor allem schwächende Furcht- und Sorgedenken". Mit dem können Sie jedoch fertig werden, wenn Sie den emotionellen Griff lockern, in dem vergangene Ängste und Sorgen Sie gehalten haben – wenn Sie diesen Griff im Bewußtsein lockern. Nach und nach wird dann die Macht dieses falschen Denkens, ähnliche Gedanken und Reaktionen anzuziehen, reduziert. In anderen Worten: Je mehr Sie eine *positive* Gemütshaltung entwickeln, desto weniger werden Sie von störenden negativen Gedanken beeinflußt.

Wie können wir glauben und vertrauen, wenn wir dabei die Tatsache ignorieren, daß ein zum Angriff bereiter Feind uns auflauern, oder daß die Straße, der wir in der Dunkelheit folgen, in einen Abgrund führen, oder daß unser Trinkwasser schädliche Keime enthalten könnte? Erst wenige von uns haben ihr Vermögen der Vorahnung so weit entwickelt, daß es zu einem verläßlichen Faktor in Notfällen oder im Alltagsleben werden könnte.

Blinder Glaube ist immer gefährlich und oftmals sogar schlimmer als gar kein Glaube. Wirklicher Glaube schließt die Eigenschaft des inneren *Wissens* in sich ein. Ein solcher Glaube basiert auf einem intelligenten Gewahrsein der Faktoren, auf denen er beruht. Wer sich fahrlässig oder leichtsinnig in einer Gegend aufhält, wo er einem Feind begegnen oder an einen Abgrund geraten oder mit infiziertem Wasser in Berührung kommen kann, macht mit Sicherheit nicht von der ihm angeborenen Intelligenz Gebrauch. Glaube war noch niemals ein Ersatz für intelligentes Vorgehen. Er war und ist vorgesehen, um die eigene Intelligenz zu erweitern – die inneren schöpferischen Kräfte zu aktivieren, um das Erwünschte heranzuziehen, im Einvernehmen mit eigenem Bemühen in dieser Hinsicht.

Wenn Sie sich vertrauensvoll verbildlichen, daß Sie immer sicher behütet sind und ein Zusammentreffen mit einem Feind jederzeit umgehen können, oder daß Sie auf jeder Straße – auch in der Dunkelheit – sicher geführt, oder daß Sie vorgewarnt werden, wenn Sie im Begriff sind, etwas Schädliches zu tun wie etwa das Trinken verseuchten Wassers, dann folgt die schöpferische Kraft im Innern Ihren Anordnungen und versieht Sie mit den „Eingebungen", den Impulsen, dem Drängen und den „Vorahnungen", die Ihnen zum Schutz gereichen.

Sie behaupten, das Unterbewußtsein veranlasse uns, im Fall einer großen Gefahr das Richtige zu tun. Und doch weiß jeder – ich selbst eingeschlossen – von Fällen, wo Menschen, die sich von einer plötzlichen Feuersbrunst überrascht sahen, ihren wertvollsten Besitz liegen ließen und statt dessen relativ Wertloses in Sicherheit brachten – oder den falschen Weg einschlugen, obgleich der richtige offen vor ihnen lag. Wie erklären Sie sich das?

Den „richtigen Weg" wird Ihr Unterbewußtsein in einem Notfall *nicht* wählen, wenn es nicht durch *richtiges Denken* dazu erzogen worden ist! Wenn Sie sich schon immer vor Feuer gefürchtet und sich nicht verbildlicht haben, was Sie in einem solchen Fall tun würden, dann werden Sie von dieser Furcht gelähmt sein, wenn Sie sich einmal in einer derartigen Situation befinden sollten, außerstande, die richtige Weisung aus dem Unterbewußtsein zu empfangen. Bedenken Sie: Was aus Ihrem Bewußtsein kommt, ist nur das, was zu irgendeinem Zeitpunkt zuvor hineingegangen ist..., denn Ihre Welt haben Sie erschaffen durch Ihre früheren Reaktionen. In Ihrem Bestreben, etwas aus dem Feuer zu retten, greifen Sie sich hysterisch irgend etwas, weil Sie sich nie verbildlicht hatten, wie Sie in einem solchen Fall die wichtigen Dinge retten. Und weil Sie sich noch nie verbildlicht hatten, welchen Fluchtweg Sie in einem solchen Fall einschlagen würden, haben Sie auch nur einander jagende Gedanken – auf jeden Fall zu entkommen –, jedoch nicht, auf welchem *Weg* zu entkommen! Fangen Sie jetzt an, Ihr Gemüt vorzubereiten, mit *jedem* Notfall fertig zu werden. Ich reise sehr viel und steige dabei in allen möglichen Motels und Hotels ab. Ich fürchte mich keineswegs vor Feuer, aber als intelligente Vorsichtsmaßnahme merke ich mir nach der Ankunft sogleich die meinem Zimmer nächstgelegenen Notausgänge, Feuerleitern und Treppen. Ich überprüfe sogar die Türen der Notausgänge darauf, ob sie geöffnet oder versperrt sind, sowie die auf die Feuerleitern führenden Fenster, um sicher zu sein, daß sie nicht klemmen. (In vielen Fällen habe ich Zustände angetroffen, die ein Entkommen unmöglich gemacht hätten – versperrte Türen und verklemmte Fenster.) Ich verbildliche mir immer die unmittelbare Umgebung meines Zimmers und untersuche, ob ich mich bei seinem Verlassen nach links oder rechts zu wenden habe, um den nächstgelegenen Ausgang zu erreichen und ihn notfalls auch im Dunkeln finden zu können. Diese Beobachtungen erfordern zumeist nicht mehr als fünf Minuten. Danach entlasse ich die ganze Angelegenheit aus meinem Bewußtsein, in dem Wissen, daß mir im Katastrophenfall die richtigen Schritte bewußt gemacht werden. Zusätzlich entscheide ich schon vorher, welche Gegenstände ich mitnehmen werde, um nicht erst im Ernstfall damit konfrontiert zu sein. Ihr Unterbewußtsein, „dieses Etwas“ in Ihnen, wird Sie niemals im Stich lassen, sofern Sie es richtig instruiert und Ihr Bewußtsein von Furcht befreit haben.

Sie behaupten, das Unterbewußtsein sei intelligent, allwissend und praktisch unfehlbar, wenn ich Sie recht verstanden habe. Wie kommt es dann aber, daß das Unterbewußtsein von falschen, ungerechtfertigten und bösartigen Gedanken oder Geschehnissen von außen beeinflußt werden kann?

Suggestion! Ihr Unterbewußtsein reagiert auf der Stelle auf alles, was sich in Ihrer äußeren Welt abspielt, wenn Sie es mit Ihrem wachbewußten Verstand akzeptieren. Vergessen Sie niemals: Was Sie in sich hineinnehmen, Ihre Mentalbilder von Erlebnissen, wird in Ihrem Unterbewußtsein aufbewahrt. Deshalb habe ich wieder und wieder davor gewarnt, das TNT auf falsche Weise anzuwenden. Lernen Sie es, Ihre falschen Reaktionen auf alles, was Ihnen begegnet, zu beherrschen. Fahren Sie nicht fort damit, Ihrem Unterbewußtsein Furcht- und Sorgegedanken über Zustände und Begebenheiten in Ihrem Wahrnehmungsbereich weiterzureichen. Tun Sie das nämlich, dann weisen Sie die innere Kraft lediglich an, Gleiches anzuziehen, denn das verbildlichen Sie sich ja. Dann erstellen Sie immer wieder ein Denkmuster von einem vergangenen Geschehnis. Ihr Unterbewußtsein ist in der Tat unfehlbar. Es wird mit unfehlbarer Sicherheit die Instruktionen befolgen, die Sie ihm mit Ihrem wachbewußten Verstand verabreichen. Es verfügt zwar über ein intelligentes Gewahrsein, kann jedoch nicht abwägen. Das kann nur der wachbewußte Verstand. Erwarten Sie daher nicht von Ihrem Unterbewußtsein, daß es an Ihrer Stelle das Denken übernimmt. Es kann für Sie *wahrnehmen*, wenn Sie es entsprechend anweisen. Es kann Ihnen dabei Kenntnis von Dingen vermitteln, die Sie zu erfahren wünschen, oder Sie mit den Quellen solchen Wissens in Verbindung bringen ... Es unterwirft sich jedoch zu allen Zeiten Ihren Wünschen, Ihren Entscheidungen, und der Auswahl Ihres freien Willens.

Sie sagen: „Halten Sie den anderen für einen netten, anständigen Menschen, und er wird sich als ein solcher erweisen.“ Aber angenom-

men, Sie wissen definitiv, daß es sich um einen ausgemachten Schuft und Bösewicht handelt. Empfehlen Sie wirklich, daß man sich in einem solchen Fall etwas vormachen soll?

Selbstverständlich empfehle ich keine Selbsttäuschung. Wenn Sie wissen, daß Sie einem bestimmten Menschen nachgewiesenermaßen nicht über den Weg trauen können, dann sollten Sie sich selbstverständlich vor ihm in acht nehmen. Oft genug haben Menschen in ihrem Leben jedoch mal einen Fehler gemacht – möglicherweise krimineller Art – und wurden von einer selbstgerechten Gesellschaft vorschnell verurteilt, so daß ihnen keine Gelegenheit zur Wiedergutmachung dieser Fehler gegeben wurde. Wir erwarten dann irgendwelche Untaten von ihnen, und wir bekommen natürlich das, was wir erwarten. In einer gewissen Abwehrhaltung zeigen diese Menschen sich uns dann von ihrer schlechtesten Seite, weil wir diese Seite durch unsere Einstellung bei ihnen hervorkehren. „Im Zweifel für den Angeklagten", diese Haltung würde uns gut anstehen. Damit würden wir uns nämlich seiner oder ihrer „besten Seite" zuwenden und das Gute anerkennen, das wir wahrnehmen wollen. Da Gleiches immer Gleiches anzieht, wird ein Mensch, der fühlt, daß Sie Vertrauen in ihn setzen, alles tun, um dieses Vertrauen zu rechtfertigen. Verbildlichen Sie sich als geschützt vor den falschen Gedanken oder Taten anderer. Fürchten Sie nicht, von anderen hereingelegt zu werden, denn gerade diese Furcht wird Sie dafür empfänglich machen. Oft schon hat man mir gesagt: „Ich kann nicht begreifen, was Sie in Soundso sehen" oder „Wie kommen Sie denn mit Soundso zurecht?" Das ist ganz einfach. Weil ich nämlich nach dem Guten ausschaue, während andere Barrieren errichten, was man natürlich übelnimmt. Folglich erwecken sie falsche Reaktionen in Individuen, die sie sonst anders behandelt hätten, wenn sie selbst anders behandelt worden wären. Sogar ein Hund weiß instinktiv, was Sie wirklich von ihm halten, ganz gleich, was Sie vorgeben. Würden Sie ein menschliches Wesen denn nicht besser behandeln als einen Hund? Wenn wir anderen die Chance zu einem Comeback verwehren, welche Hoffnung besteht dann für uns?

Wenn ich mich recht erinnere, sagten Sie einmal, daß ein Mensch mit einer brauchbaren Idee, von deren Fundiertheit er überzeugt ist, selten Schwierigkeiten hat, die erforderlichen Geldmittel zur Finanzierung des Vorhabens zu erlangen. Und doch: Wie viele Erfinder, die vom Wert ihrer Erfindungen überzeugt waren, endeten im Armenhaus!

Ich habe schon oftmals die mangelnde Bereitschaft so mancher Wissenschaftler und anderer Autoritäten, neue Ideen zu akzeptieren oder überhaupt nur in Erwägung zu ziehen, angeprangert. Im Zusammenhang mit der Telepathie hatte ich festgestellt, daß praktisch alle großen Wissenschaftler – wie Edison, Steinmetz, Tesla und Marconi – sich sehr dafür interessierten. Ebenso Dr. Alexis Carrel, der von ihr restlos überzeugt war und erklärt hatte, daß sie durch die Wissenschaft gründlich erforscht werden sollte, so wie auch alle physiologischen Phänomene. Aber abgesehen von diesem Interesse und der Forschungsarbeit von Prof. Dr. J. B. Rhine an der Duke University, der London Society for Physical Research, der American Society und anderer, die Berge von Beweismaterial produziert haben, gibt es noch immer Wissenschatftler, die diese Arbeit verächtlich machen. Es widerstrebt ihnen einfach, eine Idee, die nicht in ihre wohletablierten Konzepte paßt, überhaupt in Erwägung zu ziehen. Diese Abwehrhaltung ist es, mit der sich der durchschnittliche Erfinder konfrontiert sieht. Ein Erfinder ist oftmals ein stiller, introspektiver Mensch mit wenig Erfahrung im Umgang mit der äußeren Welt. Er vermag das Funktionieren seiner Erfindung vertrauensvoll zu *visualisieren* und ist auch fest davon überzeugt, daß seine innere schöpferische Kraft sie mit ihm erschafft. Aber er vermag es nicht, mit dem gleichen Vertrauen zu visualisieren, wie er für seine Erfindung Anerkennung erlangt und Geldmittel erschließen kann. Dies ist für ihn eine andere Welt. Er unterbreitet seine Erfindung nur einigen möglichen Interessenten, und wenn er dann abgewiesen wird, dann ist das für ihn zutiefst entmutigend. Er ist niedergeschlagen und verbildlicht sich Fehlschläge.

Unter solchen Bedingungen läßt der Erfinder die schöpferische Kraft gegen sich arbeiten. Wenn Sie in einem bestimmten Lebensbereich ein „erfolgreicher Visualisierer“ sind, dann bedeutet das selbstverständlich nicht, daß Sie damit automatisch auch in anderen Bereichen erfolgreich sein müssen. Das gleiche richtige Denken muß auf alles und jedes in Ihrem Leben angewandt werden. Einige Menschen besitzen ganz naturgemäß das, was man als „Geldbewußtsein“ bezeichnen könnte – sie *sehen* sich Geld verdienen, mit größeren

Geldbeträgen umgehen, alles, was sie anrühren, in Geld verwandeln – und die innere Kraft hilft ihnen, Geld zu machen und heranzuziehen. Viele der gleichen Menschen gelten aber als durchaus erfolglos auf anderen Gebieten. Bei ihnen gibt es Krankheit, das Unvermögen, mit anderen auszukommen, Mangel an persönlichem Glücksgefühl, Unzufriedenheit und alle Arten anderer Mängel. Jeder Erfinder sollte sein Problem des Verkaufs und der Vermarktung seiner Erfindung, deren Finanzierung etc. mit der gleichen Begeisterung, der gleichen Beharrlichkeit, der gleichen energischen Anwendung seiner Visualisierungskraft angehen, wie er das mit der Schöpfung und Entwicklung seiner Erfindung selbst getan hat. Tut er das, dann wird sein Vorhaben erfolgreich sein, wie jeder erfolgreich ist, der „dieses Etwas" im Innern richtig anwendet.

Wie kann man echte Eingebungen oder Vorahnungen von bloßem Wunschdenken unterscheiden, die ja nur Ausdruck der Wünsche oder Passionen des wachbewußten Verstands sind?

Die Fähigkeit zwischen wirklichen Eingebungen, intuitiven Gedankenblitzen oder Vorahnungen einerseits und Wunschdenken des wachbewußten Verstands andererseits kommt mit der Praxis. Wahre Eingebungen dringen ohne Reflexion oder Vorsatz in das bewußte Feld Ihres Gemüts. Sie „wissen" oder „fühlen" plötzlich etwas, Sie verspüren einen starken Drang, etwas zu tun oder zu unterlassen, sich in acht zu nehmen, zu überprüfen oder zu untersuchen. Selbstanalyse wird Ihnen bei der Feststellung helfen, ob ein erhaltener Impuls durch Wunschdenken, ein exzessives Begehren oder eine Leidenschaft zustande gekommen ist, wie Sie es charakterisieren. Sie sollten sich selbst gut genug kennen, um eine unpersönliche Haltung einzunehmen und zu sagen: „Ich habe meine Imagination entsprechend stimuliert. Ich erkenne das nicht als eine wirkliche Eingebung. Meine Ängst haben sich dramatisiert und mir das falsche Gefühl vermittelt, daß etwas geschehen wird." Sie werden dann bald einen Unterschied im *Empfinden* feststellen, wenn Ihnen eine wahre Eingebung kommt.

Ihre Erinnerung an Ihr Empfinden bei der wirklichen Eingebung wird Sie dann in die Lage versetzen, andere intuitive Gedankenblitze zu erkennen und die Resultate Ihres Wunschdenkens außer acht zu lassen. Sie müssen *glauben*, daß Ihr inneres Gemüt Ihnen dienlich sein kann und will, indem es Sie erforderlichenfalls mit Gedankenblitzen versorgt. Anderenfalls kann die innere Kraft nicht in dieser Weise für Sie tätig werden. Manch einer sagt: „Ich glaube nicht an Eingebungen! Ich kann mich nicht erinnern, jemals welche gehabt zu haben!" Diese Haltung hat einen jeglichen mentalen Impuls von vornherein abgeblockt. Lernen Sie, alle exzessiven Begehren – Dinge, die für Sie nicht gut sind – zu beherrschen, eliminieren Sie Ihre Ängste. Damit verringert sich der Widerstand gegen die Führung und den Schutz, den Ihre Intuition Ihnen so bereitwillig gewähren will.

Mein Problem ist weder im Finanziellen, Geschäftlichen oder im Erlangen von Ruhm und Anerkennung angesiedelt. Es handelt sich vielmehr um eine ernstliche Sprachstörung: Ich stottere und stammele. Und das beschäftigt mein Bewußtsein natürlich vordringlich. Seit ich Ihre Philosophie studiere, habe ich einige Verbesserungen erfahren können. Ich sehe ein, daß bei einem solchen Zustand positive Resultate nicht über Nacht erzielt werden können – obgleich ich mir selbstverständlich eine baldige Heilung wünsche. Können Sie mir brauchbare Hinweise geben, wie man das Unterbewußtsein bei seiner wundervollen Arbeit an diesem Problem beschleunigen kann?

Gehen Sie in Ihrem Leben auf die Zeit zurück – sofern Sie sich daran erinnern –, als Sie mit dem Stottern anfingen. Welche emotionelle Erfahrung hatte zu diesem Zustand geführt? Wurden Sie vielleicht in einem besonders sensitiven Gemütszustand von Ihren Eltern oder einem anderen Erwachsenen kritisiert oder herabgesetzt? Gab es ein in erdrückender Weise dominierendes Familienmitglied, in dessen Gegenwart Sie den Mund nicht aufmachen wollten? Fühlten Sie sich von jemandem restlos überschattet? Oder waren Sie einmal derart angsterfüllt, daß es Ihnen unmöglich wurde zu sprechen? Irgendwo in Ihrer Vergangenheit ist die eigentliche Ursache Ihrer gegenwärtigen Schwierigkeiten zu finden. Wenn Sie die ermittelt haben, können Sie sich aus dem Griff befreien, in dem diese emotionelle Reaktion Sie hält. Als weitere Hilfe – da Stottern und Stammeln normalerweise mit einem Minderwertigkeitsgefühl oder übermäßiger Anspannung einhergeht – warten Sie einige Sekunden, bevor Sie sprechen. Atmen Sie tief ein und verbildlichen Sie sich, was Sie sagen werden, bevor Sie es in Worte fassen. Wenn Sie nämlich angestrengt nach Worten suchen, wird Ihre

Aufmerksamkeit von Ihrem Sprachzentrum abgelenkt, und Ihre Rede ist nicht flüssig, sondern bruchstückhaft. Richtiges „Timing“ und Visualisation tun das ihrige, um Ihnen die Fähigkeit, jedes Wort korrekt zu artikulieren, zurückzugeben. Koordinieren Sie beides, und Sie werden den Zustand bald überwunden haben.

Ich bin von Ihren Lehren fest überzeugt. Sie weisen eindringlich darauf hin, daß man diese Kraft ausschließlich für das Gute und keinesfalls für Schlechtes anwenden sollte. Das glaube auch ich hundertprozentig – daher meine Frage: Wäre es von Übel, diese Kraft beim Glücksspiel einzusetzen? Ich bin gewiß kein professioneller Glücksspieler, aber wie viele Leute gehe ich ihm hin und wieder nach. Wäre es schädlich, diese Kraft in größerem oder kleinerem Rahmen bei Glücksspielen anzuwenden?

Frederick Marion, ein bekannter Seher, Autor des Buches *In My Minds Eye* (Im Auge meines Gemüts), in dem er von vielen seiner Erfahrungen mit außersinnlichen Wahrnehmungen, Gedankenlesen, Zukunftsvoraussagen etc. berichtet, erzählt darin auch von seinen Versuchen, seine Kräfte beim An- und Verkauf von Aktien und Wertpapieren einzusetzen. Eine Zeitlang war er damit recht erfolgreich; dann begannen seine Kräfte ihn im Stich zu lassen. Er konnte dem menschlichen Begehren, eine Antwort zu erzwingen, nicht Herr werden. Schließlich stand jedesmal sehr viel Geld auf dem Spiel, und er mußte mit seinen Entscheidungen unbedingt „richtig liegen“. Bisher wurde noch jeder Glücksspieler, der sich auf seine Intuition verlassen hatte, von dieser unter Druck im Stich gelassen. Die meisten mir bekannten Glücksspieler starben völlig mittellos oder waren mehr im Minus als im Plus. Sie wußten nie, wann es Zeit war aufzuhören – ein Erfolg spornte sie an zu neuen Verlusten. Hätten sie dagegen das „Spiel des Lebens“ recht gespielt, ohne Anspannung und Stress, dann hätten sie von ihrer Intuition immer verläßliche Hilfe erfahren. Das Leben selbst ist in gewisser Weise ein Glücksspiel... man setzt auf sich selbst, um zu gewinnen... und ich würde jederzeit lieber auf mich selbst setzen als auf ein Glücksrad. Glücksspiele sind von Übel, wenn man damit sich selbst und anderen Schaden zufügt. Nur der sollte spielen, der es sich auch leisten kann zu verlieren. Aber nur wenige dieses Typs spielen. Wie würden Sie sich da einordnen? Warum wollen

Sie denn nicht lieber auf sich selbst setzen? Die Risiken sind bei weitem geringer und die lebenslangen Gewinne viel größer – und lohnender!

Können Sie mir eine Formel oder einen Plan vorschlagen, um für mich aus verschiedenen Möglichkeiten, die ich geschäftlich unternehmen könnte und möchte, das Beste herauszusuchen?

Kein anderer kann das für Sie tun als nur Sie selbst. Sagen Sie bei Ihren Meditationen Ihrer Kraft im Innern: „Ermittle du für mich, worin meine besten geschäftlichen Möglichkeiten liegen – welche Befähigungen und vergangene Erfahrungen ich mir für die Zukunft zunutze machen kann." Übergeben Sie dieses Bild Ihrem Unterbewußtsein, und gehen Sie dann Ihren täglichen Pflichten nach, im festen Vertrauen, daß Sie zur rechten Zeit durch einen intuitiven Gedankenblitz oder ein plötzliches Gewahrsein die einzuschlagende Richtung *kennen* werden. Sie können sich darauf verlassen. Die Antwort wird sich bemerkbar machen.

Einige Autoren behaupten, man lerne keineswegs durch Erfahrung. Bitte erklären Sie, was Sie mit „Lernen durch Erfahrung" meinen.

Ganz einfach, durch Erfahrung lernen, etwas zu unterlassen oder etwas zu tun. Aus den Erfahrungen anderer Gewinn zu ziehen. Weshalb sollten Sie die gleichen Fehler wie andere begehen, wenn Sie von vornherein beobachten konnten, daß Sie einen Weg eingeschlagen haben, der Sie in eine Sackgasse führt? Gebrauchen Sie Ihre Intelligenz ebenso wie Ihren Glauben, wenn Sie dem Leben gegenübertreten.

Ich fühle mich festgefahren und aufgeschmissen. Wie kann ich von Gefühlen des Chaos wegkommen?

Indem Sie Ihr konfuses Denken eliminieren. Sie haben die schlechte Gewohnheit, kleinen unwesentlichen Details oder Begebenheiten zu viel Aufmerksamkeit zu widmen. Damit haben Sie in Ihrem Gemüt einen Berg von Hindernissen aufgetürmt. Alles in Ihrem Bewußtsein dreht sich um diese Behinderungen, und das wiederum vereitelt, daß wahre Gedanken und Ideen zu Ihnen durchkommen können. Sie haben ein konstantes Gefühl von drohendem Chaos, nur weil diese verstörten Gedanken Ihnen das Empfinden vermitteln, von ihnen „überwältigt" zu sein. Werfen Sie sie durch einen Willensakt hinaus, dann wird es in Ihrem Gemüt „bye-bye Chaos – Willkommen Gesetz und Ordnung" heißen.

Welchen Platz nimmt die Imagination in der Reihe der Dinge ein, wenn sie dazu neigt, das Denken in die Irre zu führen?

Richtige Anleitung der Imagination bildet eine gewaltige Kraft zum Guten statt zum Schaden. Stellen Sie sich vor, wie Ihnen Gutes widerfährt – und Gutes wird in Erscheinung treten, so wie Sie es sich durch Imagination verbildlicht haben. Imaginieren Sie dagegen Schlechtes, dann werden Sie bald genug Schlechtes erfahren.

Was ist Imagination?

Imagination ist jene Kraft des Gemüts, die Sie befähigt, in Ihrem inneren Bewußtsein ein Mentalbild dessen zu formen, was Sie begehren. Sie ist der Stimulator des Denkens, der Aktivator der schöpferischen Kraft im Innern, das Mittel, Ihr Begehren zu spezifizieren.

Wie verbildlichen Sie sich beim Beten die Gotteskraft oder innere Gegenwart? Kann man nur zu einem Gefühl der inneren Macht beten?

Ein jeder Mensch hat sein eigenes Gotteskonzept. Sie sollten bei Ihren Meditationen und Gebeten das Konzept von Gott anwenden, das Ihnen das hilfreichste, bedeutungsvollste und befriedigendste ist. Bei meinen Gebeten verbildliche ich mir Gott selbstverständlich nicht als ein antropomorphisches Wesen auf irgendeinem Thron irgendwo oben im Himmel. Diesem Kindheitskonzept bin ich seit langem entwachsen. Heute bin ich der Überzeugung, daß ein Teil Gottes, der großen Intelligenz, einer jeden menschlichen Seele innewohnt – Ihrer und auch meiner. Sie können sich doch jederzeit ins Gedächtnis rufen, wie nahe Sie sich einem geliebten Menschen fühlen. Wenn Sie *jetzt* an ihn denken, dann kommt er Ihnen auf der Stelle in den Sinn. Sie verspüren seine Nähe und die existierende Bindung zu ihm. In gleicher Weise lassen Sie diese Gefühle der Nähe und Intimität von Gott zu Ihnen kommen. Sie wissen, daß der geliebte Mensch existiert, wenn Sie an ihn denken; daran gibt es für Sie nicht den geringsten Zweifel. Wissen und empfinden Sie daher auch, daß Gott existiert, und Sie werden die Gottesgegenwart im Innern spüren – die Macht, die Sie niemals im Stich läßt, an die Sie sich im Gebet und Meditation wenden, und von der Sie die richtigen Antworten erwarten können.

Würden Sie mir bitte sagen, welche Techniken man anwenden kann, um unglückliche Erfahrungen der Vergangenheit auszulöschen und nahestehenden Menschen zu vergeben?

Indem Sie sich klar werden, daß Sie sich selbst großen Schaden zufügen, wenn Sie eine bittere Erinnerung an diese Erfahrungen aufrechterhalten – und daß Sie jene, die Ihnen etwas angetan haben, nicht halb so verletzen wie sich selbst. Lassen Sie das Geschehene in Ihrem Bewußtsein Revue passieren und *verbildlichen* Sie sich dann, was Sie nach Ihren jetzigen Erkenntnissen hätten sagen und tun sollen. Akzeptieren Sie Ihren Anteil an der Schuld und Verantwortung... und wie gerechtfertigt Ihr Unmut auch sein mag, *lassen Sie jetzt los* – lassen Sie Ihren Haß und Groll fahren. Seien Sie überzeugt, daß das Gesetz der Kompensation sich der Sache annimmt. Begreifen Sie, daß Sie sich niemals erholen können, solange Ihre Aufmerksamkeit auf Vergangenes und auf unerfreuliche Begebenheiten geheftet ist. Wenn Sie immer wieder an einmal erlittene Verluste denken, dann schließen Sie damit die Möglichkeit aus, neue Ressourcen zu erschließen, neue Gelegenheiten zu ergreifen und neue Erfahrungen glücklicher Art zu machen. Bedenken Sie: Gleiches zieht Gleiches an! Und Sie haben sich über Jahre hinweg immer nur eine Wiederholung Ihrer miserablen Gefühle angezogen, als Sie diese Erfahrungen wieder und wieder durchlebt hatten. Das ist es nicht wert. Derartige Gedanken zerstören Ihre Gesundheit und Ihr Glück, sofern sie nicht fallengelassen werden – und eine neue, positive Haltung eingenommen wird.

Gibt es einen Unterschied zwischen Gebet und Meditation?

Ja. Meditation ist eine Vorbereitung auf das Gebet, bei der man den physischen Körper von allen Anspannungen befreit, das Wachbewußtsein passiv macht und mit nach innen gekehrter Aufmerksamkeit in die Visualisation der erwünschten Dinge eintritt.

Wenn Ihre Eltern Ihnen von Kindheit an bis zum heutigen Tag einreden, daß Sie niemals Erfolg haben könnten – wie kann man diese Blockierung erfolgreich beseitigen?

Das ist ja eine feine Erbschaft, die Eltern ihren Kindern hinterlassen können – eine Serie von „Du-kannst-nicht"-Bildern! Ihr erster Schritt zur Befreiung Ihres Bewußtseins von dieser elterlichen Gebundenheit ist die Erkenntnis, daß von dem Moment, an dem Sie dieses negative Konzept zurückweisen, es Ihr Gemüt nicht weiter im Griff halten kann. Sie müssen nämlich zunächst mal *glauben,* keinen Erfolg haben zu können, bevor Sie dann auch versagen werden. Entfernen Sie aus

Ihrem Bewußtsein allen Groll über das, was Ihre Eltern Ihnen angetan haben. Solange Sie ein Gefühl der Verbitterung aufrechterhalten, werden Sie diese unglücklichen Gedankenbilder und ihren Einfluß am Leben erhalten. Lassen Sie diese Bitterkeit los, und diesen Bildern wird jede Nahrung entzogen, so daß sie schließlich eingehen. Das Leben enthält noch sehr viel Gutes und Lohnendes für Sie. Beanspruchen Sie es – durch richtiges Visualisieren und Anwendung des Glaubens an sich selbst und an die unfehlbare Kraft von „diesem Etwas", Ihnen das Langersehnte und Wohlverdiente zu bringen!

Lassen Sie mich sehen, ob ich Sie richtig verstanden habe: Man formt ein bewußtes Gedankenbild des Begehrten, das dann, während man sehr still geworden ist, zurückreflektiert wird, möglicherweise nur für den Bruchteil einer Sekunde. Geschieht diese Reflektion – dieses Sehen – im Auge des Gemüts? Und ist es das, was geschehen muß, bevor die schöpferische Kraft im Innern angetrieben wird, effektive Resultate zu produzieren?

Ja, Sie haben den Vorgang sehr gut beschrieben. Zunächst erstellen Sie ein mentales Bild des Begehrten, das dann durch einen Akt des Willens auf den inneren mentalen Bildschirm projiziert wird. Das geht mit einem starken Wunsch für die Materialisation dieses Bildes im wirklichen Leben einher, gepaart mit dem Glauben, daß das so Visualisierte bereits vollendete Tatsache ist und sich auf dem Weg zu Ihnen befindet!

Wie kann ein Mensch sich von Furcht und Sorge freihalten, wenn die Welt sich in einem derartigen Aufruhr (1953! d. Übers.) *befindet? Wie kann man diese unheilvollen Ereignisse aus dem Gemüt verbannen?*

Indem Sie es ablehnen, sich diese Geschehnisse, die ohnehin keine unmittelbare Beziehung zu Ihnen haben, zu eigen zu machen. Erklären Sie, daß Furcht und Sorge weder die Zustände auf der Welt noch Ihre eigenen Probleme zu lösen vermögen. Ganz im Gegenteil! Furcht und Sorge demoralisieren und devitalisieren. Mit der Zeit kann das zur Zerstörung Ihres Selbstvertrauens, Ihrer Gesundheit und Ihres Glücks führen. Bedenken Sie, daß Sie einigermaßen wohlauf und glücklich sind – und das *jetzt* – und daß Ihr größter Beitrag für sich selbst und für andere immer im Aufrechterhalten einer positiven, heiteren und optimistischen Einstellung besteht. Hören Sie auf, „das Beste zu hoffen und das Schlimmste zu erwarten“. Das Schlimmste geschieht fast nie, und wenn Sie das Beste anvisieren, dann wird sich alles zum Besseren wenden – besser, als man es für möglich gehalten hätte.

Welcher Weg führt am schnellsten zur Entspannung?

Ich vermute, der schnellste Weg wäre wohl ein Schlag mit dem Hammer über den Schädel. Aber die Nachwirkungen wären wohl nicht allzu wünschenswert. Der nächstschnellste, sicherste und vernünftigste Weg besteht darin, sich in einem Sessel niederzulassen oder auf einer Couch auszustrecken und den physischen Körper ganz bewußt *loszulassen* ... Arme und Beine anzuheben und dann fallen zu lassen ... Lassen Sie Ihren ganzen Körper vom Sessel oder Ruhebett gestützt werden. Dann werden Sie ein Gefühl der Leichtigkeit und Erhebung verspüren. Nachdem Ihr Körper sich entspannt hat, lassen Sie jedes Gefühl der Belastung, das durch Druck, Furcht, Sorge oder andere emotionelle Störungen verursacht wurde, los. Visualisieren Sie einen völlig leeren mentalen Bildschirm ... ein stilles Gewässer ... eine ruhevolle Landschaft ... alles, was Friede, Stille und Tranquillität suggeriert. Sobald Sie das getan haben, sind Sie entspannt. Es sollte mit einiger Praxis weniger als zwei Minuten erfordern, auf diese Weise loszulassen.

Kann man durch Suggestion Träume herbeiführen und die Intuition veranlassen, auf diese Weise bestimmte Informationen zu geben?

Ja, durch Träume können Sie viel Wissen erlangen, und die schöpferische Kraft im Innern bedient sich oftmals eines Traumes als Medium, durch das sie Ihnen Informationen präsentieren will, die Sie von vergangenen, gegenwärtigen oder zukünftigen Begebenheiten benötigen. Selbstverständlich wird es dabei immer die Schwierigkeit einer korrekten Interpretation geben, da viele Träume durch gestörte physische und mentale Zustände (wie etwa eine Magenverstimmung, Furcht oder Sorge, Argwohn, Groll etc.) verursacht werden. Wenn der wachbewußte Verstand passiv gemacht worden ist, neigen die Schwierigkeiten des Tages dazu, sich im Schlaf zu dramatisieren, was dann in verzerrten Träumen zum Ausdruck kommt. Und ein solcher Traum ist selten signifikant. Er mag dem Psychiater die Ursachen Ihrer Ängste, Anspannungen und anderer emotioneller Instabilitäten aufzeigen, Ihnen selbst jedoch recht wenig oder gar nichts. Zuweilen bringen Ihre intuitiven Befähigungen jedoch lebhafte Träume – ganz oder teilweise – von Begebenheiten, die auf Sie zukommen werden ... für die eine Ursache bereits existiert ... Ursachen, die Sie in sich selbst errichtet haben durch Ihre Reaktionen auf vergangene Erfahrungen. Solche Träume verdienen Ihre sorgfältigste Analyse, denn sie könnten Ihnen einen Hinweis geben, was Sie unternehmen sollten, um der sich entwickelnden Situation zu begegnen oder sie zu umgehen. Diese Traumwarnungen können – richtig eingeschätzt – Sie befähigen, Ihr Denken zu ändern und damit die möglichen Geschehnisse selbst.

Wenn Sie im Schlaf die Antwort auf ein dringendes Problem suchen, dann suggerieren Sie sich, wenn Sie sich zur Ruhe begeben, daß „dieses Etwas" im Innern Ihnen die erwünschte Antwort in dieser Weise bringen wird. Mit einiger Praxis können Sie somit oftmals den Empfang benötigter Informationen im Traum veranlassen. Viele Menschen sagen: „Ich nahm mir vor, es zu überschlafen, und wachte auf mit der Antwort!"

Wenn der Mensch Herr seines Schicksals ist, niemand anderen als sich selbst verantwortlich, wie kann man dazu stehen, wenn andererseits das Leben in tausendfacher Weise auf ihn eingewirkt hatte, bevor er überhaupt geboren wurde? Es wird doch auf Schritt und Tritt sichtbar, daß wir in Prozesse, Funktionen und Aktivitäten verwickelt sind, über die wir keine ausreichende Kontrolle erlangen können. Wie ist das zu beantworten?

Der Mensch *sollte* Herr seines Schicksals sein. Er ist darauf angelegt und verfügt durch die innere schöpferische Kraft, die ihn zu ungeahnten Höhen zu tragen imstande ist, auch über dieses Potential. Nur hat der Mensch bislang keinen allzu intelligenten Gebrauch von dieser Kraft gemacht, en masse gesehen. Individuell jedoch haben die Errungenschaften des Menschen sich dem Erhabenen genähert. Denken wir einmal an Helen Keller, die sich – taubstumm und blind – über diese scheinbaren Behinderungen erhoben hatte und durch ihr behindertes physisches Instrument dennoch ihrer großen Seele Ausdruck gab, zur Inspiration für die ganze Menschheit. Ganz gewiß ist sie „Meister ihres Schicksals". Denken wir an Steinmetz, den Hexenmeister der Elektrizität, der mit einem mißgebildeten Kopf, einem Buckel, spindeldürren Beinen und einem verformten Körper auf die Welt gekommen war. Aber dieser mißgeformte Kopf beherbergte ein großes Hirn! Jene, die Steinmetz gekannt hatten, sagten übereinstimmend, daß im Gespräch mit ihm jeder Gedanke an seine Mißbildungen schwand. Die Brillanz dieses Mannes hatte das bewirkt! Ein weiterer „Meister seines Schicksals". Denken wir auch an Beethoven, der von der Natur mit einem Defekt behaftet war, der für einen jeden Komponisten tödlich sein mußte – er wurde taub! Und dennoch hat der Geist Beethovens mit die edelste Musik, die jemals geschrieben wurde, hervorgebracht, Musik, die ewig leben und die Millionen noch Ungeborener Freude bringen wird. Nur wenige Menschen, die sich an Beethovens größtem Werk, seiner *neunten Symphonie*, erfreuen, wissen, daß dieser große Komponist nie eine einzige Note davon gehört hatte! Ganz gewiß war dieser musikalische Gigant ein „Meister seines Schicksals". Und hunderte und tausende anderer Männer und Frauen, die sich an „dieses Etwas" – die schöpferische Kraft in ihrem Innern – gewandt hatten, haben damit alle „Prozesse, Funktionen und Aktivitäten", die sie bei ihrer Ankunft hier als existierend vorgefunden haben und ursprünglich als gegen sich gerichtet ansahen, überwunden.

Nein. Der Mensch ist durchaus kein schaukelndes Boot auf dem Wasser des Schicksals, ein Opfer der Umstände oder von Mächten jenseits seiner Kontrolle. Er verfügt in seinem Bewußtsein über alle Macht, deren er zur „Selbstbemeisterung" bedarf. Er muß sie nur in sich entdecken und lernen, sie anzuwenden. Das ist alles.

19. Kapitel

Teile dein Glück mit anderen

Wenn du etwas Gutes in die Hand bekommst, dann gib es weiter. So gewinnt man Freunde und zieht Menschen zu sich heran. Sei nicht selbstsüchtig, wenn du Gelegenheit hast, anderen zu helfen, TNT zu begreifen, damit es für sie das gleiche bewirken kann, was es für dich bewirkt hat. Jedesmal, wenn du anderen hilfst, hilfst du dir selbst noch mehr.

Manch einer, der das nicht versteht und auch nicht verstehen will, könnte dich für eingebildet, selbstbezogen und egoistisch halten. Laß dich jedoch davon nicht stören. Das sind Spötter ... jene, die dir Steine in den Weg legen und dich auch sonstwie behindern wollen. Diesem Typ wird man immer im Leben begegnen. Sie kommen nie weiter und wollen dich auf diesem Weg auch noch mit sich nehmen. Jene, die begreifen, werden das nämlich unbedingt haben wollen, was du ihnen zu geben hast, und werden begierig sein, dir zu helfen ... mit dir zu arbeiten. Die Intelligenten von ihnen werden deinen Fortschritt beobachten und dich genau studieren, um festzustellen, was es ist, das du hast und sie nicht. Sie werden alles daran setzen, um hinter dein Geheimnis zu kommen.

Ich habe es dir in die Hand gegeben; halt es fest im Griff und fang an, dich vorwärts zu bewegen.

George Jean Nathan, einer der bedeutendsten Theaterkritiker in Amerika, erklärte in einer Zusammenstellung *lebendiger Philosophien*, er hätte nie einen Menschen gekannt, der im Leben einen materiellen Erfolg verbuchen konnte, der nicht zuallererst, zuletzt und die ganze Zeit über an sich gedacht hätte. Ich weiß nicht, wie Nathan das gemeint hat, aber ich bin sicher, er meinte nicht, daß ein erfolgreicher Mensch auf eine Weise selbstsüchtig sein sollte, die jede Hilfe für andere ausschließt. Wenn du nämlich dem von mir dargelegten Schema folgst und die Straße des Erfolgs betrittst, wirst du niemals zu rücksichtslosem Handeln veranlaßt.

Du wirst keineswegs deine Ellenbogen gebrauchen müssen, du wirst nicht über andere hinwegsteigen müssen, du wirst deine Freunde und Geschäftspartner nicht hintergehen müssen, du wirst dein Ziel nicht durch Vortäuschung erreichen müssen. Du erreichst dein Ziel mit erhobenem Haupt und den Füßen fest auf dem Boden. Und was du einmal zu tun imstande warst, das wirst du wieder und wieder tun können – und jedesmal besser!

Das ist es, was die schöpferische Kraft des Gemüts – in dir und durch dich tätig – für dich tun kann und tun will. Beim Vorwärtsschreiten wirst du finden, daß du für andere Gutes tun willst; ihnen dienlich sein willst durch Freundlichkeiten und Aufmerksamkeiten, daß du bereit bist, Umwege auf dich zu nehmen, um einem anderen zu helfen, wenn du kannst, aus Dankbarkeit für das, was für dich getan worden ist. Und während du das tust, wirst du feststellen, daß deine freundlichen Handlungen im anderen die Bereitschaft auslöst, seinerseits etwas für dich zu tun. Das alles ist keinesfalls egoistisch – es ist nichts anderes als Ursache und Wirkung.

André Ampère kannte dieses Gesetz. Er nannte es das Gesetz der Anziehung, auf den Elektromagnetismus bezogen: *„Parallele Ströme in gleicher Richtung ziehen einander an."* Einfach, nicht wahr? Und wenn du schlechter Stimmung und gereizt bist, dann überträgst du das auf andere, und auch sie werden gereizter Stimmung sein, denn: *„Parallele Ströme in entgegengesetzter Richtung stoßen einander ab."* Es ist die alte, alte wahre Story, auf drei kleine Worte reduziert: *„Gleiches zieht Gleiches an!"*

Wenn du einen Dienst für andere verrichtest, wird dir das hohe Dividenden einbringen. Das ist durchaus nichts Geheimnisvolles, es ist einfach so!

Tap-Tap-Tap! Beginne, das zu tun, was dir wieder und wieder gesagt wurde, bis du deine Technik des rechten Denkens perfektioniert hast.

Im Teamwork liegt Stärke! Bewege andere zu dieser Art des Denkens zusammen mit dir! Der *Esprit de Corps*, der uns im Ersten

Weltkrieg in der U.S. Army eingehämmert worden war, hatten die amerikanischen Streitkräfte zu dem gemacht, was sie waren. Der gleiche Geist war es dann auch, der unsere Boys im Zweiten Weltkrieg zu so großartigen Leistungen brachte! Inspiriertes Teamwork wird immer im Leben die Begeisterung, das Vertrauen und die Entschlossenheit bringen, sich vorwärts zu bewegen.

Wenn du das hier dargelegte im gleichen Geist annimmst, in dem es gegeben wurde, und auch anwendest, wirst du unschlagbar sein. Und wenn du dich einstimmst und andere mitreißt, dann gehört dir die Welt!

„Wenn der Wille von der Furcht beherrscht wird, kann nichts erreicht werden. Wenn ein Mensch jedoch die Furcht aus seinem Gemüt verdrängt, dann wird die Welt seine Auster!

Etwas Geld zu verlieren ist nichts, jedoch die Hoffnung zu verlieren – Nerven und Ambitionen –, das ist es, was Menschen zu Krüppeln macht.“ Herbert N. Casson

Charles M. Schwab sagte einmal: „Viele von uns sehen den Handlungsreisenden nur als einen Menschen an, der mit einem Musterkoffer durch die Gegend fährt. Wir sind jedoch alle Handlungsreisende, an jedem Tag unseres Lebens verkaufen wir unsere Ideen, unsere Pläne, unsere Energie, unsere Begeisterung an jene, mit denen wir in Kontakt kommen.“

So ist es mit einem jeden Vorhaben, trifft aber besonders für den Verkauf von Bedarfsgütern zu, denn dabei *mußt* du Kontakt zu anderen Menschen aufnehmen.

Und wenn ich „Kontakt“ sage, dann meine ich den Kontakt von Angesicht zu Angesicht. Die Tage des bloßen Bestellungaufnehmens sind wieder einmal vorbei. In Wirklichkeit hatte es sie jedoch nie gegeben ... weil es einfach keinen Ersatz für die persönliche Fühlungnahme gibt. In der Zukunft wird nur derjenige wirklich erfolgreich sein, der auch unter die Leute geht.

Das fundamentale Gesetz des „Überlebens der Tüchtigsten“ kann nicht umgangen werden. Vergiß daher das Bestellungsaufnehmen und denke daran, daß du nur dann zu einem Abschluß kommst, wenn du den Kunden dazu bringst, so zu denken, wie du denkst! Der persönliche Kontakt ist nun einmal das Beste. Du mußt dich deinem Kunden gegenüber befinden, seine Reaktionen bewerten – „das alte Gesetz von Ursache und Wirkung“ –, und du mußte dich den Verhältnissen anpassen, die du zusammen mit deinem Kunden vorfindest.

Wenn du zu einem Verkaufsabschluß kommen willst (und das mußt du ja wohl, wenn du Erfolg haben willst), dann halte das alles im Bewußtsein, das Unterbewußtsein wird dich mit Ideen, Eingebungen, Inspirationen versorgen, die dich richtig führen werden. Sie werden dir den Weg weisen, auch mit einem vielbeschäftigten Mann in Kontakt zu kommen – in die Privatsphäre seines wahren Wesens und, wenn du dort angelangt bist, fest auf beiden Füßen zu stehen.

Sei wachsam! Laß den Kunden deine Persönlichkeit spüren. Du mußt wissen, wovon du redest. Sei enthusiastisch. Zittere und bibbere nicht innerlich!

Du bist ebenso gut wie er. Und außerdem könntest du über etwas verfügen, das er nicht hat, nämlich absolutes Vertrauen, restloses Überzeugtsein von dem Wert des Artikels, den du verkaufst. Andererseits, wenn er Erfolg hat, verfügt auch er über eine – bezwingende Persönlichkeit. Stelle daher euren Kontakt auf eine Fifty-fifty-Basis. Setze ihn nicht herab, aber laß dich auch von ihm nicht herabsetzen. Trefft euch auf gleicher Ebene. Bringe ihn dazu, dich zu mögen. Und wenn er dich mag und du ihn, dann ist der Erfolg bereits auf dem Weg. Halte von allem Anbeginn den Gedanken fest, daß du ihm verkaufen wirst... Du wirst ihm verkaufen!

Dein alles überstrahlendes Thema im Leben ist selbstverständlich: „Ich werde Erfolg haben bei allem, was ich mir vornehme!“ (Repetition, Wiederholung, Tap-Tap-Tap! Immer tappen, vorwärtsdrängen. Wiederholen, Wiederholen – Sieh dich selbst es wieder und wieder tun – und visualisieren „Ich kann!...“ – „Ich will!...“ – „Ich glaube es – und es ist so!“)

Interessiere auch deine Freunde. Bildet Studiengruppen. Tauscht Erfahrungen miteinander aus. Diskutiert eure Fehlschläge. Findet heraus, welche Fehler gemacht wurden. Räumt die Scherben weg und versucht es erneut. Kritisiert euch gegenseitig. Ermittelt, weshalb gewisse Pläne nicht funktioniert haben. Teilt gute Nachrichten miteinander, die Freude eures Erfolgs! Führt Experimente mit der Telepathie, im Entwickeln eurer Visualisationskraft, in der Konzentration, Intuition durch. Demonstriert den Wert des TNT euren Freunden, eurer Familie und euren Geschäftspartnern, sobald sie ihr Interesse an dieser Kraft erkennen lassen.

Mit auch nur einem Atomkern an Interesse in TNT, letztlich in jedem Gemeinwesen etabliert, mit einer großen Anzahl Männer und Frauen, welche die Macht des rechten Denkens studieren und anwenden... werden sich große Veränderungen im Bewußtsein und in den Herzen der Menschen überall auf der Welt vollziehen!

Jeder, der dieses Buch besitzt, kann seine eigene Gruppe bilden und mit seinen Freunden und Partnern arbeiten. Das Geheimnis ist hier dargelegt... bereit, sich jedem Leser, jedem Schüler zu offenbaren.

Es wird deiner Entwicklung förderlich sein, wenn du mit einem verständnisvollen Freund oder Angehörigen arbeitest, das gibt dir einen zusätzlichen Antrieb. Dabei kann einer den anderen überprüfen, ihm assistieren und ihn ermutigen. Je mehr du über die innere Kraft des Gemüts sprichst, je mehr Gedanken und Studium du ihr widmest, desto mehr wird sie sich in deinem Leben manifestieren.

Tap-Tap-Tap... Tap-tappe weiter... Laß niemals nach... Gib niemals auf... Weil die Antwort für die richtige Lösung eines jeden Problems bereits in deinem Gemüt existiert – eines jeden Problems, das du hattest oder haben könntest!

Und denke immer daran, dein Glück mit anderen zu teilen. Es wird dir hundertfach vergolten werden... Tausendfach... Wenn du mit dem Teilen fortfährst, weil Gutes sich anhäuft – sich multipliziert und ständig weiter multipliziert... sich ausdehnt... und dem ursprünglichen Geber mehr und mehr Gutes zurückgibt.

Sei beharrlich, habe Glauben, visualisiere, *du kannst nicht fehlgehen!*

20. Kapitel

Nun hast du die Kraft – wende sie an!

Tap-Tap-Tap-Tap!
Wie der Mensch in seinem Herzen
denkt – so ist er.
Tap-Tap-Tap-Tap!
Ich weiß es, ich glaube es,
und es ist so!
Tap-Tap-Tap-Tap!

TNT – Es läßt die Erde erzittern!

Dieses Buch wird alles für dich tun, was in ihm behauptet wird, aber du mußt es erneut lesen und immer wieder lesen, bis jeder Satz, jedes Wort restlos verstanden wird; und dann mußt du die Prinzipien und Mechanismen mit ganzem Herzen und ganzer Seele anwenden. Mach sie zu einem Teil deines täglichen Lebens. Und wenn du die dargelegten Ideen in die Praxis umsetzt, wirst du finden, daß sie funktionieren, so wie sie immer funktioniert haben und immer funktionieren werden. Wenn es dir ernst ist mit dir selbst, dann wird sich das Gesamtschema als recht einfach erweisen.

Nachdem du das Buch studiert und über seinen Inhalt nachgedacht hast, wirst du die gewaltige Kraft zu schätzen wissen, die in der Wissenschaft der *Gedankenrepetition* und im *positiven Handeln* liegt.

Du kannst dich durch Repetition des gleichen Gedankens aufwärts oder abwärts „tappen" – je nachdem, ob du depressive oder konstruktive Gedanken hegst. Und indem du dich kraftvoll aufbaust, wirst du finden, daß du andere durch dein Denken beeinflussen kannst.

Daher erneut meine Warnung vor dem Mißbrauch dieser Kraft. Mißbrauche diese Kraft niemals! Halte dein Gemüt angefüllt mit guten, konstruktiven Gedanken, und handle dann mit all der Energie, über die du verfügst, wenn dir die entsprechenden Ideen kommen.

Blick nicht mehr zurück. Du weißt, wo du gewesen bist: Du willst wissen, wo du *hingehst!* Bleib auf die Zukunft fixiert. Das ist das herrliche Land, in dem deine Möglichkeiten liegen. Nach und nach, wenn du in der Handhabung, in der Kontrolle und in der Richtungweisung von „diesem Etwas" – der schöpferischen Kraft im Innern geübter bist, wird deine Intuition dir Gedankenblitze von deiner Zukunft übermitteln.

Die Zukunft ist eine Ausdehnung der Zeit und Verursachung – jenseits des Erfassungsvermögens der fünf Sinne.

Studiere dieses Statement; lies es wieder und wieder, dann wird dir die Erkenntnis kommen, daß die verursachenden Kräfte, die du durch dein heutiges Denken in Gang setzt, ihre Wirkungen für dich in der Welt von morgen produzieren werden. Die Natur verabscheut ein Vakuum. Irgend etwas geschieht immer, zu jeder Zeit... und jedes Geschehnis hat eine Rückwirkung auf alles in seiner Umgebung. Ein großer Wissenschaftler hat es in einem Satz ausgedrückt, als er erklärte: „Das einzig Beständige im Universum ist die Veränderung." Zellen werden täglich geboren. Alte Ideen sterben oder schwinden, wenn sich neue Ideen im Gemüt bilden. Du bist heute nicht derselbe wie gestern – weder im Körper noch in Gedanken!

Viele große Seher aller Zeiten waren imstande, in die Zukunft zu blicken und intuitiv zu erfassen, was den Menschen dieser Welt im Laufe der Zeit als Resultat ihres Denkens zuteil werden würde.

Es steckt eine ungeahnte Kraft in TNT – auf die Gegenwart und Zukunft bezogen. Was man im Gemüt erschafft – in jedem gegebenen Moment –, wird von dem Augenblick an zur Realität, sofern es nicht durch eine Veränderung im Denken widerrufen wird. Doch auch dann geht das Schädliche, das von falschem Denken verursacht wird, von dir aus und vereinigt sich mit verwandten Gedanken anderer, die im „mentalen Äther" existieren. Universelles Bewußtsein verbindet sich mit den Gedanken von Milliarden anderer menschlicher Wesen auf diesem Planeten, seien diese Gedanken nun gut oder schlecht. Die gewaltigen Schwingungen dieser Gedanken zeitigen ihre Wirkung auf das individuelle Bewußtsein, wenn Individuen sich auf die verschiedenen Ebenen dieses Massendenkens einstimmen oder sich dagegen abschirmen.

Können wir zu einem gegenseitigen Verständnis unserer Gemütstätigkeiten und Emotionen kommen, um mit der Zeit eine bessere Welt aufzubauen? Können wir unsere Differenzen, unsere Bemängelungen, unsere Mißbilligungen überwinden – zwischen Freunden, Angehörigen, Mitmenschen – hier und anderswo? Ob nämlich Nationen gegeneinander Krieg führen oder der einzelne Krach mit dem Nachbarn hat, ist kein Unterschied der Art, sondern nur einer des Grades!

Wie lange muß der Mensch eigentlich mit seinem falschen Denken fortfahren, was letztendlich nur zur Zerstörung alles dessen führt, was ihm teuer ist, bevor die Kriegstrommeln nicht mehr dröhnen und die Kriegsflaggen eingerollt werden und das „Parlament der Menschen, die Föderation der Welt" errichtet wird?

Diese Frage wird positiv beantwortet werden, wenn eine genügende Anzahl von Individuen zu der Erkenntnis kommt, daß TNT die Erde erzittern läßt, entweder zum Guten oder zum Schlechten – je nachdem, wie es angewandt wird.

Die Stärke des Geistes muß eines Tages der Stärke der Waffen ebenbürtig sein und sie noch übertreffen!

Bedenke, was diese TNT-Kraft, von allen menschlichen Wesen in konstruktive Kanäle gelenkt, der Menschheit bedeuten könnte – über Nacht! Alle Probleme würden auf der Stelle gelöst sein, segensreiche Erfindungen würden die gesamte Menschheit aus jeglicher Gebundenheit befreien, und wahres Verständnis und wahre Toleranz anderen gegenüber würde ins Dasein kommen! Ein jeder würde sich dann seiner besonderen Aufgabe widmen, sich selbst und anderen zu dienen, denn wie James Russell Lowell sagt:

Kein Mensch wird in diese Welt hineingeboren, dessen Werk nicht mit ihm geboren ist; es wird immer ein Schaffen sein und Werkzeug, mit dem zu schaffen, für jene, die schaffen werden. Gesegnet seien die schwieligen Hände, die sich mühen ...

Müßige Hände treffen immer auf Schwierigkeiten: Niemand ist wahrhaft glücklich, der nichts Lohnendes zu tun findet. Du mußt wissen, was du willst und wie du es bekommst, um im Leben zu Glück und Zufriedenheit zu finden. Du mußt jedoch auch das Recht des anderen achten, dem das Seine ebenso rechtmäßig zukommt.

Du bist nicht allein auf dieser Welt; du bist hier, um anderen zu helfen, so wie dir geholfen wird. Du bist wichtig – für dich selbst, für deine Freunde, deine Angehörigen, dein Gemeinwesen, deine Nation. Was du im Leben vollbringst, ist wichtig. Das Werk eines jeden zählt im großen Schema der Dinge. Kein gutes Unterfangen ist je verloren.

Wenn du Tag für Tag dein Bestes tust, wie immer deine Arbeit oder deine Verantwortlichkeit auch beschaffen sein mag, du verbesserst dich und die Zustände, die dich umgeben.

Du, der du die Kraft im Innern besitzt und sie anzuwenden weißt, brauchst deine Zeit und Energie nicht mit Sorgen über nationale und internationale Zustände zu verschwenden, die jenseits deiner Verantwortung liegen.

Laß deinen Einfluß spürbar werden, wo du lebst... und du wirst deinen Beitrag leisten und andere anspornen, den ihren zu leisten.

Bedenke: *Jeder konstant gehaltene Gedanke führt zum Handeln, und Resultate folgen.*

Halte dieses Buch daher immer griffbereit. Lies es erneut, studiere es, und lies und studiere es so oft wie möglich.

Üben, üben, üben – Tap, tap, tap! Inspiriere andere durch deine täglichen Demonstrationen des rechten Denkens! Damit trägst du deinen Teil dazu bei, die Welt, in der wir leben, besser, sicherer und glücklicher zu machen. Und alles Gute, das von dir ausgeht, geht in die Welt hinaus und findet seinen Widerhall bei recht denkenden Menschen überall.

Zum Anbeginn waren alle Dinge gut. Der Mensch selbst hat sie schlecht gemacht. Tue Böses und Böses wird dir angetan werden. Tue Gutes und du wirst Gutes zurückerhalten. Du kannst alles sein, was du zu sein begehrst, und alles haben, was du zu haben begehrst, vorausgesetzt, du bist bereit, den Preis zu entrichten – den Preis an Zeit, Gedanken, Bemühen und Energie. Nunmehr hast du den Schlüssel – nimm ihn in Gebrauch!

„Dieses Etwas“ – recht angewandt ist
TNT – ES LÄSST DIE ERDE ERZITTERN!
Es ist die KRAFT IN DIR!

BESONDERE BÜCHER

- ○ Regine Busch, **Krach und Krisen in der Partnerschaft**
- ○ Roswitha Stemmer/Heidrun Steuernagel, **So heilt die Seele den Körper**
- ○ Heidemarie Lammert, **Die Quelle der Hoffnung**

- ○ Christiane Rücker, **Schattenspiele zum Licht**
- ○ Roland Arndt, **Leben nach eigener Regie**
- ○ Frederick Bailes, **Lebe schöpferisch**

Der PETER ERD Verlag bietet eine ausgezeichnete Auswahl an besonderen Büchern, Broschüren und Tonkassetten zu den Themen „Positives Denken", „Gesundheit", „Esoterik" und „Neues Management".

Erhältlich in Ihrer Buchhandlung.

Bitte fordern Sie das kostenlose **PETER ERD Journal** direkt beim Verlag an:

PETER ERD

Postfach 75 09 80 · 8000 München 75 · Telefon 0 89 / 7 25 30 04